# 对话当代政治理论家

## DIALOGUES WITH CONTEMPORARY POLITICAL THEORISTS

[英]加里·布朗宁
[英]拉娅·普罗霍尼克
[英]玛丽亚·笛莫娃-库克森 ◎编　黎汉基、黄佩璇 ◎译

天津出版传媒集团
天津人民出版社

**图书在版编目(CIP)数据**

对话当代政治理论家/(英)加里·布朗宁,(英)拉娅·普罗霍尼克,(英)玛丽亚·笛莫娃-库克森编黎汉基,黄佩璇译. -- 天津:天津人民出版社,2017.9

(政治文化与政治文明书系)

书名原文:Dialogues with Contemporary Political Theorists

ISBN 978-7-201-12422-3

Ⅰ.①对… Ⅱ.①加…②拉…③玛…④黎…⑤黄… Ⅲ.①政治家-访问记-世界-现代 Ⅳ.①K817=5

中国版本图书馆 CIP 数据核字(2017)第 231664 号



天津市版权局著作权合同登记:图字 02-2015-72

# 对话当代政治理论家

DUIHUA DANGDAI ZHENGZHILILUNJIA

| | |
|---|---|
| 出　　版 | 天津人民出版社 |
| 出 版 人 | 黄　沛 |
| 地　　址 | 天津市和平区西康路 35 号康岳大厦 |
| 邮政编码 | 300051 |
| 邮购电话 | (022)23332469 |
| 网　　址 | http://www.tjrmcbs.com |
| 电子信箱 | tjrmcbs@126.com |
| 策划编辑 | 王　康 |
| 责任编辑 | 郑　玥 |
| 特约编辑 | 王　琤 |
| 装帧设计 | 卢炀炀 |
| 印　　刷 | 高教社(天津)印务有限公司 |
| 经　　销 | 新华书店 |
| 开　　本 | 710×1000 毫米　1/16 |
| 印　　张 | 21.75 |
| 插　　页 | 2 |
| 字　　数 | 320 千字 |
| 版次印次 | 2017 年 9 月第 1 版　2017 年 9 月第 1 次印刷 |
| 定　　价 | 98.00 元 |

# 政治文化与政治文明书系

天津师范大学政治文化与政治文明建设研究院·天津人民出版社

## 编　委　会

# 目　录

# 译者的话

相信许多在大学讲台前向学生讲授政治理论的同行,大概也有这样一番体会:学生们对理论大多怀有朦胧的好奇或兴趣,但真正愿意耐心钻研的却寥寥无几。尤其在国内普遍把政治理论跟其他公共管理学科(例如行政管理、公共政策、社会保障等专业)划入同一学术管理单位,更是加剧了学生抗拒理论学习的心态,不是说这些年轻人毫无学习热情,觉得政治理论毫无价值;恰恰相反,在他们主观的想象中,研究政治理论(特别是某些讲究分析性的政治哲学)仿佛是高不可攀的伟大事业,与其花时间在这些领域,不如挑选一些貌似更容易操作的题目(当然,公共管理其他专业的研究其实绝非是轻松简单的,这方面的误解成因很多,在此难以细谈)。总而言之,学生们普遍不想研究政治理论,即使知道理论是重要的,也不想研究。

据我们不成熟的观察,真要改变这个情况,也许需要在教研上采取更灵活的手段。在许多年轻人心目中,政治理论往往等同枯燥、抽象、高深的代名词。说的也是,许多政治学的经典著作,即使对英文已有不俗水平的学生(若是阅读英语版本的话)来说,也是深奥难懂的"天书"。假如真要钻研政治理论,对这些深奥难懂的"天书"不仅要读得懂,更要读得快、读得有心得;万一遇上脑筋古板或不知变通的老师,强迫学生在缺乏背景知识前硬啃这些“天书”,结果可想而知:不想读就是不想读!结果呢,学生不是敷衍了事,就是用脚来投票——干脆不上这门课就是了,只要这不是必修课的话!

真要培养政治理论的学生,必须让他们怀有真正的学术热情。这个道理,孔子看得最是通透。《论语·述而》云:“不愤不启,不悱不发。举一隅不以三隅反,则不复也。”政治理论重在思考,学生若对这方面的问题没有一些内心冲动,毫无不吐不快的疑和问,老师说了也是白说;必须学生自己开窍,主动把问题提出来,老师略加点拨,启之发之,这样才能举一反三。然而问题又回到原点:怎么让学生培养学习政治理论的热情呢?

对学术和书本毫无兴趣,死脑筋只求拿了文凭的学生,那就算了,本领再大的教师也没有办法;万一遇到某些真正对理论有些好奇的年轻人,似乎最好先让他们读一些轻松有趣的入门书,最好是让他们比较简捷地了解政治理论家的学习经历的作品。诚如《荀子·劝学》所言:“学莫便乎近其人。”因为各种原因,已有大学教职的老师如今也很难直接找到政治理论家直接对话。所以若有些访谈记录发行,让读者感受到这些理论家的人格气象和问题关怀,这大概算是比较恰当的途径。说到底,绝大多数的理论家都不是生而知之的圣者,而是有血有肉的凡人。理论家之所以有理论,在于他们有所“见”——见者,能成一家之言,能有一些新颖而深刻的见解。然则,这些见解怎么来?用来解决什么问题?这些理论家生活在什么样的时代环境下?影响他们各方面思考有什么因素?不理解这些,光是拿着某些观念,很难说是真正弄懂了理论家的思考。《孟子·万章下》云:“诵其诗,读其书,不知其人,可乎?是以论其世也。”硬要学生背诵教科书上的政治术语,却不告诉学生这些观念及提出它们的理论家的思想背景,这是不知人、不论世,怪不得学生读了感到无聊和无用。

对比于那种按照严格学术格式写成的导论作品，这本《对话当代政治理论家》（以下简称《对话》）该是一本读起来不算费力，真能津逮后学，让人比较轻松地理解理论家如何思考的好书。它收录了12篇访谈稿，肇始于《当代政治理论》（*Contemporary Political Theory*）。这份期刊是由全球知名的帕尔格雷夫·麦克米伦出版社（Palgrave Macmillan）出版的，历史不长，2002年成立，2003年创刊，但毫不夸张地说，这是一本真正具有前瞻性的学术杂志。像《哲学与公共事务》（*Philosophy and Public Affairs*）、《政治哲学学刊》（*Journal of Political Philosophy*）之类的刊物，虽然学术分量和公信力十足，但从思想光谱上说，这些刊物失之拘谨保守，尽是围绕着罗尔斯的研究范式来展开，较少刊登一些尝试挑战和突破这个范式的文章，也较少回应来自欧陆思想传统的理论问题。相比之下，《当代政治理论》的编辑定位比较开放，尤其是2010年新的编辑班子上台，杂志取材的范围更加丰富：从后结构主义到分析哲学，从女性主义到国际关系，从社会科学哲学到文化政治……一言以蔽之，这部刊物所理解的"当代政治理论"，绝非囿于英美自由民主制为狭隘范式；反之，它登载的某些论文和书评，不一定是出自哲学家和政治学家的手笔；按学科范围的划分而言，它们可能已涉足地理学、人类学、女性研究、性别研究、文化研究、经济学、文学理论、电影研究，等等，几乎每期都能找到一些较新颖和独特的观点。此外，《当代政治理论》在恪守学术要求之余，也勇于刊登比较轻松的文稿；自2008年开始，它便开设"对话政治理论家"系列，找来不同专长的政治理论家进行学术访谈，而本书便是其中一部分成果的结晶。

《对话》成书的学术背景，乃至受访者和采访者的简历，具载于《作者简介》和第一章《导论：当代政治理论家对话——过去与现在》之中，读者可自行阅读，在此不必辞费。这些政治理论家的思想立场和论证思路，读者可以自行判断其中是非。针对汉语学术界的背景，我们希望读者特别注意它的三个优点：

第一,它让理论家自己交代形成问题的背景。读者只要细心比较,就会发现,同样是政治理论的课题,不同的人各有不同的成长环境和问题关怀,各有不同的论证方式和表述风格。说实在的,如今汉语学术界对西方理论界的动态,观察的视野远不够广阔。某些学者口中所谈的政治哲学或政治理论,仅以罗尔斯以降的自由主义哲学为限;而《对话》一书明确地告诉读者,自由主义不是铁板一块的固定物,不是只有罗尔斯一家的专门店,而当代政治理论更是多彩多姿,不同的学者各有不同的面貌。当然,书中有些学者的著作已有译本面世,如柯亨、斯金纳、佩迪特、阿马蒂亚·森等人,固然大名鼎鼎,国内不乏捧场客;但像康诺利、巴伯、沃克这些资深而又各怀创见的理论家,却非人人都能熟稔;而班尼特、霍尼格、福斯特这些比较新锐的学者,恐怕连政治科学系有些老师也未听过他们的名字。不管如何,《对话》此书正好让汉语读者了解这些思想家的心路历程。

第二,从理论家的对话中,读者可以明白,理论思考并非重在新颖和严谨,并非标签、口号和噱头。大而化之的概括往往不能准确地掌握理论家真正的思想宗旨。说来不知是可笑抑或可悲,国内有些知识分子为了宣传和其他政治目的,特别喜爱给自己和别人贴标签,诸如自由主义、新左派、新儒家……似乎贴了某些廉价的标签便能凸显其人其派的身份认同和公共存在。然而《对话》书中的各个理论家,基本上都是抗拒各种标签化的定性,甚至是唾弃这些定性的:像第九章接受访谈的佩特曼,她是著名的女性主义理论家,但光是“女性主义”便足以总结她的观念么?同样都是女性主义者,她和第八章访谈的霍尼格相同么?真正读过其著作的人,便会发现她们是完全不同的研究进路,而她们在书中的对话也印证了这一点。

第三,《对话》也告诉我们,对政治理论家的鉴别和理解不宜太过狭隘,不要以为那些标榜分析性的当代哲学家,才算是研究政治哲学或政治理论。说实在的,“分析”不是分析性政治哲学专有的工具。正如弗吉尼亚大学政治学教授伯德所说:"'分析'的标签并不有益地预定它的范畴,也不预定它所得到的责备。"[①]坚持分析的严格性,当然是政治哲学或政治理论的一个优点;但必须知道,在分析上精心结撰,可以有各种各样的做法,不见得只有罗尔斯自由主义哲学范式一个套路——马克思著作难道没有分析性么?在中国或印度的经典中,要找到首尾贯穿的政治分析,对相关领域的专家而言,哪是什么难事?现在有些学者刻意强调政治哲学是一门规范性(normative)学科,有别于描述性(descriptive)研究。[②] 这是假定"是"与"应该"、"事实"与"价值"、"描述性"与"规范性"之间存在明确而可以划定的根本差异,仿佛不这样划定便会导致混乱。诚然,政治哲学家该关心政治应当是怎么样,但为了解释这个"应当",为什么就不能涉足于政治实际上是怎么样的认知呢?在论证及说明上,为什么政治哲学家的"规范性"工作不能触及描述性的东西?为什么试图发现政治实际上是怎么样的,只算是政治科学或政治理论的作业,跟政治哲学无关?为什么政治哲学必须固守这样狭窄的定性?[③]《对话》一书的选材,显然没有这么教条性的固执。因为此书贯彻《当代政治理论》杂志的宗旨,从来没有把政治哲学与政治理论视作两块性质截然不同的领域。书中访谈的理论家,不仅讲究分析和论证(如柯亨、福斯特、佩迪特、阿马蒂亚·森等人),而且也有擅长故事叙说(storytelling)的技能(如斯金纳、查卡拉巴提、班尼特、霍尼格等人)。或者说,在这些耐心反思政治问题的理论家心中,政治分析不是刻意卖弄命题抽象性的工作,有时为了说明和论证起见,也不能摆脱"政治是什么"的经验性考察。只要读者愿意耐心聆听《对话》书中各个政治理论家的心声,大概便会发现他们

---

① Colin Bird,"Ethics and Analytic Political Philosophy", *Ethics and World Politics*, Duncan Bell ed., Oxford: Oxford University Press, 2010, p. 33.

② 这是坚持罗尔斯范式的学者的基调,例证不胜枚举;例如沃尔夫:《政治哲学导论》,王涛、赵荣华、陈任博译,长春:吉林出版集团,2009 年,第 2 页。

③ 主流政治哲学这方面的问题,如今已有学者加以批判和反思,参阅 Raymond Geuss, *Philosophy and Real Politics*, Princeton: Princeton University Press, 2008, pp. 17 – 18.

的工作是活泼的,观察视角、叙说风格乃至研究进路绝非只有一个死板的框框。

任何学术工作的完成,免不了某些机缘和助力。这部译著之缘起,托赖天津师范大学刘训练教授的鼓励和联络。天津人民出版社相关编辑和工作人员在出版过程上费心督导,同样是不可或缺的。本书第七章、第十一章、第十三章的初稿,张雪帆、龙涌霖、周伟、史舒四位同学曾经参与部分翻译的工作,但这三章最后定稿和校注,以及其他各章的翻译,都是黎汉基、黄佩璇二名译者共同负责的。此外,史舒同学在译稿杀青阶段帮助校对,惠赐了一些有用的意见。英文原书除导论和第九章的少数地方,基本上没有注脚;而附有简单书目的,也只有第三章、第六章、第八章而已。鉴于书中对话语境未必是汉语读者所熟悉的,所以译者不避梼昧,在书中各处予以补注,方便读者掌握其中的知识背景。正文侧面的数字是与原著相对应的页码。本书参照帕尔雷格夫·麦克米伦的精装本翻译而成。[①] 译者水平所限,必有许多问题需要改正,还请读者匡其不逮。

黎汉基　黄佩璇

2016 年 12 月

① Gary Browning, Raia Proknovnik, and Maria Dimova – Cookson (eds.), *Dialogues with Contemporary Political Theorists*, London: Palgrave Macmillam, 2012. ISBN: 978-0-023-30305-8.

# 人物简介

**本杰明·R. 巴伯**（Benjamin R. Barber，1939. 8. 2[①]—2017. 4. 24）是英国德莫斯[②]杰出高等研究员，也是国际无政府组织德莫斯“公民世界”和“互相依存运动”的主席。他是美国罗格斯大学政治科学沃尔特·惠特曼荣誉教授。作为国际知名的政治理论家，巴伯教授把对民主和公民身份的持续关怀带到美国及海外政治、全球化、文化和教育的议题。他定期担任美国和全国各地的政治领袖和公民领袖的顾问。本杰明·巴伯的 17 本书包括《强势民主》（*Strong Democracy*，1984 年出版，2004 年在 20 周年时重刊）、《圣战 vs. 麦当劳世界》（*Jihad vs. McWorld*，1995 年出版，2001 年发行后“9·11”的新版，被译为 30 种语言）和《消耗：市场如何腐蚀儿童、使成人幼儿化和吞噬公民整体》（*Consumed: How Markets Corrupt Children, Infantilize Adults*，2007 年 3 月由诺顿公司发行，已有 10 

① 原书本无记载诸思想家的生卒时间，为了让读者掌握这方面的信息，我们检索相关网站尽量予以补足。——译者注

② 德莫斯（Demos）是英国著名智库，1993 年创立，总部设于伦敦，标榜跨党派的政治观点，定期出版《德莫斯季刊》（*Demos Quarterly*），专门研究社会政策、建立以证据为本的解决方案，遍及教育、卫生和住房等议题。——译者注

*8*

个外文译本)。他如今正为耶鲁大学出版社撰写一本研究全球民主治理的书。①

**简·班尼特**(Jane Bennett,1957.7.31—)是美国霍普金斯大学政治科学系教授。她的著述涉猎广泛,遍及现代性、非人类的能动性和伦理学的理念。她的新著《充满生机的物质:物件的政治生态学》(*Vibrant Matter: A Political Ecology of Things*,杜克大学出版社)广受好评。她也是《现代生活的魅惑》(*The Enchantment of Modern Life: Attachments, Crossings, and Ethics*,普林斯顿大学出版社)、《梭罗的自然:伦理、政治与野性》(*Thoreau's Nature: Ethics, Politics, and The Wild*)和《不思考信仰和启蒙:后黑格尔时代的自然与国家》(*Unthinking Faith and Enlightenment: Nature and the State in a Post-Hegelian Era*,纽约大学出版社)等书的作者。她如今正在探讨沃尔特·惠特曼《草叶集》(*Leaves of Grass*)独特的唯物主义,着眼于他的诗歌对身体姿态和共感引力之调用。

**加里·布朗宁**(Gary Browning,1940—)是英国牛津布鲁克斯大学政治学教授。他是多部著作的作者,包括《柏拉图与黑格尔:两套政治哲学化的模式》(*Plato and Hegel: Two Modes of Philosophising about Politics*,加兰出版社,1991年;2012年劳特利奇出版社重新发行)、《黑格尔与政治哲学史》(*Hegel and the History of Political Philosophy*,帕尔格雷夫·麦克米伦出版社,1999年)、《利奥塔与宏大叙事的结束》(*Lyotard and the End of Grand Narratives*,威尔士大学出版社,2000年)、《重思科林武德:哲学、政治、理论与实践之统一》(*Rethinking R. G. Collingwood: Philosophy, Politics and the Unity of Theory and Practice*,帕尔格雷夫·麦克米伦出版社,

① 即 Benjamin R. Barber, *If Mayors Ruled the World: Dysfunctional Nations, Rising Cities*, New Haven: Yale University Press, 2013. ——译者注

2003 年)、《批判的与后批判的政治经济学》(*Critical and Post-Critical Political Economy* 与安迪 · 凯尔密斯特合著,帕尔格雷夫 · 麦克米伦出版社,2006 年)和《全球理论:由康德到哈尔特和内格里》(*Global Theory from Kant to Hardt and Negri*,帕尔格雷夫 · 麦克米伦出版社,2001 年)。他参编了《当代政治理论》学刊(*Contemporary Political Theory and Politics*)、《理解当代社会》(*Understanding Contemporary Society*,塞奇出版社,2000 年)和《鲍勃 · 迪伦的政治艺术》(*The Political Art of Bob Dylan*,学术印记出版社,2009 年),还编辑了《黑格尔的精神现象学》(*Hegel' s Phenomenology of Spirit*,克鲁尔出版社,1997 年)。

**迪佩什 · 查卡拉巴提**(Dipesh Chakrabarty,1948. 12. 15—)是美国芝加哥大学历史学系与南亚语言和文明学系的劳伦斯 · A. 金普顿杰出服务教授。他的著作包括《重思工人阶级史:孟加拉国,1890—1940》(*Rethinking Working-Class History: Bengal* 1890—1940,普林斯顿大学出版社,1989 年、2000 年)、《地方化欧洲》(*Provincializing Europe: Postcolonial Thought and Historical Difference*,普林斯顿大学出版社,2000 年;2007 年再版)和《现代性的居所:跟随庶民研究的研究》(*Habitations of Modernity: Essays in the Wake of Subaltern Studies*,芝加哥大学出版社,2000 年)。他现正努力为芝加哥大学出版社完成两本书:《不合时宜的史家》(*The Untimely Historian*)和《历史的气候:四个命题》(*The Climate of History: Four Theses*)。他是美洲、欧洲和亚洲多间大学的访问教授。

G. A. **(杰里)柯亨**(G. A. 'Jerry' Cohen,1941. 8. 14—2009. 8. 5)是英国牛津大学万灵学院社会政治理论齐切里教授。他诞生于加拿大,双亲是犹太人,在加拿大麦吉尔大学、英国牛津大学接受教育,被牛津大学聘请前,他在英国伦敦大学的大学书院工作多年。柯亨是"分析性"或"非扯谈"的马克思主义其中一名创始人,这一群体包含乔恩 · 埃尔斯特、约翰·罗默和菲利普·范帕里基思。他以试图引进分析哲学的技术和清晰的论说方式而闻名,但从左翼的立场出发,以处理涉及正义和平等的论争。然而在这个领域研究之前,柯亨已巩固了他的名誉,他是一名富原创性和严谨性的思想家,对马克思主义的方法论基础作出重要的全新解读,《卡尔·马克思的历史理论:一个辩护》(*Karl Marx's Theory of History-a Defence*,1978 年)赢得了享负盛名的"艾萨克·多伊切纪念奖"。随后,柯亨著作的特色是热切参与带有自由平等主义的风格的论争,这是他认为"行动所在"之处。这一理路的主要著作包括《自我所有、自由和平等》(*Self-Ownership, Freedom and Equality*,1995 年)和《如果你是平等主义者,为何如此富有?》(*If You're an Egalitarian, How Come You're So Rich?*,2000 年)。

**威廉·E. 康诺利**(William E. Connolly,1938—)是美国霍普金斯大
xi 学克里格·艾森豪威尔教授,而他在该校教授政治理论。他的著作《政治话语的术语》(*The Terms of Political Discourse*,1974 年、1983 年)在 2000 年赢得了"利平科特奖",这是考虑到"这一本优秀的理论作品在出版至少十五年仍被视为重要的"。他近年的著作包括《神经政治学》(*Neuropolitics*,2002 年)、《多元主义》(*Pluralism*,2005 年)、《资本主义与基督教、美国风格》(*Capitalism and Christianity, American Style*, 2008 年)和《流变的世界》(*A World of Becoming*,2011 年)。他的论文《迈向晚近资本主义的生态学》(Steps toward an Ecology of Late Capitalism)在《理论与事件》(*Theory & Event*)2012 年 2 月专号面世,它将是一本正在起步、题为"物件之脆弱性"(*The Fragility of Things*)[①]的专书之首章。

---

① 即 William E. Connolly, The Fragility of Things: Self-Organizing Processes, *Neoliberal Fantasies, and Democratic Activism*, Durham: Duke University Press, 2013. ——译者注

**玛丽亚·狄莫娃－库克森**(Maria Dimova-Cookson)是英国杜伦大学政治学讲师。她是“政治研究协会”的召集人和《当代政治理论》(*Contemporary Political Theory*)的前编辑。她的研究集中在19世纪末和20世纪初的政治思想,自由、多元文化主义和人权的理论。她现正为劳特利奇出版社撰写一本书《古今自由主义思想中的积极自由和消极自由》(*Positive and Negative Freedom in Past and Present Liberal Thought*,劳特利奇出版社)。

**丰娜·福尔曼－巴尔齐莱**(Fonna Forman-Barzilai)是美国加州大学圣地亚哥分校政治科学系副教授和创办“全球正义中心”的共同主任。她是一名政治理论家,研究兴趣是道德心理学、社会规范、集体行动、国际伦理和全球正义,以及对古今普世主义观念发展的历史兴趣。她是《亚当·斯密斯与共感的圈子》(*Adam Smith and the Circles of Sympathy*,剑桥大学出版社,2010 年)的作者。现在的研究计划包括一本研究各种18 世纪欧洲普世主义思想的论文集,这一系列论文把 18 世纪苏格兰道德心理学联系到认知科学,并且正在编纂一部论文集讨论阿马蒂亚·森对全球正义的研究。她现在任职于圣地亚哥分校“全球卫生创制”指导委员会,而且是多个着眼于国际人权、全球公民社会及治理的国际创制和政策网络的参与者。1999—2001 年,她是《政治理论》(*Political Theory*)的助理编辑。自 2009 年起,她是《亚当·斯密斯评论》(*Adam Smith Review*)的编辑。

**雷纳·福斯特**(Rainer Forst,1964. 8. 15—)是德国法兰克福歌德大学政治理论及哲学教授。他担任“规范性秩序之形成”研究群的共同主任、“反思正义”研究中心的副主任和德国巴特洪堡歌德大学高等研究所董事会成员。福斯特 1993 年在歌德大学以其《正义的语境》(*Kontexte* xii
*der Gerechtigkeit*,苏尔坎普出版社,1994 年;英文版《正义的语境》*Contexts*

*of Justice*，加州大学出版社，2002 年；葡萄牙译本在 2010 年出版）获得哲学博士学位。随后，他在德国柏林自由大学任教。1995—1996 年和 1999 年，他成为美国纽约市"社会研究新学院"的访问教授。1996—2002 年，他在法兰克福任教，以《冲突中的容忍》（*Toleranz im Konflikt*，苏尔坎普出版社，2003 年；英译《冲突中的容忍》（*Toleration in Conflict*，近期将由剑桥大学出版社发行）获得他的"教授资格"。2003 年，他从"德国研究基金"得到"海森堡助学金"。2005—2006 年，他是"新学院"的西奥多—霍伊斯教授（Theodor Heuss-Professor）；自 2004 年起，他在法兰克福担任政治理论和哲学教授。他的《辩护与权利》（*Kritik der Rechtfertigungsverhältnisse*）面世，英译本《证成与权利》（*Justification and Critique*）即将由政体出版社发行。他担任《伦理学》（*Ethics*）和《欧洲政治理论学报》（*European Journal of Political Theory*）的副主编，《政治理论》执行编委会的一员，也是诸如《当代政治理论》等国际期刊的委员。此外，他合编了《理论与社会》（*Theorie und Gesellschaft*）和《规范性秩序》（*Normative Orders*）系列（二者皆与校园出版社合作）。

**泽维尔·纪尧姆**（Xavier Guillaume）是瑞士日内瓦大学国际关系讲师。他专攻国际政治社会理论，其焦点是关于同一性/他异性和公民身份/安全连系的问题。他的新作包括他的首部专著《国际关系与同一性》（*International Relations and Identity*，劳特利奇出版社，2011 年）；《从过程到政治》（From Process to Politics），载《国际政治社会学》（*International Political Sociology*，2009 年）；《差异性的游历：国际关系理论与旅游文学》（Travelogues of Difference：IR Theory and Travel Literature），载《选项：全球的、本土的、政治的》（*Alternatives：Global，Local，Political*，2011 年）。

**邦妮·霍尼格**（Bonnie Honig，1959—）是美国西北大学政治科学系

“莎拉·丽贝卡·罗兰名誉教授”和芝加哥“美国律师基金会”①的资深研究教授。她是《政治理论与政治的易位》（*Political Theory and the Displacement of Politics*，康奈尔大学出版社，1993 年）、《民主与外来者》（*Democracy and the Foreigner*，普林斯顿大学出版社，2001 年）和《紧急政治：吊诡、法律、民主》（*Emergency Politics：Paradox，Law，Democracy*，普林斯顿大学出版社，2009 年）的著者。她主编或参编《汉娜·阿伦特的女性主义诠释》（*Feminist Interpretations of Hannah Arendt*，宾夕法尼亚州立大学出版社，1995 年）、《怀疑论、个体性与自由：理查德·弗拉思曼不情愿的自由主义》（*Skepticism，Individuality and Freedom：The Reluctant Liberalism of Richard Flathman*，明尼苏达大学出版社，2002 年）和《牛津政治理论手册》（*Oxford Handbook of Political Thought*，牛津大学出版社，2006 年）。 xiii
她的专书《安提戈涅，被阻断的》（*Antigone，Interrupted*）将在 2013 年由剑桥大学出版社发行。

**高尔彬·阿拉·汗**（Gulshan Ara Khan）是英国诺丁汉大学政治与国际关系学院政治理论讲师。她在《政治研究》（*Political Studies*）、《英国政治与国际关系学刊》（*British Journal of Politics and International Relations*）和《社会评论》（*Philosophy and Social Criticism*）发表论文，讨论哈贝马斯、后结构主义政治理论和迈克尔·奥克肖特的作品。她现正发展“斗争性的共和主义”的理念，并且剖析自由即非支配（政治地、经济地和结构地）的共和主义理想对现代政治的涵义——按照这理想所规定的原则和用来实现它的制度。

① “美国律师基金会”（American Bar Foundation）是美国一所独立的、非营利的全国性研究机构，1952 年创立，位于芝加哥。宗旨是对法律和司法制度从事客观的经验研究，许多调查都是由不同专业的人员进行，包括法学、社会学、心理学、政治科学、经济学、历史学和人类学，定期出版学术刊物《法律与社会调查》（*Law and Social Inquiry*）。——译者注

**安兆骥**（Steve On）[1]是中国台湾高雄中山大学政治科学系助理教授。他的研究兴趣包括人权、自由主义、女性主义、文化多元主义和我族中心主义。2011—2013 年，安的主要研究计划是考察台湾作为如何确保自由的案例。这一计划得到中国台湾“国科会”两年研究拨款资助。

**卡罗尔·佩特曼**（Carole Pateman，1940.12.11—）是美国加州大学洛杉矶分校政治科学系杰出荣誉教授和英国卡迪夫大学欧洲研究学院荣誉教授。她的著作包括《参与和民主理论》（*Participation and Democratic Theory*，1970 年）、《政治义务的问题》（*The Problem of Political Obligation*，1985 年再版）、《女性的失序：民主、女性主义与政治理论》（*The Disorder of Women：Democracy，Feminism and Political Theory*，1989 年）和《性契约》（*The Sexual Contract*，1988 年），最后一本在 2005 年得到“美国政治科学协会”的“本杰明·利平科特奖”。她的《契约与支配》（*Contract and Domination*）（与米尔斯·查尔斯合著）把她对原始契约理论的研究扩展至种族契约及其与性契约之交集，并且包括她对《性契约》（*The Sexual Contract*）的批评者之回答。她如今的研究兴趣继续她对民主理论的长期关怀，并且包括她近年对所有公民的基本收入之研究。2010—2011 年，她是“美国政治科学协会”的会长。2012 年，她获得瑞典乌普萨拉大学颁发“乔汉·斯凯特政治科学奖”。

**菲利普·佩迪特**（Philip Pettit，1945—）是美国普林斯顿大学政治学
xiv 与人类价值的劳伦斯·S. 洛克菲勒教授和澳大利亚国立大学哲学杰出教授。他研究道德政治理论和心灵哲学及形而上学的背景问题。他独自撰写的专书包括《人同此心》（*The Common Mind*，牛津大学出版社，

① Steve On 直译该作“斯蒂夫·安”；但为了方便汉语读者阅读，本书一律改作中文原名“安兆骥”。——译者注

1996 年)、《共和主义》(*Republicanism*,牛津大学出版社,1997 年)、《自由的理论》(*A Theory of Freedom*,牛津大学出版社,2001 年)、《规则、理性与规范》(*Rules,Reasons and Norms*,牛津大学出版社,2002 年)和《语词的创造:霍布斯论语言、心智与政治》(*Made with Words:Hobbes on Mind,Society and Politics*,普林斯顿大学出版社,2008 年)。2011 年,他在英国牛津大学进行“乌希罗伦理学讲座”,并在 2012 年被邀请进行“法兰克福讲座”“维特根斯坦讲座(拜罗伊特)”和“门斯特讲座”和 2014—2015 年伯克利大学的“坦纳人类价值讲座”。

**拉娅·普罗霍尼克**(Raia Prokhovnik)是英国公开大学政治学高级讲师。她的书包括《主权:历史与理论》(*Sovereignty:History and Theory*,2008 年)、《诸主权:当代理论与实践》(*Sovereignties:Contemporary Theory and Practice*,2007 年)、《斯宾诺莎与共和主义》(*Spinoza and Republicanism*,2004 年)、《理性的女人:女性主义对二分法的批判》(*Rational Woman:A Feminist Critique of Dichotomy*,2002 年再版)和《霍布斯〈利维坦〉的修辞与哲学》(*Rhetoric and Philosophy in Hobbes' s 'Lviathan'*,1991 年)。近年其他著作包括《“男人不是就符合公民身份,但必须如此做法”:斯宾诺莎与公民身份》(“Men are not born fit for citizenship,but must be made so”:Spinoza and Citizenship),载《公民身份研究》(*Citizenship Studies*,2009 年);《霍布斯作为社会构建的技艺》(Hobbes' s Artifice as Social Construction),载《霍布斯研究》(*Hobbes Studies*,2005);J. 休斯曼斯(J. Huysmans)、A. 多布逊(A. Dobson)和 R. 普罗霍尼克编,《保护的政治:不安全的场所和政治能动性》(*The Politics of Protection:Sites of Insecurity and Political Agency*,2006 年);《霍布斯、主权与政治:重思国际政治空间》(Hobbes,Sovereignty and Politics:Rethinking International Political Space),载普罗霍尼克和斯洛普编,《霍布斯以后的国际政治理论》(*International Political Theory after Hobbes*,2011 年)和《政治领导与主权》

(Political Leadership and Sovereignty),载约瑟夫·费密亚、安朵斯·科罗森伊、加布里埃拉·斯洛普编,《自由民主理论中的政治领导》(*Political Leadership in Liberal and Democratic Theory*,2009年)。她与加布里埃拉·斯洛普同是《霍布斯以后的国际政治理论》(*International Political Theory after Hobbes*)的编者。

**迈克尔·塞沃德**(Michael Saward)是英国公开大学政治学教授。他发表的文章或专著专业范围广泛,涉及民主和代议的观念、绿色政治思想和可持续性、公民身份和比较政治。近年著作包括专书《代议诉求》(*The Representative Claim*,牛津大学出版社,2010年)和《授权与真实性:代议与未经选举》(Authorisation and Authenticity: Representation and the Unelected),载《政治哲学学刊》(*The Journal of Political Philosophy* 第17卷第1期,2009年)。他在公开大学带领主导的欧盟拨款(框架7)的"规定欧洲公民身份"计划(2008—2010年)中扮演关键角色。

**阿马蒂亚·森**(Amartya Sen,1933.11.3—)是美国哈佛大学拉蒙特大学教授和英国剑桥大学三一学院前院长。因他对福利经济学的贡献,
xv 在1999年成为印度国宝勋章和1998年诺贝尔经济学奖的得主,而他也担任"计量经济学会""印度经济学协会""美国经济学协会"和"国际经济学协会"的会长。他也是"乐施会"的荣誉会长。森教授的研究遍及一些经济学和哲学的领域,包括社会选择理论、福利经济学、计量的理论、发展经济学、道德哲学和政治哲学。他的近年著作《正义的理念》(*The Idea of Justice*,2009年)把经济学和哲学融合到现实世界的人类苦难的学术反思。森自外于罗尔斯式全球正义的理论,他相信这是经常以"超验"的抽象来阐述,而且大多抽离于他们渴望治疗的经验世界。他敦促学者和政策制定者致力于减少具体的不义,而非辩论各种理想的终极状态。他提出一套"开放"而"比较"的正义观念,促进诸社会安排的比较评估,

而不用超验的原则。

**昆廷·斯金纳**(Quentin Skinner,1940.11.26—)是英国伦敦大学玛丽女王人文学院巴伯·博蒙特教授、剑桥大学政治科学系前教授和历史系现任皇家教授。他的主要兴趣是现代欧洲政治理论史,尤其是文艺复兴的修辞文化和托马斯·霍布斯的哲学。他还论述诠释和历史解释的性质,涉及当代政治哲学的一些课题,尤其是政治自由和国家的性质。他主要著作包括《现代政治思想的基础》(*The Foundations of Modern Political Thought*,2卷,1978年)、《马基雅维利》(*Machiavelli*,1981年)、《霍布斯哲学思想中的理性和修辞》(*Reason and Rhetoric in the Philosophy of Hobbes*,1996年)、《自由主义之前的自由》(*Liberty before Liberalism*)、《政治的愿景》(*Vision of Politics*,3卷,2002年)、《霍布斯与共和主义自由》(*Hobbes and Republican Liberty*,2008年)和《破碎的主权:一个备受争议的概念的过去、现在和未来》(*Sovereignty in Fragments: The Past, Present and Future of a Contested Concept*,合编,2010年)。

**西蒙·托米**(Simon Tormey)是澳洲悉尼大学政治学教授。他是多部专书和论文的作者,包括近年《阿格妮丝·赫勒:社会主义、自主性与后现代》(*Agnes Heller: Socialism, Autonomy and the Postmodern*,曼彻斯特大学出版社,2001年)、《反资本主义》(*Anti-Capitalism*,寰宇出版社,2004年)和《从批判理论到后马克思主义的主要思想家》(*Key Thinkers from Critical Theory to Post-Marxism*,塞奇出版社,2006年,与朱尔斯·汤森德合著)。他现正撰写一部专著,拟名为《不以我的名义:代议的危机与它对民主意味什么》(*Not in My Name: The Crisis of Representation and What It Means for Democracy*)。

R.B.J. **沃克**(R.B.J. Walker)自1980年起在加拿大维多利亚大学 xvi

任教,是“文化、政治与社会思想研究生课程”的创始成员。他在其他地方拥有一些访问职位,最近是在法国巴黎“国家研究调查中心”和巴西里约热内卢天主教主教大学“国际关系研究所”。他是三部专书的作者,《内部/外部:作为政治理论的国际关系》(*Inside/Outside: International Relation as Political Theory*,1993 年)、《一个世界,很多世界:争取正义的世界和平的斗争》(*One World, Many Worlds: Struggles for a Just World Peace*,1988 年)和《全球之后,世界之前》(*After the Globe/Before the World*,2010 年)以及其他著作。他长期担任《选项:全球的、本土的、政治的》(*Alternatives: Local, Global, Political*)杂志的主编。他的研究兴趣广泛,遍及在现代政治中起作用的时空性的措施、现代性的理论、主权权威的诉求和现代特有的主权和主体性之间的关系,自由与安全的关系及新形式的不安全的诉求,国际和全球秩序变迁的诉求、社会运动与民主理论、管治性的措施、政治界限的重述,以及各种如今起作用的例外主义界定政治可能性的限制。他透过分析国家内的政治与各国间的政治之间的关系,最为持久地论述这些课题。

**马克·安东尼·温曼**(Mark Anthony Wenman)是英国诺丁汉大学政治学讲师,现在是《政治研究》(*Political Studies*)四名主要编辑之一,也是《政治研究评论》(*Political Studies Review*)的主编。他已发表多篇论文,讨论多元主义、后结构主义和民主理论,现在正为一本讨论斗争性的民主、将在 2013 年剑桥大学出版社发行的专著杀青。

# 第一章
# 导论:当代政治理论家对话——过去与现在

加里·布朗宁

拉娅·普罗霍尼克

玛丽亚·狄莫娃-库克森

本书提供了一个动人的导引,介绍当代政治理论的范围和活力。[①]它提供了独一无二的概览,回顾过去数十年间研究和辩论政治理论的各种方式。透过本书的交谈和对话,近年来某些著名的政治理论的视角和语境得以栩栩如生。自由、平等、民主、正义、性别、阶级、认同和国际政治的重要题目,出现在不同章节之中。从阅读这些访谈中所得到的洞见,对于那些未曾精通政治观念的人而言,本书是非常可贵的起点;而对于那些已对政治理论怀有学术兴趣的人而言,本书可以提供更多的东西。

"当代政治理论"一语提升了系统性分析反思的期待,这是旨在理解当前形式的政治、实践性的政治指引,以及我们得以理解现状的性质之期望。本书提供了广泛的俯瞰,环顾某些最杰出和最具争议性的当代理论家,他们正以各种不同的方式从事分析和反思。争议是政治的本质;因此有关政治的当代辩论的范围必然是广阔的,包含对"研究政治理论

① 构成本书的某些访谈是由《当代政治理论》杂志"对话政治理论家"的特写文章所启迪。跟晚年的杰拉德·柯亨的访谈在此重刊;跟本杰明·巴伯、简·班尼特、威廉·康诺利、邦尼·霍尼格、卡罗尔·佩特曼、菲利普·佩迪特和昆廷·斯金纳的访谈收入本书时经过修改和扩写;跟迪佩什·查卡拉巴提、阿马蒂亚·森和沃克的访谈是专为本书而进行的。

意味什么”的深刻差异。这种存在争议的特性使本书和这些与当代理论家的对话成为一种理想的途径,表达如何构思和现在如何进行对政治的系统性分析和反思。

包括在本书中的诸篇对话,让理论家厘清自己在主要辩论中的位
2 置,并解释他们想象和建构政治的不同做法。在回答他们是如何塑造自己的思考的问题时,这 12 位理论家揭示了他们理论及其特殊视角的语境的特异性(specificity)。因此,杰出的当代政治理论家的多种风格将得到陈述和解释。每一个理论家将被鼓励以自己的风格讲话,这种对话形式各自由一名谈话者进行交谈,随之产生的对话录是要开启与更大范围的受众之间的思想交流。

结果是,本书图绘了 12 名当代有影响力而又存在争议的理论家以及他们的研究路径如何实行,允许他们阐述和辩护,从而揭露今天政治理论辩论中的某些主要声音。这些声音可能使用“政治理论”“政治思想”或“政治哲学”诸词,而这些词语表达了这群特别的理论家之间微妙的差异,还有重叠的意义。然而基于本书的宗旨是描绘范围广大的理论和理论家,允许多种展现这些术语的途径,我们将可互换地运用它们,让各个理论家各自规定如何使用它们。

## 政治理论:过去

一项活动正以什么方式发展是不容易确定的。当代政治理论有一部分语境是从 20 世纪 50 年代展开的,正如当时彼得·拉斯莱特[1]著名

① 彼得·拉斯莱特(Peter Laslett,1915—2001),英国历史学家,剑桥大学政治学及社会结构史讲座教授。1948 年编辑菲尔默政治著作,而他对洛克的研究也启发后来“剑桥学派”之诞生,代表作计有《洛克〈政府论〉导论》《我们失去的世界:工业革命前的英格兰》《过去世代的家庭生活及非法的爱情》《历史社会结构的统计研究》等。——译者注

的观察——政治哲学已死。[①] 这篇墓志铭的宣读发生在逻辑实证论和语言分析攻击理论思索的范围和生命力之后。与之配合的是政治意识形态在西方政治文化中的力量出现表面的衰退，以及当时正体验着二战后的繁荣和自由资本主义快速成长的消费主义。然而这一判断在它被确认为是时代错乱之前，很难在出版物中找到。20 世纪 60 年代见证了意识形态论争：先是左派为政治活动家开启了原先被禁止入内的生活领域；接着是 20 世纪 70 年代右派的意识形态复兴，还有自由和权威的理念契合个人主义和强大国家的重新配方。学术理论家自我否定的条例，已经及时地从流播中撤回来。

无论如何，拉斯莱特的判断掩盖的多于它所揭露的，因为它不能追查各种战后的政治理论；这些理论当时已经产生，而且正处于进行标记
的过程之中。在左派中，马克思主义理论家(例如马尔库塞、麦克弗森、 3
布洛赫和阿多诺)对资本、苏联阵营和传统形式的马克思主义作出错综复杂而又非正统的批判。哈贝马斯和战后法兰克福学派在纳粹破坏后抛弃了马克思主义的概念，并且由于战后“马克思主义苛政”在战后东方确立，以及自由民主国家在西方不确定的公共交流，因此面对公共领域概念化有着迫切的需要。海德格尔针对自由资本主义科技设计了一套生态转向的批判，同时恢复了他对西方形而上学的事后剖析。阿伦特对政治思想和政治行动发表了一些匠心独运的研究，想象政治是一种公共创意，这些创意的凭据曾因反政治的极权主义授意而遭到攻击。法农揭露后殖民主义认同和自由在西方帝国主义和去殖民化之后的可能性。德·波伏娃把女人(在公在私)顺从社会建构的生存依赖性追溯到男子气概(masculinity)的角色进行了提升。波普尔、哈耶克、伯林和奥克肖特在纳粹主义和共产主义的余波中，重新想象自由主义的各种构想，以不

① 据本章所引书目，此即 Peter Laslett, “Introduction,” *Philosophy, Politics and Society*, ed. Peter Laslett, Oxford, Basil Blackwell, 1956. ——译者注

同方式确认自由主义和保守主义，以此应对先前政治的宏大叙述所渲染的修辞和政治。同样，罗尔斯发展了社会正义的规范性论证；与之配合的是，战后美国自由主义公民权利与社会福利计划的实行；这是随着他的《正义论》[①]在20世纪70年代初达致高潮的。此书跟以上列举的理论家的作品一样，展示了政治理论与社会合作组织所提出的实践问题和可能性之间的相关性，还有各种矛盾观点的持续性和活泼性。

在20世纪50年代乃至60年代的政治理论并未死亡。它在欧洲、美国和其他地方仍然存活，但在不同的语境中各有不同风格培养它。所有这些风格既带来议题的辨别，又显示了包含它们政治实践的思想交流。它们的操作方式涉及政治思想的观念和历史，因此超出了意识形态的支持或拒斥。战后自由主义的容忍[②]与民主的限制被异端的马克思主义者所追溯，而父权制和殖民主义的权力被激进女性主义者和殖民者所批判。自由主义的好处被巧妙地解释为包含了多元性所展现的演化优点和价值多元论的合乎情理性（reasonableness）。战后和战后各种形式的
4 极权主义被剖析并被谴责，而反抗某一预定政治目标的幻想的政治文化力量和价值得以阐述。罗尔斯对传统社会契约论之重构，说明政治思想史如何得以富有创意和成效的重探。在20世纪60年代勃兴的各种政治理论援引和重塑了以前理论家的论证和风格。对霍布斯自然状态的说明（或误读）被当作现实国际关系的无政府状态的基础性神话。黑格尔式论证既得到独特而正面的重塑（值得一提的是马尔库塞、法农、奥克肖特和德·波伏娃的论证），又有地道而刺耳的鄙夷（出自波普尔和罗素）。

---

① 据本章所引书目，此即 John Rawls, *A Theory of Justice*, Cambridge, Mass.: Harvard University Press, 1971. ——译者注

② 容忍，英语原作 toleration，汉语另一的流行译法是“宽容”。在政治语境中，toleration 讲究的是对某些自己觉得是坏的、不好的、难以接纳的东西，也要自我克制留有余地。从心理状态上说，关键是忍耐和克制，不在于“宽”，——跟宽大、宽裕或宽恕未必有关；所以，本书宁取“容忍”而非“宽容”的译法。——译者注

相应地，康德启发了诸如波普尔、阿伦特、哈贝马斯和罗尔斯等理论家，他们为政治联系设计了不同的理性建构主义的说明。马克思被伯林和阿伦特批判，被波普尔抨击，但也被布洛克、马尔库塞和阿多诺富有想象力地重探。然而各种在战后几年间建立的政治理论，往往承认从事理论时可能遇上的认识论限制。尤其是，自由主义者在证成其立场时，较不倾向于援引形而上学和目的论的历史发展，反而对当前的可能性提出条件性的考察。

## 政治理论：现在

20 世纪 50 年代和 60 年代的政治理论是形形色色的、成分混杂的，受到各种先前的理论和事件的启发，它们加以吸收而重新形成了当前的视角。理论自身（甚至如奥克判特所言，当实践的作用可能遭到鄙夷）以实践为取向，针对战后西方世界风气产生的迫切议题和问题。今天，政治理论已从 20 世纪 60 年代的情境中发展起来。那些辩论已使其更确信它们鲜活的多元性，并且包含更多的跨文化视角。研究政治理论没有单一的方法。这个学科没有本质，因此它要求研究者各自反思地判断它的地位和特质。《当代政治理论》这样从多样性贯穿其特质的标准描述，也解释了该期刊某些独特性（这是迎合风格和取向的特殊性）。正如美、英两国各间著名大学的做法，分析的政治哲学有别于欧陆理论。培养欧 5
陆理论的是欧洲大陆的理论家，还有美、英两国及其他地方的激进理论家；这些人既受到前结构主义和后结构主义的欧洲哲学家的影响，又受到那些尝试在理论和实践中操作的标准做法的诱惑。分析理论与欧陆理论的影响，超出英美世界和法德世界之外；近年，来自中国、日本和其他非西方源头的政治思想传统也日益得到剖析。

政治思想史乃是政治理论的次学科，它以不同风格来培养斯金纳、波考克和科里尼的语境主义，与之竞争的有话语实践的福柯式谱系学，以及为了追求没有时间性的哲学智慧而隐晦地诠释文本的施特劳斯主义者。备受瞩目的国际政治理论(这是沃克等人引路建立的)把政治理论的视角扩大到既定疆界的局限以外,或国家在既定疆界之外(和这些疆界之间)的相互作用。后结构主义者和激进形式的理论源于欧陆哲学,以及挑战主流西方自由主义意识形态的预设的决心。激进理论往往被视为一种不安稳的力量,搅乱了分析形式和历史形式的理论所使用的流行术语。女性主义者和后殖民主义理论家透过女人和被殖民者的体验,解读和重新诠释主流的政治理论议程和政治思想的经典,观察“政治的”(the political)如何出现在表面属于私人领域的东西之中,或一个具有殖民经历的社会的日常互动之中。

政治理论辩论流行的分类是预设这些敌对阵营的划分、规定了这个场所的秩序,但这种稳定作用要付出代价。例如,一套类型学的出炉,列举了分析性的政治理论、激进理论、政治思想史、国际政治理论、女性主义思想和后殖民理论,但这些划分到框架化的类型,忽略了特定理论个别和重叠的面貌。这样一张清单可以预示理论家如何各有不同地处理议题和问题,但理论家并不恰巧符合框架。理论家之间的差别超出指定标签所承认的东西之外,而已被敌对标签所分隔的理论家却展现了共同的特征。理论家之间的关系不受整齐而排他的分类所影响;它们之间的差别不能化约为对同一套问题的不同答案。在本书中受访的理论家都
6 独具一格,而且被标签为代表特定类型的政治理论,但他们重叠的关怀和风格,以及他们知识成长各不相同的语境应被识别。使用流行公式的危险是因标签的不协调而有所凸显,因为它们以不相关的准则(例如地理、程序和研究对象)来划分理论家。这些分类并非相互排斥的,因此由某一标签来识别一个理论家,这种做法并没有排除另一标签的适用性。例如,欧陆理论与分析性思考是可以兼容的,女性主义可能也是后殖民主义者,激进主义者可能是讲述分析,后结构主义者则借助了马克思的幽灵。例如,在本书的访谈中,佩特曼承认种族压迫与性压迫之间的密

切关系；而康诺利迈向福柯的后黑格尔转向是透过对“仅是依赖理性”抑或“采用一套更具肉体性的视角”有何问题的概念分析而加以解释。

杰拉德·柯亨晚年的作品说明了以流行范畴容纳理论家的笨拙。柯亨既是分析的，同时又是激进的，而他的分析风格的敏锐度是由他对马克思主义遗产的拥护所推动的。柯亨的政治和知识遗产，跟马克思从后康德主义的欧陆哲学中涌现紧密相关；犹如他的作品证实了他对罗尔斯分析风格的锐利度和相关度。在本书跟西蒙·托米（Simon Tormey）访谈时，柯亨揭露他的激进主义如何源于左翼激进主义的背景，还有他对政治和社会的思考如何从他与马克思的思想交流中展开。在坦率而感人的交流中，他承认马克思和他所属的“九月小组”（或“不扯谈的马克思主义小组”）的灵感。同时，他发现他如何从马克思理论的内容和风格中被吸引到英美哲学犀利的分析传统。即使在他的《马克思的历史理论：一个辩护》中，柯亨设法从它的辩证立场撬动出来，迈向方法论的个人主义，即优先考虑解放和共产主义的理性选择论证。柯亨辨别他自己的政治理论进路，做法是观察“但总体地说，我自己的取向不是处理当代的问题。我处理更普遍、更抽象的问题，而在我看来，当人们假设讨论这些问题对世界毫无影响时，已经犯了大错”。柯亨把他的进路集中在对某一概念（例如平等）的抽象分析，而这样做的时候，他以突出的措辞流露出对罗尔斯《正义论》的欣赏：“然而我确实认为《正义论》是一部伟大 7
的作品。充其量，只有两部政治哲学的著作比它更伟大：柏拉图《理想国》与霍布斯《利维坦》。”柯亨晚年跟罗尔斯和诺齐克较量，但他是在分析哲学的框架内作战。在这篇访谈中，他解释他的平等主义是对马克思左翼激进主义遗产的进步回应；当他致力于剖析信守平等原则的逻辑涵义时，他解释了他如何与罗尔斯对“差异原则”很成问题的辩护意见进行批判的思想交流。

柯亨极严谨的分析性论证，大多受惠于英美哲学，可是他的事业发展轨迹说明他跟马克思和马克思主义在私人上、政治上或学术上有相当多的交流。在他的访谈中，柯亨证实，一个启发灵感的马克思研究群体继续存在的关联性，并且认为他对政治理解最显著的贡献是他鉴别了左派激进方案在马克思主义理论后仍有什么东西需要更替，以及各个范畴的相互关系的证成考察需要废除。柯亨的分析进路是与众不同的。这是受到马克思和德国唯心主义结局的启迪，而在批判标准形式的自由主义上，它是激进的。在这篇访谈中，柯亨同情全球视角的宣示，是源自他对平等主义的拥护。

如果柯亨表明他是一个极其独特的分析理论家，那么菲利普·佩迪特(Philip Pettit)的分析风格是高度个性化，而且是由各种影响所推动的。他专注于自由的修正分析，援引了共和主义的历史时段；在塑造自由的见解时，他把自由联系到社会政治的地位上，那是有别于伯林之后分析哲学家所预设的消极自由与积极自由的经典理念。佩迪特对这个概念含义的分析是在抽象和准确性的层面上进行的；这跟先前英美哲学对自由的分析完全一样。抽象的程度允许一些应用情形取代特殊的历史语境和当代语境，而修正的共和主义自由观是透过能动性(agency)和政治联系(political association)的理念而勾勒出来的，而这些理念是高度概括的，未因它们与欧陆理论家(由黑格尔到德勒兹)所塑造的形上预设和反直觉的逻辑公式之间的瓜葛而弄得复杂化。柯亨着眼于平等，而佩迪特则对自由发展了一套修正的修读方式，这受惠于当前的分析技术。但在他与玛丽亚·狄莫娃-库克森(Maria Dimova-Cookson)的访谈中，佩
8 迪特讨论他对萨特和梅洛-庞蒂欧陆哲学的解读，自由的历史解读(尤其是昆廷·斯金纳的共和主义著作)的影响。佩迪特承认自由概念的历史研究与概念评论之兼容性，历史上共和主义的团体及思考方式表现了他觉得是理解自由的独特途径，反对后退到国家主义或个人主义的操作方式。

柯亨和佩迪特二人著作的长处是，他们对平等与自由的规范性构想塑造了清晰而概括的分析，这使政治社会实践得以按照严格规定的概念

者给予个别人类存在者[①]作为不相关联的主体的特权地位。

与马克·温曼(Mark Wenman)访谈时,康诺利向他解释自己的事业 10
在开始时曾努力对概念进行批判的黑格尔式拷问,透过揭露施为性矛盾而翻查了一些概念性论断(conceptual assertions)。他接着研究福柯和德勒兹,从而凸显差异,并且确定摆脱分类和实践的流行常规的线索。康诺利解释他与福柯《赫尔克林·巴尔宾》的思想交流,他感到“满肚子的慌乱”。这一感受支持他与别人的内心(visceral)交流而非透过理性主义或辩证法的概观把各种回应标准化。伴随着康诺利所发展的唯物主义是一条围绕着关注差异的发展性内心进路,它透过不限于形式的概念完整性的交流气质来进行的。他的发展性进路使他警惕“政治的”的不固定性质,因此他确认有关权利的思考如何关乎权利的明显宣示。因此男同性恋的权利和代孕母亲的诉求创造了新世界,要求思考权利的崭新方式,而政治不被当作一套理论面对突然浮现(emergent)的潮流的持续应用。康诺利十分关注不义:不义是透过拥护貌似普遍的原则而进行的,而这些原则也掩饰着对那些不被包含在其操作图式内的东西的排斥。他跟塑造包容性(inclusive)方案的标准化和常规化的过程作战,这些过程塑造了概念图式,规定了那些容纳与限制偏然性和次要元素的原则。然而康诺利仍警惕集体形式的组织和统一性如何调适分歧的同一性(identities),而他借助交流的气质,认为这提供了协调各种相互差异的风格、个人和群体,而又不威胁同一性,或依赖法则理念的形式化(那些法则预设了展现遵从忠诚的规范)。康诺利拥护内心经验和欠定(underdetermined)的解释和包容,明确允许变异,以及新形式和新认同的浮现。康诺利的思考是分析性的,同时旨在抗拒过早的结论性(conclusive-

---

① 个别人类存在者,英语原作 individual human beings,最简易的译法当然是意译为个人,但鉴于西方自由主义因一神论宗教的背景,讲究“人之所以为人”的存在者(beings)地位,而这一点正是班尼特和其他激进理论家不能接受的关键所在,所以本书宁取冗赘的直译,称之为“个别人类存在者”。——译者注

ness),因为后者排除了激进的差异和变化。

与加里·布朗宁(Gary Browning)访谈时,霍尼格采取的理论立场是杜绝固定性和包容性,有意支持不和谐的并列(juxtaposition),以证实理论未完成和不全面的性质,从而说明如何不能搁置各个浮现的元素。这些激进派所提供的是调适全新浮现的诉求,向未加工之物(unprocessed)
11 保持开放,而非图式化地坚持什么东西可能被包含在内。因此,同性恋运动、没有身份文件的难民及变性人所提出的诉求之所以要得到重视,正因为他们不符合现存的理论实践。霍尼格拥护斗争性(agonistic)的民主(而非诉诸协商民主人士的均衡诉求)也符合"论证不总是带来调适性和谐"的直觉感。更多的分析性理论家可能对这些激进风格的理论提出的问题,是他们对民主交流的可能性的构想在多大程度上预设了互惠性的承认诉求(而这些诉求蕴含自由主义规范的接受)。

霍尼格的激进主义是要抗衡分析性自由主义理论的流行范式。在这篇访谈中,她解释了她的开拓性作品《政治理论与政治的易位》如何受到对主流英美理论的不满(尤其对罗尔斯《正义论》的抗拒)所启发的。罗尔斯对正义社会的分析性建构企图建立一套框架,决定资源和机会如何正义地分配,因而把剩下来的不平等归诸运气这种无足轻重的问题。霍尼格自觉地质疑任何正义分析中的所有不平等和异常性。她以斗争性抗拒取代对社会的封闭性解读(即认为社会是由秩序和完善的目标所推动的)。她指出那些抗拒分析性分类图式的剩余物(remainders),敦促激进抗争性(contestory)的民主,以回应各种如何看待人民的方式。在她的访谈中,她承认欧陆理论家的影响:像德里达,他解构了政治问题预设的固定答案;还有朗西埃,他把政治视为正是源于"什么算是一个政治单位"的争议。霍尼格拥护的方法是努力诊断脱节(discrepancies)和张力,而非表达统一性。她评论说:"诊断性或治疗性的政治理论旨在把我们开放到崭新的思考方式和行动方式,常是透过误用修辞(catachresis)的做法——把不可能的东西放在一起。"

霍尼格的访谈确定了她对当代分析性政治理论范式的反对，可是她的作品本身抗拒根据那种附随的分类图式把事情归于框框的做法，她在实质性理论化中反对这一点。她拥护一种情境性的激进主义，与过去各种理论、形象和风格交流，并且严肃地对待政治理论，凝思它所忽略的东西。她详述了对罗尔斯《正义论》的批判，同时承认受惠于罗尔斯。霍尼 12
格把她如何指出当代政治措辞以什么方式辨别和边缘化外来者（foreigners）的手法，联系到阿伦特如何标识从事政治的启发性手法。她也承认政治思想史的影响，例如格林和霍布豪斯，说明如何借助过去的思想家逆反现状，并且开启激进的路径。再者，霍尼格在运用过去的材料上，不限于理论和理论化工作，从而阐明当前的议题。她把外来者问题联系到《奇妙的奥兹男巫》上，并且诉说她如何专注于重新解读索福克勒斯《安提戈涅》，从而指出埋葬手法与葬礼观察得以辩论和实践的政治方式，有别于当代政治借用死者论证的手法。

总之，班尼特、康诺利和霍尼格是激进理论家，但他们的激进主义拥护分析性策略，而他们借助不同的风格和来源。此外，他们被归类为激进主义者，这不应压倒他们对政治理论的特殊兴趣和实质性关怀。因此班尼特的物质主义提供了一条生态主义的特殊进路，区别于假设人类行动者的特权视角的自由主义视角。环境议题与那些根据激进的、修正的形而上学来思考人类的根本途径并非毫不相干。同样，霍尼格回顾当代女性主义的情境，解释她的斗争性民主立场如何不画地为牢，不致对政治理论和政治实践提供了必要的固定限制，同时也回避全球普世主义——这是以更广阔的普世主义取代国家普世主义，反过来因为从这一视角排斥了某些个人和立场而创造了不义。康诺利对权利的发展性质之识别，也凸显了政治史与政治思想史是如何影响了实质性议题。把理论家予以分类是引起问题和回答问题的做法，正如德里达自己的观察，这些问题可能是不可判定的。

沃克（R. B. J. Walker）、卡罗尔·佩特曼（Carole Pateman）、迪佩什·

查卡拉巴提(Dipesh Chakrabarty)和阿马蒂亚·森出了名的理论化手法是伸展政治的轮廓。他们注意政治活动的表面界限、理论与实践扭曲的性别预设,以及“场所”(place)对理论实践和公民身份的语境的影响力。说他们透过扩大视角或剖析体现性别的政治现实,从而揭示它模糊的轮廓,对政治理论所做出的重大贡献,不是说他们不该被认为是分析的、激
13 进的或历史的理论家。例如,查卡拉巴提是一名杰出的历史学家,佩特曼和森的著作引入了无可置疑的分析专长和激进锋芒,而沃克对“国际的”(international)的聚焦,伴随着激进主义,以及对政治思想史的领会。

与拉娅·普罗霍尼克(Raia Prokhovnik)访谈时,沃克讨论了他对政治范围超越其惯常的假设(given),即民族国家的疆界。比起本书其他访谈者,他引人注目之处在于,他着眼于空间是如何代表一个在政治中更为复杂的因素,而非标准的建构框架(其中缺乏存在争议的政治活动)的策略。他挑战空间的预设。对沃克来说,正是政治的本质,使空间性组织在理论上和实践上是政治的,而他强调解构任何自然化的建构(naturalized constructions)的需要——这些建构预先决定或限制“政治的”的范围。政治既不是在政治组织的界线之内,也不是在它之外;正是论争自身的过程,影响了政治单位内外的形态。沃克着眼于政治的界限,具有典范性意义;而他影响深远的有力论证是,提示未来的政治理论将受到疆界观念的既定意义所困扰(前者反过来也困扰着后者),剖析和摧毁民族国家宣称建构自我立法的政治组织的途径。沃克的国际视角所涉足的理论和实践,关乎世界如何惯常地被分割和组织为各个单位,以及如何最能剖析和领会这些单位的理论安排。他质疑主权的理念,挑战它作为一个巩固民族国家、先于政治的组织规划的凭据;而他也解构了把世界截然二分的做法,即分为一个国际领域与一个由民族国家所占据的抵消性空间。

沃克自身在政治理论和政治思想史的渊源,使他警惕各种整体与部分的理论规划和实践规划,而他的进路也是充满个人对阈限性(liminal)

场所（例如工业的威尔士和加拿大的开放空间）的第一手体验。他援引
后结构主义的思考和音乐形式，作为操作性技术和模式，说明国际政治
世界经典解释的解构；这一解释假定国家内部与国际关系外部之间截然
二分的外在关系。在他所识别的当代世界中，人民与个体没有容纳在排
斥的疆界之内。在这篇访谈中，他概述了他的开拓性作品《内部/外部： 14
作为政治理论的国际关系》，并且以下列措辞表明他的新著《全球之后，
世界之前》的论证："是的！我正尝试挑战建构疆界的自然化，尽管我思
考国家的疆界多于个别主体或国际主体的疆界。"（这更多的是新著的
焦点。）

佩特曼作为政治理论家的履历包含了多于她的突破性作品《性别契约》的东西，尽管该书是对女性主义政治理论极其显著的表述，对自由主义和前自由主义的契约理论家提出了激进的挑战。那一挑战的宽度凸显在她与安兆骥的访谈之中。对佩特曼来说，任何一套宣称确立政治联系的性质和限制的社会契约，已预设了性别权力的预先决定；而她从历史中发现，在社会角色的决定上，男人高于女人的支配性已预设在社会契约论之中。在她的访谈中，她评论了性别关系和当代的女性主义潮流。她发现所谓第三波女性主义是一个怎样混淆的范畴，缺乏早先女性主义运动中明确的政治议程。她批判女性主义学者没有涉足政治，并且重申，女人在当代社会所体验的不平等需要一种坚定的女性主义。她对政治联系的性别面貌的确认与众不同，但这是其他受访者（尤其是邦妮·霍尼格和昆廷·斯金纳）所共同拥有的。

佩特曼的政治理论研究最显著的影响，经常是从她的女性主义视角来解释的，但在这篇访谈中，佩特曼提醒我们她作为一名具备更广泛的兴趣（尤其政治参与）的政治理论家的渊源。她提及其大作《参与和民主理论》，那是关注当代公民的参与式民主（participative democracy）各种激动人心的构想。在这项研究中，她恢复了参与式民主的理念，包括产业民主——这是被视为失败的当代民主形式。她承认她基本上受益于分

析性政治哲学，尤其是受布莱恩·巴利晚年的个人影响。在承认她受惠于巴利之余，她也反思她在政治科学专业组织中的参与。

查卡拉巴提以他对理论设定的问题（理论所浮现的场所，以及理论得以培养的氛围）的敏锐而闻名于世。在这篇与玛丽亚·狄莫娃-库克森（Maria Dimova-Cookson）的访谈中，他坚持理论扎根于特殊的场所，而且要由它与启发其语境的关系来评估。在其大作《地方化欧洲》中，查卡拉巴提承认普遍性理论是如何必然在特殊场所中塑造和阐述的，并从特定的氛围中得到生命，而这些氛围透过各种文化在某一位置上留下烙印的历史发展而创造出来。在访谈中，他确定他的决定性洞见是透过历史阐述的过程而领会场所的。他评论说："因此，我感兴趣的是思想与场所之间的关系，而我的命题是，日常行文中表达的哲学思想（有别于象征性符号或数字），无论它怎样试图超越它在特殊历史中的根源，也不能完全逃避这些历史暗潮的拉力，因为这种暗潮就是人们可能在日常行文的习语特性（idiomaticity）——那一思想借此得以表述——中所发现的东西。"

查卡拉巴提总想透过观察特殊性而贬抑普遍性语言，前者的意义是
15 要由具体的文化传统（这些传统是访过场所或空间的偶然重述而形成）所赋予。对查卡拉巴提来说，必须确认启蒙理性和现代性的动力遭到一些限制，而这是因为它们形成的特殊性。西方可能预设，它的理性概念化的罗网是要席卷全球，但其原则的普遍性是要付出遗失特殊性的代价（这些特殊性影响了需要被解释的东西）。森强调语境是因为不同的理由而具有的特殊性。南方①的贫穷之所以紧要，不是因为它是南方，而是因为贫穷的全球整体性观点必须确认它的特殊形式和最戏剧化的显现。人类自由和促进自由的政治不仅是从抽象原则中衍生出来的，而是需要参照特殊的问题，以及针对它所发生的意外的补偿性改善措施。

在他对孟买贫穷的成长岁月的动人回忆中，查卡拉巴提对政治理论

① 这里所说的南方，不是特指某一地域，而是就发展程度而言，泛指发展中国家。——译者注

提供了一个富有洞察力的非西方视角，并且拥护那种领会家园感（sense of home）意义的政治解读。对他来说，这种家园感凸显在他对当代世界的场所的复杂情况所作的后殖民主义解读之中；在当代世界中，身份认同经常被淹没、相互交织和混淆的。透过他对其成长的特殊语境之追忆，他凸显场所在塑造政治理论和涉足政治的实际体验中的特殊性。跟佩特曼一样，迪佩什·查卡拉巴提因对压迫的确认而得到直接的启发。 16
他的作品因他在孟加拉、印度的后殖民处境的个人体验而显得生气勃勃；而在这篇访谈中，他见证了后殖民社会的问题与对政治行动的要求。他接着讨论他把场所和家园作为身份认同在一个快速转变和全球化的世界中识别的标记，这也贯穿于他作为一名社会理论家和历史学家的作品之中。这种识别使他警惕“假设可能有一种理性主义进路，超越特殊场所的语言和文化”的危险。

阿马蒂亚·森与丰娜·福尔曼－巴尔齐莱（Fonna Forman-Barzilai）的访谈，类似于查卡拉巴提的访谈，这在于他动人地回忆他自己居住在一个特殊环境的政治成长的启发。他重新想象了女人与女人生活在孟加拉和缅甸相反面貌的家族性（familial）语境。他致力于非理想性理论（non-ideal theory），以期（在发展的紧急需要的语境中）为改善现实社会和促进人类潜能提供判准。以上信念是受到这种对全球贫穷的一种本土化表述的第一手领会所启发的。虽然其他访谈（例如沃克和柯亨的访谈）也披露了对其知识积累的特殊生存语境的敏感性，但森与查卡拉巴提明确地承认了对场所的要求和忠诚。森对其在孟加拉国的后殖民社会的识别证实了场所的特殊性是如何左右一个深受罗尔斯和分析性政治理论影响的理论家。

在许多方面，森都是一个典型的分析理论家，他的著作受到哲学和经济学的分析理论家的影响，但他也承认他对诗歌的领会对他别具风格的修辞起到作用，还有其在祖国贫穷的生活经历的影响。森阐述他对贫穷的第一手体验，以及他对于优先次序要根据改善生活机会和可行能力

(capabilities)的经济发展、文化发展和政治发展的确认。他对孟加拉国饥荒的直接体验,使他理解到政治理论有需要回应实践的需求,接受公认不完美的政治组织在解决社会问题和经济问题上提供实际帮助的角色。他对场所的特殊性的感受使他警惕本土主义的限制,还有感觉有需要超出特殊场所的细节,并以开放方式进行理论化的工作;而这种开放方式是不受到那种排除不同类型的人和需要的偏倚性视角的限制。后
17 一关怀是对不同的人的要求和视角保持开放,使他不诉诸某一特定的人群(因而将有封闭的危险)的社会契约来进行理论化工作。

在本书的访谈中,森评论说:“我的书在第二个传统(即开放的不偏倚性的传统)的基础上怀着对所有人(不仅是某一特殊国家的公民)的推理的兴趣,它关心人民是如何生活的(不仅是制度是多么的‘正义’),还有它使世界变得更好的信念(即使缺乏任何类型的完美状态),而非主要识别某些‘完美的正义’的世界;这种世界可能有(远非可行的,而且对它的性质)也可能没有共识,即使在一国之内。”他对实践要求的确认使他警惕到评估和操作非理想性理论的可行性。对森来说,贫穷的现实使他的注意力集中在“现在什么事情可以做得对”——在这个语境中,就是这些特殊的人民和非理想的制度。现实的贫穷优先于分析某一纯粹抽象的正义理想的执着。森认为理论受制于实践的信念,是本书受访的很多理论家共同拥有的,他们各以不同方式构想理论的关联性。柯亨和佩迪特看到清晰阐述的原则与处理自由平等问题的事务之间的关联性,而康诺利、班尼特和霍尼格看到理论的要旨是挑战标准的和流行的东西。

昆廷·斯金纳是一名杰出的理论家,他对政治理论核心主要的贡献源于他对政治思想史的研究。斯金纳对政治理论术语变化的科林伍德式感受,使他注意到政治组织以很多方式呈现在历史过程中。他确认了民族国家(还有不同传统的主权和自由)的历史性。与拉娅·普罗霍尼克访谈时,他检讨了自由的传统,有别于主流的消极传统,但也跟所谓积极自由的东西不一致。像佩迪特一样,斯金纳识别了一种共和主义自

由，他从古典时代追溯，中经文艺复兴的思想家，到它与当代各种政治的持续关联性。的确，他在英国议会主权显著衰退的语境中，评论了这套学说的关联性。

虽然本书受访的其他理论家借用各方面的史事谈论当前议题，但斯金纳是英美世界杰出的政治思想史家，使今人关注到历史理解的价值的 18
丰富感知。作为政治思想史家斯金纳的方法论受到维特根斯坦和奥斯汀的语境主义哲学影响；后者关注意义得以确定的各种方式，拒绝秩序的诱惑，拒绝对不同形式和用法施加一种附随性和整体性的解释。斯金纳确认充满变化的术语和意义形式，在政治权威和自由的辩论中运用，这使他警惕到“预设有一个理性主义进路超越特殊时空的语言和文化”的危险。然而他对历史共和主义渊博而富有学术性的研究支撑了佩迪特的当代共和主义理论，后者反过来也影响了他。斯金纳对政治思想史语境的关注，是透过开启自由和主权的隐性传统，以供当代考察，使当代政治和理论之解释不至于错误地把当前的态度和思考方式当作没有时间性的真理。查卡拉巴提、沃克、霍尼格等人考虑理论的限制，而斯金纳彻底的历史进路强调现代国家的历史性，以及主权、权威和自由等词的特殊性。

当代政治理论家不应被划入排他的范畴之中。标准的范畴突出了特殊的品质，而它们不应取代与各个理论家深思熟虑的交流。本·巴伯对强势的参与式民主之有力拥护，就是一个明证。与迈克尔·塞沃德(Michael Saward)的访谈时，他刻画了自己对民主的特殊解读的理论拥护，如何得到源于经验的论证、实践交流和对各种政治研究和哲学研究的熟悉所支持。巴伯的民主论证旨在恢复一个负责的社会，能够抗拒商品化和全球定型化(stereotyping)的异化力量，这凸显在他的新著——《消耗》之中。巴伯对经济人(economic man)的批判及他对民主的激情捍卫，是借鉴于自由民主传统的大人物，例如密尔、波普尔和罗尔斯的。对巴伯的影响是很多的。它们包括分析性政治理论的代表，但他的实践倾向和对政治理论史的熟稔使他不被政治理论的某一特殊学派同化。
19 他敦促由下而上的民主构想,这不大是由抽象概括的分析所推动的,而是从社会学角度出发,对流行的消费主义和公众被动性作出实践的批判。剖析理论与实践之间的具体联系的开放性(这使巴伯的作品显得充实)是涉及他对瑞士诸州的民主实践的第一手体验,他作为克林顿总统的顾问,以及他涉足利比亚的政治。巴伯闻名之处在于他结合理论与实践的决心,其中涉及与现实的政治家一起开会和工作。

雷纳·福斯特(Rainer Forst)与泽维尔·纪尧姆(Xavier Guillaume)的访谈凸显了本导论正在论证的内容。对政治理论家的分类方式,若是以为他们墨守相互排斥的立场,就是一个错误。按照标准的假设,欧陆与英美的理论风格皆被划入敌对而相互排斥的阵营,但这一个假设的二分法带有误导性。福斯特是当代法兰克福学派优秀的成员,法兰克福学派也许是欧陆社会理论中最著名的学派,它的成员包括霍克海默、马尔库塞和阿多诺,后来还有哈贝马斯和霍耐特。福斯特把他如何透过研究哈贝马斯和罗尔斯——当时正值欧陆理论与英美理论这两大倡导者撰写各自的开创性作品《事实与规范之间》与《政治自由主义》——而建立自己的思考。福斯特评论这两位理论家相当多的重叠之处,据他发现,这反映了两大理论之间的和解,而他乐于承认它们对其研究的帮助的相互影响。

此外,福斯特也致力于重新思考研究政治的普遍主义进路与语境主义进路之间所预设的二分法。他延伸法兰克福学派的批判理论方案的手法是拥护它对理性标准用作证成形式的反思性批判,透过特殊的社会实践而定位这一种对特定语境的批判性拥护。在他的访谈中,他发现:“我会说,我试图把实践理性重新描述为证成手法中的理由(比如说,证成的艺术),以及试图将政治哲学重新定位为一个观念和一种实践的证成,这些尝试都被批判理论的方案赋予活力。”福斯特的立场反映了他吸收和发展自由主义—社群主义辩论所涉及的观念。在那一辩论中,社群主义反对自由主义者的普遍性抱负(自由主义者着眼于塑造普遍的个人主义权利),反过来敦促特殊的共同体及其传统和实践的诉求。福斯特求助于证成,作为一种发生在特殊语境中的实践;通过把辩论定位在特 20
定的实践中,他打算使自由主义理论的抽象性得以减轻。福斯特所占据的中间立场质疑了划分政治理论的总体性图式,因为他从事分析,但又是激进的,援引不同的理论传统,并把他的理论实践定位在各种取代单纯的国家的语境之中。

## 结论:现在与过去

如果用来区分当代风格的政治理论的范畴倾向于高估理论家之间的风格差别,那么它们也低估了理论家的个性,他们对塑造思想的异质性源头的感受性,以及他们跨越流行的理论范畴的趋向。本书的概览有一个显著的结果,就是察觉到这些理论家研究的多种拥护态度和影响源头,反对根据流行标签把他们放在框框之中。

这本当代政治理论大师与被他们著作所吸引的对话者的访谈合集,为当前的政治理论状态提供了一个容易理解的导论。最重要的是,这些访谈足以表明当代理论并非铁板一块,反而它代表了一系列不同但又重叠的途径,借此得以质问和评估政治。各个理论家以不同方式反思政治,从而产生、分析和批判当代的理论和实践。他们的立场反过来是由个别的语境、私人的体验、政治的事件和特殊的思想传统所引起的。这些理论家共同流露出来的是视角的多样性;借着这些不同的视角,在当代世界观察政治的问题和可能性。他们以不同方式想象政治,以特殊风格实践理论。在他们的对话中,他们发现了他们认为对当前政治关键的东西,并且猜测理论如何在未来发展。在这个结论中,将会考察当前政治理论的发展状况和重叠的论证罗网的性质,评估它与先前各个传统的关系和可能的未来发展。

20世纪60年代的政治理论根本没有死亡。它也许看似如此——当人们只有一个狭窄的焦点和视角。事实上,它是活生生的,竭力以多种
21 风格反对在很多场所中的思想轮廓;在东欧和西欧,还有在第三世界中,即使西方设定了各种典范,但场所、性别和文化的范式和差异也得不到足够的确认。过去,有些后形而上学的视角和宏大的形上方案,左翼革命的激进宣言,以及对旧秩序(更确切地说是新的战后秩序)大体上保守的反理性主义捍卫。今天的政治理论也是远非死亡;它比以前更有生命力,更多地承认国家的偶然性、文化差异和性别差异的重要性,以及地理取向的特异性。本书访谈的理论家来自欧陆、英国、美国和发展中国家,有女性主义和庶民学者,也有被归类为历史的、分析的和激进的理论家,他们独特而重叠的影响可以追溯至欧陆和英、美的源头。

过去与现在之间也有显著的差异。政治理论在今天不会被宣布死亡,因为我们对各种分析手法和解读手法的理论化怀有信心。这一信心贯穿本书各篇访谈之中,使之充满生气,因为理论家追溯和阐明了"政治世界如何得以理解和评估"的跨领域的微妙故事。证成它的是书稿中收录的理论家想象性交流的多样性和丰富性,而它也体现了对政治理论的限制之专业确认。在本书中,大多数政治理论家都有一种偏好,自我克制不涉足大规模的形而上学,以此支持他们的理论化。例如,福斯特是一名欧陆理论家,他的研究是在后形而上学的界限中塑造的;而这些界限是哈贝马斯所宣布,并且是分析理论家所接受的。霍尼格、斯金纳和佩特曼以不同方式接受:理论化不能预设提供意义和真理的基本条件,从中揭示了政治世界的本体论。

今天,民族国家的条件性和偶然性已得到比以前更广泛的认可,因此这不再预设为政治分析自动而不用反思的对象,而这是20世纪60年代的自由主义者、保守主义者和激进主义者往往预设要逗留的地方。例如,罗尔斯在20世纪60年代末出版《正义论》,这也许是战后政治理论的完美结晶;在书中,他规定了正义原则应用在民族国家之中。但在本

书所包含的与当代理论家的对话中,从沃克到柯亨,他们不假设国家是
政治分析的界限,甚至未被标签为国际政治理论家的学者也把国际秩序 22
和对它的挑战视为跟他们对正义、民主和自由的分析相关。

就政治理论的未来而言,一个有趣的问题是:理论家如何反思和评估政治秩序的形式,建构出有别于民族国家的联系范围。有些政治声音要求全球的或普世主义的秩序(这是柯亨在访谈中所支持的),也有其他声音(尤其是查卡拉巴提)强调判断的特殊性,认为跟具体的历史文化氛围相关的理论家倾向于这样构想的。很多理论家(尤其是森)强调理论家(作为人类存在者)如何对正义和自由的问题感兴趣(当他们出现在这个世界贫穷和艰难的特别场所中)。其他人(例如霍尼格、巴伯和福斯特)识别了公民参与各种活动,认为疆界不能阻止责任和关怀的流动。霍尼格无疑正确地承认:政治辩论和政治判断的框架之扩大,也考虑到多种不义形式的可能性(当所有框架都是排他和包容的模式)。对政治协商和分析的框架变化的关注日益发展,今天理论家倾向忽略比较概括性的历史参照框架,也许令人惊讶。斯金纳和查卡拉巴提让明显的历史视角影响理论,而很多人也承认政治文化和政治判断的历史性。

相比于经典的前辈(诸如康德、黑格尔和马克思),本书重点介绍的学者一般不愿参与大规模的理论化,以解释政治分析的框架,从而解释这个政治分析框架如何发生变化。也许,这种不情愿是一种可以证成的专业谨慎的产物,这是鉴于对宏大历史叙事的批判;利奥塔就以宏大的欧陆风格进行这种批判,而英美世界的分析学者也较温和地预设了这一点。再者,世界经济的流行问题(尤其是困扰欧美经济的问题)可能启发人们对政治经济学的问题更多的关注。无论政治理论的未来如何发展,认为政治理论将保留它的活力,而本书访谈的理论家将被后来的世代怀着极大的兴趣继续解读,而且也将影响下一代的理论家是一项合乎情理的预测。政治理论辩论是生气勃勃、充满活力的,而证据就在下文之中。

# 第二章　与本杰明·巴伯对话

迈克尔·塞沃德访问

第一次与巴伯教授的对话,是 2008 年 9 月在彼得伯勒录音进行的,随后在 2011 年 6 月进行了后续的问题与回答。巴伯教授曾是英国彼得伯勒市团队的一员,帮助该市思考未来和制定战略计划,涉及如何运用人文学科作为再生计划的一个必要部分。他在彼得伯勒逗留,乃是一个面对面讨论的契机,更全面地讨论他的著作。更深入的问题和回答是在 2011 年跟进的,讨论巴伯教授作为一名政治理论家(涉及其他政治实践的重要议题)的活动。

**塞沃德:**非常感谢你抽空来讨论你的著作。

**巴伯:**我乐意如此。

**塞沃德:**我有相当多的东西向你请教——民主理论、你的新作,你对互相依存(Interdependence)的研究,以及近年美国政治的理论与实践。但在此之前,是否该谈谈一些早年的政治影响如何塑造了你诸多的思考?

**巴伯:**我进入了一所国际高中,名为斯托克布里奇学校。那是一所非常特别的学校,致力于对国际性和全球性的理解。接着,我去了瑞士,大一在那里的学院度过；大三是在伦敦财经学院，我在那儿师从波普尔爵士、迈克尔·奥克肖特和拉尔夫·米利班德，对政治理论真正入门。我尤其感兴趣的是波普尔的想法：有限政府是唯一有意义的民主形式，其他形式都是危险的。但在瑞士，我看到了直接民主的实践，民众熟悉 25
他们在镇内的公民权益，多于熟悉国家；这一种直接民主表现为在地方各镇每年举行 15～20 次公民投票。

**塞沃德：**在镇民大会中有强烈的面对面元素？

**巴伯：**镇民大会有的，确实如此！这个地方你很难说是极权主义的！所以在我看来，波普尔等人的概括，显然来自于英、美的政治经验，其实不能掌握我所理解的直接民主的精髓。它所开启的研究是剖析直接民主在不同制度中的决定性因素，并且带来我的处女作《社群自由之死：瑞士一个山地市镇的自由史》[①]。此书阐明社群自由不是一些极权主义的表现，而是一种后来人们形容为社群主义的社群交流。我后来在某种程度上透过它而联系到社群主义运动的。

然而辩论当然会持续下去，因为人们说："嗯，是的，但瑞士是一个特例"，如果你尝试在大型的现代社会施行直接民主，那是不可能的，而代议是在现代大型工业社会中"拯救"了民主的原则。如果你实行直接民主，将之放在一个现代大型工业社会中（例如美国），其可能性是什么？反对意见是什么？波普尔的命题是否有效？这使我探索在美国出现一个更强大、更具参与性的民主的可能性，于是带来了 1984 年出版的《强势民主》[②]。

**塞沃德：**我忽然想到，近年民主理论（尤其在美国）主流（即协商民

---

① 即 Benjamin R. Barber, The Death of Communal Liberty: A History of Freedom in a Swiss Mountain Canton, *Princeton*: *Princeton University Press*, 1974. ——译者注

② 即 Benjamin R. Barber, *Strong Democracy*: *Participatory Politics for a New Age*, Berkeley: University of California Press, 1984. 此书已有中译本出版，即彭斌译：《强势民主》，长春：吉林人民出版社，2006 年。——译者注

主)的支持者绕过了直接民主,尽管后者的实践在美国已逾二十个州。

**巴伯:**在很大程度上这样的。虽然协商民主被视为大众参与的一个特征,但现代自由主义的代议民主论者的偏见起到作用。这种偏见把普通公民视为是不能协商的。因此,协商民主意味着老练、审慎的代表的民主。这也是麦迪逊的观点——代议是一个过滤器,借此把大众的激情传递到选举胜任的代表的做法上。

相反,我现在认为,协商正是普通公民在他们像公民那样思考时所
26 做的事情。我同意从消费者到公民,从承担权利的个人到公民,从那些因民调组织引导投票、怀有偏好的私人到公民的距离,是一个漫长的历程。这是一个涉及公民教育、生活经验、政治交流及持续参与的历程。我不同意协商民主派之处在于,我认为普通人完全有能力(透过公民教育、小区服务、政治交流和体验)变成良好的裁判,以及具有反省能力、协商能力的公民。

**塞沃德:**那一观点是否让你怀疑诸如协商民调①、公民评审②的新措施?

**巴伯:**不怀疑,不!吉姆·菲什金以协商民调证明,普通的、有偏见的、不曾具有协商能力的公民,如果被放在让他们披露不同观点的环境之中,其实也会变得很有协商性。我说这些都是发生在普遍公民当中的那种过程的典型推断(extrapolation)——例如在家庭教师协会或邻里委

① 协商民调英文全称是 deliberative opinion poll,这是结合协商民主原则的民意调查,典型的做法是采用随机的、代表性的样本,挑选某些公民到协商过程之中,透过小组讨论的方式,与相关专家谈论当前议题,从而产生更具信息性和反思性的公共舆论。——译者注

② 公民评审(citizens juries)是"参与性行动调查"(participatory action research)的一个机制,其中包含三个元素:1. 评审是由公民随机挑选,挑选机制公开透明;2. 评审是要对某一课题提供不同的视角,对其结论集体产生一个概述,提交简短的报告;3. 整个过程是由一个顾问小组监督,而这个小组是由具备相关知识和对结果感兴趣的人所组成。这些人不会直接参与评审的活动,但随后他们会决定是否回应或根据其报告而行动。这一称呼是美国明尼苏达州明尼阿波利斯市"杰斐逊中心"在20世纪80年代末提出,而实际的做法是在1974年展开;后来在美国以外,德国、英国也有类似的做法。——译者注

员会中,试图决定是否禁止交通工具经过当地。

协商是民主的一部分。但有时候,我们被迫选择——你是否想要协商?或者,你是否希望人民参与?如果这是在完全不参与和参与之间进行选择,而选择的方式最初并无协商可言,那么我宁愿选择后者,因为随着时间的推移,充权(empowerment)会产生协商,而协商自身不能产生充权。我长期从事社区服务活动,我曾与克林顿一起工作致力于"国家服务法人"(Corporation for National Service)之发展。在那里,我奋力主张,支持社区服务的原因之一是,年轻人在群体中以参与的方式工作,学会协商的意义,这一做法是他们永远不能在教室里、通过抽象的辩论,或听人讲课时学到的。

**塞沃德:**我想接着谈谈你的新作《消耗》[①]。我着迷于真实性(authenticity)观念之重要性,这跟你在书中提出的公民身份的理念相关。你论述公民身份的公共意识的丧失。我知道你在2008年8月到丹佛参与民主党全国代表大会。这一事件看起来是舞台化的——也许是"不真实的"。我想问的是,从你在丹佛的经验来看,你是否认为真的存在像是真实政治(authentic politics)这样的东西?

**巴伯:**对真实性之追求,既吸引我,也使我困恼。我崇拜卢梭,但在
这一辩论中,我站在莫里哀和易卜生一边,后者坚持说人为构造(arti- 27
fice)是我们的天性。真实性有一部分是浪漫主义运动的产品,这个理念认为有某个深层的内在自我,隐藏在心灵、审慎、合理性和协商背后。但在我看来,政治是有关理解他者、同情他者,理解我们共同拥有的是什么;不仅是我其实是谁,而是我们是一个共同体非自然的创造物。对我来说,真实性的政治不是通向民主的路径。共同意志是人为的;这是我们为了在陌生人当中生存下来而必须建构的东西。

---

① 即 Benjamin R. Barber, *Consumed: How Markets Corrupt Children, Infantilize Adults, and Swallow Citizens Whole*, New York: W. W. Norton & Co., 2007. ——译者注

**塞沃德：**广泛关注政治场面的全盘建构性有什么关系呢——这也许大多展现在美国政党会议之中？美国主要的政党会议是否大多涉及情绪性的品牌，亦即你在《消耗》的市场语境中所讨论的一些东西？

**巴伯：**它们当然是这样的，但政党会议每四年一次、为期三天，帮助党员感受对党的某些团结性和伙伴感、某些爱国心，帮助他们变得兴奋，为他们所有的工作得到少许的回报。如果政党及其原则无非是会议的场面，我将会相当关注。然而，卢梭对场面的意见是正确的。他撰写瑞士的场面，人民如何在瑞士8月1日独立日聚集在一起玩游戏，表演《威廉・退尔》，并且演绎出爱国的场面。每一个国家都有唤起某一种共同性和爱国主义的场面的日子。

**塞沃德：**但有些人说，营销伎俩在今天主流的政治生活中更显而易见。例如，借用凯文・罗伯茨《至爱品牌》[1]的说法，你在《消耗》中论述发展一种对品牌的爱，而不仅是对某一品牌的依附。那一需要现在是强烈地反映在政治伎俩之中吗？

**巴伯：**嗯，这是一个非常好的问题。虽然我在政治会议中是一个自豪的参与者，但这些会议日益成为舞台方式的管理，为了电视观众而营销。那是我不喜欢的。例子？过去，在民主党大会中，当演讲进行时，我们分发指示牌。但如果你在错误的时刻举了错误的指示牌，党鞭（即你的州代表团的头目）就吼道："放下那个指示牌，不到时候。不！不是现在！等等！"我的反应是把过早的指示牌举得更高。幸运的是，美国人虽然要做叛逆者，但很少人也这样做。因此，营销已在某种程度上取代伙
28 伴感和团结感的目标，使我感到困扰。当舞台管理太过头，当参与者仅

① 《至爱品牌》（Lovemarks）是全球最大、最成功的创意公司之一——盛世长城国际广告有限公司的全球首席执行官凯文・罗伯茨（Kevin Roberts）的名著，此书已有中译出版（［美］凯文・罗伯茨：《至爱品牌》，丁俊杰、程平、沈乐译，北京：中国人民大学出版社，2005年）。书中指出，要成为至爱品牌的秘诀，在于神秘感、感官享受和亲密度这三大元素，企业只有对它们进行矢志不渝的追求，才能创造出至爱品牌——品牌的未来。——译者注

是制造电视映像的道具时,就有一种不真实感。

**塞沃德:**你作为一名政治理论家,偶尔在高层的实际政治事务中扮演一个密切的角色,这也许是不寻常的。你在《权力的真相》①中论述参与比尔·克林顿政府的事情,当霍华德·迪安成为总统候选人时,你也参与其中,成为他的外交事务顾问。

**巴伯:**我也曾是国际政治人物(例如德国总统约翰内斯·劳)和英国彼得伯勒市议会的顾问,如今我跟穆阿迈尔·卡扎菲一起工作。

**塞沃德:**你曾说到穿过窥镜谨慎行事。我认为这是当你谈论到大卫营的汽车之旅跟当时的克林顿总统谈话时所说的一句话。这是否令人难受的一步?你是如何协调理论家与顾问的工作?

**巴伯:**正如柏拉图来到叙拉古后发现,危险在于这是太容易和太诱人的一步。危险在于,我们想象,作为总统的顾问,我们不知怎样分享他们的权力。我在这里要告诉你,我们没有分享。充其量,我们有些特权站在边缘地带,假装我们有些影响力,当时我们所做的一切是坐在接近那项权力的前排座位。现在,如果你有些谦逊的话,那是极其有用的;而你会用它来告诉自己,作为一个批判理论家,我尝试做什么事。

**塞沃德:**在伴随克林顿总统的经验中,有什么事情是你扮演那一顾问角色所不曾预期的?

**巴伯:**尝试理解克林顿总统(或〔就此而言〕卡扎菲)跟像我这样的人谈话时所追求的是什么。显而易见,公共知识分子从强者身上想要什么:影响力。强者从我们身上想要什么,却不大清楚。就某种程度上说,你可以说你们通过跟知识分子谈话使自己合法化。卡扎菲无疑是这样的情形,克林顿也肯定如此。然而他们实际上很少做劝告他们的事情。克林顿跟一系列的外围顾问聚会。我们每个周末在大卫营谈论八小时

---

① 即 Benjamin R. Barber, *The Truth of Power: Intellectual Affairs in the Clinton White House*, New York: W. W. Norton, 2001. ——译者注

或十小时,晚至深夜。精彩的讨论——克林顿是一个英明的人,如果他选择的话,他本人可能是一个学者。接着在星期一的早晨,他召唤迪克·莫里斯和其他现实的政客,并说:“好的,现在我们接下来做什么?”似乎,他像是跟我休息娱乐,有些好玩似的,然后回到现实的管治问题,想着“上帝禁止我聆听这些人的话”。

29 然而有一件事比总统不听知识分子的话更糟糕,那是总统太过听信他们。因为说到底他是被选举出来的,我们不是。乔治·布什其中一个最差的问题,是人民认为他是一个没有脑袋的人,其实他是足够聪明的,但太过听信于渗透在他的政体中、向他提建议的骗子。他太过听信所有人,而且做的正是他们叫他做的事情。如果他使用多一点自己由联谊会所得到的常识,正如他在第二个任期实际上所做的事情,他可能要让自己跟其顾问的意识形态严格地保持距离。因此,恰恰在这个时刻,我的声音实际上得不到聆听;作为一个民主理论家,我会说“那肯定是一件好事”。

**塞沃德**:因此,对一个政治理论家(或政治科学家)来说,回应召唤是一件好事,但重要的是你要保持恰当的态度?

**巴伯**:正是这样,看看历史吧:卢梭到威尼斯,洛克是一个顾问,而柏克在议会供职。归根究底,一个政治理论家就其定义而言应该是一名公共知识分子——你不仅是一名学者,你正在论述政治、权力和参与。你正在论述的方式,是你希望得到公众的聆听。我认为,政治理论家与政治科学家之间的差别是,所有政治理论家都是潜在的公共知识分子。他们不是所有人都有通俗措辞讲话的能力。然而我认为那样做的欲望是自然而然地出现的。

**塞沃德**:政治角色与学术角色是否出现严重的张力?

**巴伯**:从我个人的视角来看,它们完全是相得益彰的。对我来说,论述政治和参与政治似乎是水乳交融的。但在学术界,就我实际参与现实的政治世界而言,我有时得到欣赏,但经常被谴责为不是纯粹的知识分子。有一种轻蔑的观点认为，如果你的写作使普通人也能阅读你的书，你必然有些东西犯了错。那不是传统政治理论的问题——你谈论约翰·斯图尔特·密尔、卢梭、洛克、霍布斯、马基雅维利，抑或一直上溯至柏拉图或亚里士多德，你正在谈论的人都是知道如何向公众讲话的。

但在20世纪，有一部分原因源于19世纪德国科学研究的大学，以及黑格尔的遗产，就有一种想法，认为科学家需要一种精确的、专家的、 30
公众无法理解的语言。因此，若能被任何人轻易读懂，据此定义就不是一名科学家，任何科学家都是不易读懂的。

**塞沃德：**使我想到的一个案例就是约翰·罗尔斯，20世纪最伟大的政治理论家之一。我猜想，《正义论》因其观念的复杂性，有可能无法以令人容易读懂的方式呈现。是否有可能在某些情况下观念需要格外的复杂？

**巴伯：**我也许要作出一个意料之外的答案。我认为约翰·罗尔斯是一名公共知识分子。要成为一名公共知识分子，不一定意味着你要为报纸撰写700字的专栏，或跑到公共广播公司、英国广播公司或加拿大广播公司，对你的研究进行一次间接证明。在定义上，罗尔斯作为一名哲学家，是其中一个讲一句话不能没有三个附属子句（dependent clauses），而每一个附属子句则规定另外两个附属子句的人。那是他如何思考的方式，而在那一意义上说，他一句接一句的表达方式是不易读懂的。然而《正义论》的基本观念（这个观念以非常通俗的方式遍及全球得到回响）是非常易懂的，因为罗尔斯尝试采取的理念是，己所不欲，勿施于人，而且将之变成一套方法论，实现一条途径通向正义原则的理由。他自己没有这样做，但他的观念已经通俗化。

罗尔斯精彩之处，是说明我认为可以从自由的理念展开，由此提出一项支持社会正义的论证。那是一项精彩而颇为简单的观念。执行是复杂的，而且使他跑到某些困难的道路，因此即使教育良好的人也不一定阅读《正义论》。然而我认为大多数人领会到的事实是，他所做的事情是阐明自由与正义之间的联系，其做法是前所未有的。

**塞沃德：**近来的一部普及性读物是巴拉克·奥巴马的《无畏的希望》。[1] 当奥巴马谈论多元主义和公共领域的宗教诉求时，罗尔斯晚年著作中的公共理性观念被转译为直截了当的散文。

**巴伯：**那是一个妙绝的例子。我真的喜欢那样，因为奥巴马也是从他自己的故事展开。然而，他说明他自己的故事是我们对共同体的责任
31 的标记，即使这是一个植根于其叙事风格的故事，这也是另一种谈论个人自由与我们集体命运以什么方式在民主政治中发生关联的形式。此外，对年轻人来说，那肯定使他成为一个非常非常有吸引力的候选人。年轻人都专注自己，但同时致力于做一些仅是扩大其利益和事业以外的事情，而奥巴马使两者得以结合起来。

**塞沃德：**借用我的话（而非你的话）来说，你在《消耗》书中所做的一件事，是描述一种在现实中剥夺我们公民身份意识的自由市场经济和政治形式，或更高级的自由——公民自由；相反，自由市场意味着在流行的意识形态中促进各条战线的自由。

**巴伯：**我认为那是一个深思熟虑而又非常恰当的问题。因为我在《消耗》一书中尝试做的一件事是把认同政治联系到自由政治中，还有反驳（除了别的以外）市场经济和新自由主义的意识形态，它们正在把我们化约为私人的欲望和偏好，使我们作为人类存在者的身份变得琐碎和廉价。它们把我们变成非常片面的生物，有点像18世纪自由经济学家的经济人，仿佛我们不外乎是经济动物，借用边沁的话来说，就是"一束欲望和利益"。当你从那里展开，你不会走得太远！约翰·斯图尔特·密尔对边沁著名的评说，在把人描写为一系列的感官、一系列的利益，一个

---

① 即 Barack Obama, *The Audacity of Hope*: *Thoughts on Reclaiming the American Dream*, New York: Crown Publishers, 2006. 此书已有中译本发表，即奥巴马：《无畏的希望：重申美国梦》，罗选民、王璟、尹音译，北京：法律出版社，2008 年。——译者注

使某种琐碎的快乐成为唯一目标的平台，边沁或多或少已消除了人类半数的欲望和需要。而且，这样做也使人变得琐碎化，把人化约为非常小的东西。

**塞沃德：**又是图钉①与诗。

**巴伯：**正是！此外，那大体上是市场自由主义者（无论他们是站在左翼抑或右翼，无论他们是新工党或新民主党人）所做的事情，因为把我们化约为那样的话，他们就是不尊重我们为人类。顺便一提，那跟党派无关，因为柏克或迈克尔·奥克肖特当然首先站在约翰·斯图尔特·密尔一边反对边沁的论证。

在某程度上，这归结为认同政治；当我们把人类存在者化约为不外是消费者时，我们就有了一个问题。传统的认同政治扎根于“我们是谁”的归因性（ascriptive）理解：我是一个天主教徒，我是一个法国人，一个男性或女性，异性恋或同性恋。那些认同给我们一种强烈的亲近感和伙伴感。但他们经常是排他的、分层级的，难以获得自由和机会。然而消费 32
者剥去那一切，留给我们的仅是作为我们共通性（commonality）基础的金钱关系。

另一选择是公民。公民不仅是进入政治的一个途径，而且是一个身份。公民作为一种身份，指示了我们共同拥有什么、指示了工作，以及我们可以一起从事的共同计划。它说出了共同意志、我们渴求的共同目标、共同梦想（如果你喜欢的话）。公民身份以一种自愿性的认同，回应了传统归因性认同的挑战；自愿性的认同不仅是充实的，而且带来伙伴感、团结感和爱国主义。那是为什么我先前谈论我在民主党大会上的事

① 图钉游戏是18世纪相当于像弹球戏的拱廊游戏，边沁认为它可被视为跟诗一样的坏，或甚至是更好；在原则上，一场图钉游戏可以让某些人等同（或更多）于朗诵一首诗的快乐。这是有别于柏拉图和亚里士多德的完善论立场。针对边沁的说法，密尔反驳说：“做一个不满足的人胜于做一只满足的猪；做不满足的苏格拉底胜于做一个满足的傻瓜。如果那个傻瓜或猪有不同的看法，那是因为他们只知道自己那个方面的问题。而相比较的另一方面即苏格拉底之类的人则对双方的问题都很了解。”——译者注

情。你可以添加巴士底日[①]和 7 月 4 日[②]。指示公民身份的假期不仅是民主参与和协商的手段，而且是一种公民身份的形式，这一种身份可以带来一个共同体，创造伙伴感而没有围绕着宗教或种族、传统封闭的归因性认同。共同的公民参与提供了不少传统归因性认同所做的事情。然而，这样做是在自由的语境中，因为它是一项自愿的认同，它是我们为自己选择的，不是因为我们的历史和出身为我们选择的。

今天，我们面对一个三重选择。第一，你可以根据出身而拥护你是谁，成为你旧有的归因性自我，即你生来是什么人；第二，你可以把自己理解为一束欲望，一种独立的个人，由你的偏好和欲望所界定——杰里米·边沁想象你要成为的那一种人；第三，你可以透过共通性来界定你所选择的、你可以隶属的共同体：成为一名卢梭主义者，或杰斐逊主义者。共同体可能包括具备许多差异的人，它们可能是多元文化的共同体，但它们的共通性是因你所做的事情、你一起制定的计划而产生。

**塞沃德**：你作为一名理论家，看似是一个强烈的政治分权论者，但地方分权是一个近年很少在民主理论的雷达侦察中的课题。

**巴伯**：政治理论有一个重大的吊诡，称之为“参与的吊诡”（paradox of participation）。参与总是本土的，但权力会愈趋集中；如果你住在彼得伯勒，权力的集中程度胜于住在伦敦、法兰克福、东京或纽约。然而，参与是在彼得伯勒，甚至是（更本土地说）你所在的特定邻里。此外，那是一个巨大的吊诡，因为（理想地说）你在民主中结合了参与和权力。但大
33 多数人关注权力和处理权力，因此参与和本土性消失了。这里的关键是权力下放（devolution）。现代世界其中一个混淆在于，人民不喜欢巨大（bigness），而他们谈论私人化就是对巨大的答案。糟糕的范畴错误，因

---

① 巴士底日，是庆祝 1789 年 7 月 4 日攻占巴士底监狱的日子，每年 7 月 4 日皆被定为法国的国庆节。——译者注

② 7 月 4 日，是美国庆祝独立的国庆纪念日。——译者注

为当你谈论私人化的时候,你不会下放权力,你不会跑到地区上去。你所做的一切是得到巨大的**公共**权力,使之变为巨大的**私人**权力,把巨大的透明权力变为巨大的晦暗权力,并把巨大的合法权力变成巨大的不合法权力。邦联主义是你如何尝试透过制度安排结合参与的在地性(locality)和权力的向心性(centrality)——有人称之为"全球在地化"(glocality)。

此外,那当然是现代欧洲的秘密。今天欧洲较少有民族国家的立约,更多的是城市的立约、地区的立约。人们可以说,我是欧洲人,也是加泰罗尼亚人;我是欧洲人,也是巴伐利亚人;我是欧洲人,也是普罗旺斯人。他们认同自己的本土区域**和**更大的单位,不是一度无所不能的中间单位——民族国家。

**塞沃德:**你能不能概述你近年的倡议和围绕着独立日活动背后的思考吗?

**巴伯:**《强势民主》一书说,即使在大型的工业社会中,至少有些路径仍是通向更具参与性的民主——你不能使每一个人在所有时刻都参与所有事情,但你可以使某些人在某些时候参与某些事情,而且那是非常重要的。然而,在全球语境中民主怎么样呢?在《圣战 vs. 麦当劳世界》[1]中,还有在《消耗》中,我认为我们活在充满吊诡的世界中,民族国家所面对的每一个挑战——环境与公共卫生的挑战、恐怖主义、大杀伤性武器、犯罪、对女人和儿童的剥削、市场、科技、金融资本、移民,你说得出的,应有尽有——是全球性和互相依存的,但所有解决办法和回应仍系于民族国家。因此,民族国家像一个笼子,容纳着民主,而一度由民主处理的问题全都释放出来。那一不对称性导致了民主的危险,因为这意味着除非我们找到把民主全球化,或把全球化变得民主的方法,否则民主就是在后主权时代的一个(前)主权世界的过时的、古董般的特征。

---

① 即 Benjamin R. Barber, *Jihad vs. McWorld*, New York: Times Books, 1995. ——译者注

**塞沃德:**你故意谈论跨界的公民,而非跨界的治理或政府?当然,世
34 界议会(乃至世界政府),包括大卫·赫尔德普世主义的民主模式,都有可敬的元素。

**巴伯:**好的,我刚在各国议会联盟[①]做了主题演讲,这个同盟是尝试做那样的事的一个总称。联合国当然是各国的会议。但各国议会联盟和联合国都有现实的问题,以至于它们所体现和代表的单位都是主权民族国家。由于这个原因,它们其实没有发挥作为真正的国际机构的作用,因为在它们之中是一个由(从定义上说)自主的主权国家的会议所界定的国际性组织的矛盾。

**塞沃德:**这是一个理由,解释某些人(包括罗伯特·达尔)为什么说,就所有类型的国际性组织都可以民主化而言,存在现实的限制;因此,就它们可以变成跨国民主空间的一部分而言,也有现实的限制。

**巴伯:**我完全同意。此外,那是为什么我们需要长期寻找各种形式的全球公民身份。如果由下而上的民主意味着你创造了公民,然后建立一套宪法,建立一个立足于公民的下层建筑,那么如果我们想要任何像全球治理之类的东西,我们首先就必须建立认同跨界的公民。这是我们独立日计划所涉及的一个关键部分。7 年前,我们在"9·11"后开启它。我们所想的是,如果 9 月 11 日是一个纪念这个可怕事件的日子,9 月 12 日可能是我们认为自己可以从反恐战争之外回应全球恐怖主义的一天。因此,每一年的 9 月 12 日,我们在全球不同城市聚集艺术家、政治家、学者、知识分子和公民领袖,思考和谈论互相依存:如果我们面对一个野蛮、凶狠而又互相依存的世界,我们的回应是如何建构一个民主而又互相依存的世界。2003 年,我们在费城聚会(上网可以找得到),然后在罗

① 各国议会联盟(Inter-Parliamentary Union)即"促进国际仲裁各国议会联盟",简称"议联"是 1889 年由帕西(Frédéric Passy)和克里默(William Randal Cremer)所创立的全球性组织,它是首个政治多边谈判的国际性平台,起初参加的只是个别国会的议员,后来变为各国议会的一个国际性组织,现有 163 个成员国,并在联合国具有观察员的资格。——译者注

马、巴黎、卡萨布兰卡、墨西哥城和布鲁塞尔。下一年是伊斯坦布尔,接着是柏林。我们也有一项研究计划,涉及来自土耳其、匈牙利、法国、德国、英国、摩洛哥、利比亚、印度和中国学术研究单位的20名学者。他们共同研究一个崭新的全球典范实际上可能可以看似是什么样子的。

**塞沃德:**因此,在制度上的做法是什么呢?

**巴伯:**好的,起初这是理论上的,但我们非常具体地谈论制度。例 35
如,我们提出一个全球性议会的理念,人们不在那儿投票,但在那儿聚会。我们也谈及一个全球都市的网络——当你取得香港、墨西哥城、东京、雅加达、里约热内卢或圣保罗、纽约、洛杉矶、巴黎和法兰克福,你就有一系列的城市;在某种程度上,它们是世界的一部分,多于它们作为其国家的一部分。

**塞沃德:**有时候,很多人对全球性空间的担忧是有关代议的问题。没有惯常的代议制度,就会担心谁有权利为谁发言——例如,"乐施会"和"绿色和平组织"代表谁?你曾在理论层面上批判地论述代议。就全球性空间而言,那对民主主义者是否是一个现实的问题?

**巴伯:**两个回应。代议有很多形式;有些虚拟的代议,凡是属于某一群体的成员的人都可以代表那个群体(像是上议院的主教,那是因为他们就是主教,不是因为任何人必须投票给他们)。也有一种做法是,非洲裔美国人认为奥巴马是他们的候选人,因为他是非洲裔美国人。无疑,某些国际性组织是"虚拟"代议的,有别于"委任性代议"(mandate representation),其中涉及投票和对"代表说什么话"更牢固的控制。

然而我当然知道很多传统的委任性代议制度是不大民主的。在美国,金钱和媒体尤其强大,就其影响力来说,是完全不民主的。有些人甚至认为民主制度是如此扭曲的,再也听不到人民的声音——你听到的是金钱的声音,或媒体的声音。因此,认为在国内制度中有些完善的委任代议制度,却不能在全球上复制,这一想法毫无说服力。是的,有些代议问题必须予以处理,但我不认为它们在妨碍跨国制度的发展上具有决定性意义。

**塞沃德**:基本上说,对于代议作为一套民主措施,你是否有些问题?

**巴伯**:我有的,让我再次这样简单介绍它:代议从现代大型工业社会中拯救了民主;没有代议,我认为民主根本搞不下去。因此,我作为一个
36 理论家、一个公民,极其欣赏代议所扮演的角色,它使我们在每一个政治理论家(从亚里士多德直至马基雅维利和卢梭)都说不可能的条件下仍保持民主。他们写道,只要你得到更大的国家,这些国家只适合帝国和独裁。代议拯救民主,但对民主而言,随之而来是一系列的新问题,最可怕的是罗伯特·米歇尔斯的"寡头铁律",这具见于熊彼特把民主界定为争斗的精英之间的选择。

杰斐逊将之称为"民主贵族制"(democratic aristocracy)。问题是,领导的文化意味无论当选的代表多么接近人民,他们也很快与他们要服务的人产生距离,进而疏远。我们在今天的美国看到这一点。两位总统候选人奥巴马和麦凯恩都说,他们反对华盛顿;在他们之前,像乔治·布什、克林顿、里根和卡特全都说过这样的话。然而华盛顿无非是我们当选的官员。候选人真正呼喊的是寡头铁律,他们正在说的是华盛顿很快变成它自身的文化,远离它所预设代表的人民。问题是,他们很快加入了他们声称反对的文化。

因此,代议最深层的问题是,它创造了一群被动的公民旁观者,这群人基本上认为唯一的工作是投票给无赖使之当选,然后投票使之落选,让其他人做政府的工作。这是贬抑和削弱了民主,也损害了公民身份的光荣、思想交流的光荣,以及自我管治。我的意思不是说,人民应该做华盛顿立法者所做的事情;问题在于,他们最终什么也不做,甚至把交税视为包袱,而非对公益的捐献。

我诉诸强势民主,不是想拿强势的参与式民主**取代**代议,而是透过更大的参与**补充**它,因为那削弱了寡头铁律,使我们较少可能接触不到我们的代表。

**塞沃德:**邻近性(proximity)在你所说的大部分内容中极为重要。虚拟的邻近性大概是你可以拥护的一个理念,作为它的一部分?

**巴伯:**此外,我愿意;而那是为什么使用网络和脸书(Facebook)的年轻人确实在某程度上感到比上一代更全球化得多,因为透过虚拟的关联性,他们具有“成为某些比邻里更大的东西的一部分”的感受。

**塞沃德:**现在转到其他不同的问题上。在《强势民主》中,你把美国 37
实用主义的传统联系到一种开放的民主实验主义。你是否仍觉得你有一套指导的哲学,而具有这样的哲学是否紧要?

**巴伯:**对我来说,越发重要的是我拥有一个指南针,以及指导原则。我认为,我可以相当具体地用符号来表示它们。实验方法对我仍然重要,那是最重要的。对我仍然重要的第二套原则是,相信(而且无论是否相信它,我是同意乔治·布什的)“没有人类存在者不是追求自由和不能运用自由”的信念。民主是一项普遍性的价值。它采用很多不同的形式,它也有许多不同的道路,而且运用它也有不同的做法——部落主义可能是一种民主。

第三套原则是多元主义。建设制度有许多不同的途径,而男女互相依存也有大量不同的做法。我们应该察觉多样性以及多样性的可能,而且不这么固守**我们**的做法(或我们理论化的某些做法)是**这条道路**。多元主义从实验进路中萌芽。

**塞沃德:**某些民主理论家声称,一方面是多元主义,另一方面是民主的普遍性价值,两者之间存在张力。

**巴伯:**我认为张力是存在的,因为民主是你如何荣耀人类的歧异性,说明根据它自身的原则,每一个人、每一个群体和每一个共同体都有自治的权利。那不是文化相对主义,以致怎么样也行,像是切除女人阴蒂或囚禁儿童。然而文化多样性有大量的空间,而民主原则是从我们作为一个物种的歧异性出发的。

这个问题是棘手的。当我说你可以有大量的歧异性而不能奴役儿童,好的!为什么不呢?那就是出现张力的地方。然而,我认为罗尔斯式进路是一条非常好的进路。经常说“但这一做法植根在我们文化中”的人,其实是说我们男人喜欢压迫女人,诸如此类。那是真正使我感兴趣的其中一项事情;我们如何裁决普遍人权与民主之间、自治的普遍权利与某一群人据其观念和原则自我管治的特殊权利之间的张力?

38 民主原则说,我们想荣耀歧异性,但大概我们想说些像是“但要真正变得民主的,它必须根据规则自我管治,充权在它之中的每一个人,允许他们发声”的话。一般张力出现在自治社群与社群内的自治个人之间。

也许,第四个重要的原则是不确定性的原则。你必须接受没有完美的决议,没有最终的原则。冲突和不能协调的困惑是人类生活的一部分。

**塞沃德:**那就把我们带回到波普尔,不是吗?他论述可误论(fallibilism)和科学方法与政治之间的联系。

**巴伯:**确实。我被卡尔·波普尔对可误性作为知识基础的论述深深吸引住了。这个主张是,我们不能证明任何东西正确,我们只能说明某些东西错误——留下了一大堆东西是我们不曾证明或证伪,而我们必须谦逊。那经常使我想到民主心态的一个基本特征:我可能是错误的,我真地认为疯了的其他家伙可能在这个时候大概是对的。这指向波普尔的“开放社会”。

**塞沃德:**如果奥巴马总统每六个月要求他的其中一名主要顾问打电话给你,说“我们希望你来,花些时间坐下来,在一系列的群体中讲话,有些时候总统也会坐在那儿和你一起,以及……”,你觉得你做什么是最有用的?

**巴伯:**嗯,我可能做的第一件事是说去看一看你自己的城市发生了什么事情。你知道吧,你的同胞非裔美国人在卫生保健上完全被剥夺了权利。还有看看那个,就会大量告诉你医保制度犯了什么错误。换言之,我会运用我对本土共同体的经验,尝试向总统说一些他在名义上相当关心的事情，但无疑作为美国总统，他会远离他自己社区组织的经验。

**塞沃德：**所谓“阿拉伯之春”显然是民主的一大发展。你提及脸谱网——也许我们可以添加推特网——在大众政治的角色。你也强调民主的普遍价值和多元主义在民主实践中的价值。从那些议题来看，你如 39
何回应近年突尼西亚和埃及之类的事件？

**巴伯：**“阿拉伯之春”的优点是它的病毒性的、互相依存的特性，使得一种民主模仿行为横跨很多不同的社会。可是，对民主精神的回应是狭隘的，每一个社会都沉溺于自己的独特问题——逊尼派/什叶派的敌对、争取恢复失地的部落主义、基本教义/世俗主义的分裂、君主制的传统主义，以及对不稳定的恐惧。因此，即使在最有前途的环境（像突尼斯和埃及）中，进度是缓慢和有问题的，挂名的首脑变了，但很难有政体改变，更不用说社会经济的变化（埃及军队仍主宰经济）。

推翻一个暴君，并未确立一个自由社会，这种现实具见于1789年的巴黎、1917年的俄罗斯或1956年的布达佩斯和华沙的革命史。我的观点是：在一个互相依存的世界中，民主在阿拉伯某一时候、某一国家很少有机会风行起来。需要的是一个横跨阿拉伯土地的泛民主运动：以跨界为基础建立由下而上的公民制度和民主制度，而欧洲充当领导和资金（而非战机和石油公司）的来源。人们甚至可以想象一个泛民主的地中海公民议会，以民主互相依存之名义，按照合作事业的方式，联合代表新旧民主国家的公民社会。

**塞沃德：**我们已谈到知识分子向政府和领袖建言的机会和挑战。跟一些著名的知识分子一样，你先前扮演的角色是在公民社会和改革议题上向利比亚领导层提出建议。从2011年敌对状态爆发来看，你对这些角色的挑战有何反思？

**巴伯：**有一个重要的论证反对知识分子从事由内部改变专制社会的活动。这一论证上溯至柏拉图在叙拉古徒劳无功的努力，以及马基雅维利对梅第奇失败的顾问，说明使哲学家负上污名是向暴政呈露，而又不能影响政体使之调整。他们净化独裁者,但又没有改变他们。可是,知识分子也有作为公民的责任,尝试以民主原则生活,尽其所能带来改变。
40 观念是重要的,这具见于新自由主义思想家对我们世界的私有化和市场化所带来的强大震荡。

此外,由暴力革命到民主,并无清晰的路径,这意味着耐心而和平、由下而上的改变可能比其他选项具有更大的长期成功机会。无疑,反对卡扎菲的起义既鼓舞人心,又有正当理据,但结果可能变成部落战争和利比亚的瓦解,而像赛义夫·卡扎菲,还有前司法部长穆斯塔法·贾利勒和前财政部长日布勒——这二人如今都在反对阵营——这些人进行缓慢的内部改革过程可能经过一段时间后改变了利比亚。

然而对参政之批判,现实问题是它在运用时伪善的选择性。那些担心伦敦经济学院接受赛义夫·卡扎菲拨款的人,忽略了沙特阿拉伯王室数以百万计的款项注入剑桥、牛顿、爱丁堡、哈佛、耶鲁等精英机关。那些嘲笑严肃看待利比亚和叙利亚公民社会改革措施的人,很少注意中国公民参与更具企图心(而且更少成功的可能性)的做法。

**塞沃德:**你投身到彼得伯勒的地方参与和交流议题。随着英国联合政府之到来,大规模削减地方政府拨款已准备就绪。乐观主义者可能说,透过落实"大社会"[①]的观念,可以提高参与;而悲观主义者却说,促进地方自主性和参与的可能性备受严重威胁。你的看法是什么?

**巴伯:**"大社会"是一个宏大的观念,尤其在一个像英国这样单一而又家长制(保姆国家的风格)的国家。因为美国由于权力分立、联邦主义、弱州体制,可能实际上运用了一个少许协调性的中央政府,而英国可

① 大社会(Big Society),是英国21世纪初的社会改革理念,它声称从政治家手中拿走权力,并将之交给民众,给民众和地方政府更多权力,让他们承担更多责任,建立一个"更大、更强的社会"。它的根源可以上溯至20世纪90年代,具体的概念发明是源于保守党战略主任希尔顿(Steve Hilton),后来被英国首相卡梅伦吸引到保守党的纲领,目的是创造一个非撒切尔(或后撒切尔)式保守主义的品牌。——译者注

能要与更多的公民社会和更多交流的公民身份打交道——这正是彼得伯勒实验所涉及的东西。然而政治和公民社会协力工作,各自需要对方成功。公民社会不可能是政府的代用品。

你不能抽回公共部门的资金,拿走所有的政府资源,然后要求公民社会进场做所有公共工作。犬儒论者认为“大社会”仅是分散注意力,使人看不见托利党人可能瓦解公共部门。然而,即使别有用心,即使今天
英国需要一个更有活力的公民社会,但以吹风到公民领域的名义,而拿 41
走了政府领域的所有空气,是一个危险而妄想性的策略,注定使公民怀疑公民社会(他们不应怀疑!),像他们已怀疑政府那样(他们不应怀疑!)。公民社会不是关乎省钱,而是与公民交流。

**塞沃德:**非常感谢抽空作出这样内容广泛的对话。

**巴伯:**非常感谢。

# 第三章　充满生机的物质性与非人类的能动性：简·班尼特访谈

高尔彬·阿拉·汗访问

约翰霍普金斯大学政治科学系教授简·班尼特在2010年出版了令人期待已久的专书《充满生机的物质:物件的政治生态学》。[①] 她的“充满生机的物质”的独特理念,在黑格尔式和精神分析“主体和客体/他者”关系的框架之外,提出了一套崭新而迥然不同的政治想象。班尼特说明,人类实体与非人类实体(包含无机物质)两者皆包含“充满生机的物质”。根据班尼特的观点,我们以为“死亡”的物质(诸如化石和石头)实际上不是死亡的,是非常活泼泼的,并且由各种力量充满生机和活力的运作而形成的。班尼特追随那些试图去除“人类”中心地位的思想家(例如路易·阿尔都塞和米歇尔·福柯)的悠久传统,她对非人类的物质之强调,挑战了“人类”在本体论上的特权地位。然而,她的“分配的能动性”(distributive agency)的理念富有创意地确定人类体现(human embodiment)的必要性,后者被理解为一种能动性的场所,在各种其他物质性的形体和结构之内,也跨越了这些形体和结构之间。在《充满生机的物质》

---

① 即 Jane Bennett, *Vibrant Matter: A Political Ecology of Things*, Durham: Duke University Press, 2010. ——译者注

中，班尼特运用了拟人化的挑衅性策略，展示人类物质与非人类物质之间的密切关系，并且挑战各种人文主义进路的人类中心论。她的能动性理念也试图避免把政治化约为道德——后者对主流的分析框架别具含意，而这一框架在很大程度上是由康德式构想的道德能动性所支撑起来的。班尼特对政治理论的贡献是强调自然、伦理、美学、环境主义，而生 43
机论（vitalism）是与卡夫卡、库切、梭罗和昆德拉的文艺作品中的政治兴趣交错在一起；而班尼特对之已发表了多篇文章和随笔。她的作品对于反思我们与自然的生机（vitality）之关系，还有我们与它的交流，具有清晰的含义。

**汗：**简，感谢答应这次访谈。一开始，我想剖析你的新书《充满生机的物质：物件的政治生态学》中的某些主题，它得到同情者和批评者正面的接受。然后，我想谈谈你对现代性之确立、自然和能动性的理论问题。因此接下来，为了展开起见，我能不能要求你解释一下“物件”（things）或“充满生机的物质”（vibrant matter）的理念，还有它跟敌对的说法有何不同？

**班尼特：**我尝试比政治理论家更严肃地对待“物件”。所谓“物件”，我意指往往被视为非动物的客体、被动的效应、偶然的打岔或幕后语境的物质性（materialities）——也就是说，这样的想法**给予人类**所有主动的、创造性的力量。我在书中着眼于五项典型的“物件”：干细胞、鱼油、电流、金属和垃圾。我们把世界拆解为被动之物（它）与生机勃勃的生命（我们）的习性，是雅克·朗西埃（在另一语境中）所谓“感知之分割”（partition of the sensible）。换言之，它限制了我们能够感知的东西；它把物质构成的主动力量置于注意的门槛之下，例如垃圾填埋场（如我们所说）以什么方式产生滚滚而来的化学品和不稳定的沼气，或Ω-3脂肪酸以什么方式能够改变脑部的化学作用和情绪，或不同比率的冷却以什么方式组建了花岗岩不能预测的形态。

我的实验是这样的:如果废弃不用“生命/物质”的二分法,如果它被转化为程度的差异,而非类型的差异,世界看起来像是什么?感觉像是什么?此外,如果承认有一种基本的、物质的能动性(agency)分布在各个形体(人类与非人类)之间,对事件的政治分析将发生什么改变?谁或什么东西算是“持份者”(stakeholder)?“公共”(public)将如何形成?如果政治较不围绕着寻找负责公共问题(例如,电力管制或肥胖症之流行)的个别人类能动者(individual human agents)的惩罚性方案,较多地关注识别人类复杂的非人类组合(non-human assemblage)如何粗劣地形成负面效应,并且考察这一组合如何设法维持自身——如何维持或供养自身?迄至我们那样做之前,各种补救问题的政治尝试可能都是无效的。

44 **汗:**从你的“充满生机的物质”的理念推论出哪一种政治或能动性?

**班尼特:**我寻找一套政治分析的风格;其中,默许的能动性场所预定是人类和非人类的元素,生理元素、物理元素和科技元素的组合。所谓“组合”(assemblage),我意指在本体论上不同范围的行动体(actants),各种充满生机的、产生效应的物质性之配置(configuration)。这些组合是悸动的集体,各具不均匀的面貌。而且,因为它们的影响和形体在跨越路径的某些时刻,比其他时刻更多繁忙的互动,所以力量或功效在外观上也不是平均地分布的。一套组合没有古典意义上的主权(sovereignty),因为它不是由一个中央首领所管治,由这一首领持续地决定它的轨迹或影响。一套组合所产生的各种效应,包括那些默默无闻或突然浮现的效应,而非表现为各种等待实现的可能性。各种组合是当它们的效应被我们感觉是问题或兆头而呈现。换言之,这些奇特机制的轮廓是尾随它们“在我们之上”(on us)的效应而回溯地呈现。对我作为一个人类而言,“在我们之上”仍是重要的,——当我努力更好地承认众多“非人类”活生生地参与在人类身体内外。借用斯宾诺莎“意动驱力”(conative drive)的意思来讲,这些“他者”(others)也在奋力存留。[①] 然而,我也有一种“意动倾向”(conatus),因此仍保留某一程度的“物种主义”(speciesism)。

需要澄清:我所说的“组合”的能动性不是强势的能动性,有意地归诸人类或上帝。反之,我的论点是,如果足够密切地观察的话,变化的创造性动力总是一种集合(congregation)。正如我的朋友本·科森助我看到的,人类能动性不总是已被分配为“我们”的工具、微生物、矿物和声音。它之所以显得是能动的,是因为透过它的分配成为“外来”的物质性,而我们实在太迫切想将之当作纯粹的客体。

**汗:**你是什么类型的唯物主义者?你从谁人得到灵感?

**班尼特:**我最初借鉴于物质主义(结果证明已成为一套颇为歧异的传统),因为它的“非—神论”(non-theism)和它具有实用色彩的“此世”(this-worldly)焦点。我尤其探寻的一套唯物主义,其中自然或变化的机械主义模型不能视作默许的,因为那一模型含蓄地给予人类圆满的、操作这一机制的能动者地位。我想追随阿尔图塞所讲的一脉隐蔽的、更具偶然性的唯物主义。对我来说,这一脉包括斯宾诺莎,他认为情感形体 45
(affective bodies)努力与其他形体联盟,从而增加自身的活动能力,这一理念对我的物质主义做出贡献——即使在他的实体形而上学中,“上帝抑或自然”(God-or-Nature)的问题比之更为复杂。这一脉也包括狄德罗把物质图绘为振荡线索的罗网像[②],尼采把自然形容为“力量同时一而众(one and many)的运作和态势”的形象[③],德勒兹和瓜塔里“无疑四处存

① 斯宾诺莎这方面的见解,据本章所附书目,该参阅 de B. Spinoza, *Ethics*, New York and London: Hafner Publishing Company, 1949. ——译者注

② 这方面的见解,据本章所附书目,该参阅 Denis Diderot, *Rameau's Nephew and D'Alembert's Dream*, London: Penguin Books, 1996. ——译者注

③ 这方面的见解,据本章所附书目,该参阅 F. Nietzsche, *On the Genealogy of Morals*, Cambridge: Cambridge University Press, 1994. ——译者注

在但通常隐藏起来的物质生机论”[①],以及布鲁诺·拉图尔人类行动体与非人类行动体的横向本体论[②]。

我也从伊壁鸠鲁和卢克莱修身上得到启发[③],因为他们认为在物质(matter,the clinamen)的核心中存在不可预测之转向,并且认为一切都是由相同的离奇质料,相同的“基石”所构成(如果你意欲的话)的一元论信念。卢克莱修谈及原基(primordia);今天我们可能称之为原子(atoms)、夸克(quarks)、粒子流(particle-streams)和物质能量(matter-energy)。这种相同质料的主张,暗示在深处中一切都是相连的,与**生态的灵敏度**(ecological sensibility)相和鸣,而那对我是很重要的。然而伊壁鸠鲁主义所证实的一体性(oneness)既非各个部分流畅的和谐,也不是由一个共同精神所统一的多元性。正如米歇尔·塞尔在《物理学的诞生》[④]所说的,正是在一个混乱的场所中,各种可变的物质性碰撞、凝聚、变形和离解。

伊壁鸠鲁主义认为各个原子坠落,并且转向在虚空之中,这个意象太过简单,但我和它的共同信念是,物体存在的方式有一种自然的趋向——还有,促进人类常态和正常的政治,致使我们注意这种奇特的混乱逻辑。这种混乱的本体论场所是异质的,带有许多内在的差异和分化。这一分化是显著的,——就以下意义而言:没有单一的主要差异,没有单一的红线(“这是人类的,这不是人类的”)贯穿它。任何形成和操

---

① 这方面的见解,据本章所附书目,该参阅 Gilles Deleuze, and Félix Guattari, *A Thousand Plateaus: Capitalism and Schizophrenia*, trans. Brian Massumi, Minneapolis: University of Minnesota Press, 1987. ——译者注

② 这方面的见解,据本章所附书目,该参阅 Bruno Latour, *We Have Never Been Modern*, Cambridge, Mass.: Harvard University Press, 1993. ——译者注

③ 伊壁鸠鲁学派这方面的见解,据本章所附书目,该参阅 Lucretius, “De Reurm Natura,” *The Epicurean Philosophers*, ed. John Gaskin, London: Everyman Libraries, 1995, Book 1, no. 1021. ——译者注

④ 塞尔这方面的见解,据本章所附书目,该参阅 Michel Serres, *The Birth of Physics*, trans. Jack Hawkes, Manchester: Clinamen Press, 2000. ——译者注

作的组合,都是人类元素和非人类元素的共同努力。

还有一点涉及"充满生机的物质性"(vital materiality):我已在"生机论"的传统中发现丰富的观念源头,即使我到最后不拥护那一传统。尤其重要的是,那些20世纪早期被称为"批判"或"现代"的生机论一脉,它们的倡导者包括亨利·柏格森和汉斯·杜里舒。这些生机论者透过他们与实验科学的密切交流,把自己与灵魂的"天真的生机论"区别开来。他们当然是某一种反物质主义者,因为当时(而且我们今天仍有)很多"物质主义者"是机械论者;对后者来说,物质性是某些在原则上可以完 46
全计算出来的东西。批判的生机论者不认为自然是那么简单。因此,他们奋力抗争,既力求维持**科学性**,又注意到不是所有东西都是完全是**可以计算**的事实。他们要协调的,不是物体自身固有的目标,而是逃避量化、预测和控制的过度做法。他们把那一生机力量称为"生命"(life)、"生机"(entelechy)、"生命力"(elan vital)。

杜里舒和柏格森当巧妙地尝试为物体的生机发出哲学呼声时,他们已接近"生机的物质主义"(vital materialism)。但是,他们突然停止:他们不能想象一种**物质性**足以带来他们在自然过程中所识别的生机,反之,他们梦想有一种非物质性的生命力量。然而他们的生机论使我着迷,一部分是因为我们拥有机械论或决定论的唯物主义的共同敌人,一部分是因为我所向往的活泼泼的物质性已很接近生机力量的理念。

**汗:**你的"生机的物质主义"如何有别于马克思的"辩证唯物主义"?还有,我们该如何命名米歇尔·福柯和朱迪丝·巴特勒著作中所表述的"身体的物质主义"?

**班尼特:**对人类中心论尤其顽强的抗拒,也许是我所追求的"生机的物质主义"与马克思的物质主义、福柯的生物权力(biopower)和朱迪丝·巴特勒的身体理念之间的主要差异。虽然非人类形体和流量(flows)的力量已被这些深刻的思想家所承认,但我在尝试反驳人类语言和思想自恋的反射作用时,想强调(甚至是过度强调)非人类力量(不仅在"外部自然”内,还有在我们身体和人工产物内操作)的贡献。什么算是“生机的物质主义”的物质?这是否仅是男男女女(men and women)使用原料制造的人类劳动和社会经济实体?或者,物质性是否比之更有力?政治理论如何能够做更好的工作,以承认非人类力量在每一个事件和每一个稳定作用中的自主参与?我们能不能发明更好和更丰富的理论词汇,说明“物件力量”(thing-power),以及客体无法变成它所体现的人类意义或议程的不可化约性?①

当我的政治理论朋友持续提醒我,马克思本人不是一位“历史唯物主义者”,而且如今有人正在进行有趣的研究,考察积极的物质性(active materiality)的理念在马克思和马克思主义者遗留给我们的辩证唯物主义中的位置。我认为,黛安娜·库尔的研究在此堪称典范。我反对福柯和
47 巴特勒的身体物质主义的复杂问题,除了说愈是着眼于构成人类身体的元素的积极性(activeness),人类观念和实践的“掺和”(incorporation)或“物质化”(materialization)的理念就愈显不足。文化过程的身体掺和仅是故事的其中一面。同样重要的是我们与内部力量(例如荷尔蒙、化学物、微生物)之间(还有我们与我们内外部环境之间)的持续联系。剖析我们身体构造与非人类构造(自然构造与人工构造)之间的密切联系,就变得很适当。我同意德勒兹和伽塔里,他们说“从一个人到一只动物,从一个人或一只动物到诸分子,从诸分子到诸粒子等等再到不能感知之物,绵延着某一种质料”。福柯说,他的《性经验史》的“主要关怀”是追溯一种奇特的新型力量之梗概(他在身边含糊地予以识别),这一种**创造性**力量不是透过压抑或“拒绝、堵塞和失效”而运作。我延伸了福柯的方法,想把我的目光放在物体的**创造性**力量。

**汗:**在过去20年间,一些论题和概念贯穿你的作品之中,都是指向

① 班尼特这方面的见解,据本章所附书目,该参阅 Jane Bennett,“The Force of Things:Steps toward an Ecology of Matter,”*Political Theory*,Vol. 32,No. 3(2004),pp. 347 - 372.

“生机的物质性”理念的方向。这一观念是如何随时间而调整？谁或什么东西塑造了这一观念的发展成为如今的表现形式？这一概念在你的新书中采取了什么新添加的方向？

**班尼特：**当我撰写《不思考信仰和启蒙》[1]时，我就尝试在摇摆不定的状态中“不思考”自己的路向；这种摇摆不定的状态，黑格尔已在《精神现象学》有所识别，乃是两种对现代性的回应——要么现代性被构想为饱受无意义性(meaninglessness)的折磨，要么被构想为受到“祛魅”(disenchantment)之累。一边是“启蒙”的回应，即尝试主宰世界，或使之更全面的人类化(humanizing)，从而恢复意义；另一边是“信仰”，即尝试以更现代(更少感官性的呈现)的神圣形式重新魅惑世界。在该书中，我没有质疑把现代性即“祛魅”的诊断(后来我将会质疑)；我接受了它，考察这两种回应的利弊，然后寻找两者的不足，尝试想象更好的回应方式(在黑格尔式框架以外)。

启蒙的回应对我的生态学信念具有负面含义，但信仰的回应把自然构想为比我面对它时所得到的凭据更具目的性(尤其涉及我的弟弟与精神分裂症之搏斗)。于是，我确认一个名为“难以驾驭的整体论”(fractious holism)的立场，这仍然忠于“万物相互关联”的生态口号，但反对以 48
下想法：即认为这一关联是一个预先设定的睿智计划的一部分。这里的想法是，我们应该先尝试识别，然后更谨慎地涉足于各种摩擦、噪音、过量，以及透过“自然—文化”(nature-culture)循环而来的(虽然这一想法还有待发展)令人惊讶的力量。

后来，我转向梭罗的野性(Wild)理念，发展了那一种难以驾驭的观念：是的，人类是自然的“一部分”，但这里所包含的(内部和外部)自然似是故意与人类作对，令人费解。梭罗歌颂这种野性，赞美它为自我带

---

[1] 即 Jane Bennett, *Unthinking Faith and Enlightenment*: *Nature and the State in a Post-Hegelian Era*, New York: New York University Press, 1987. ——译者注

来道德的振奋,使人自然地被带到顺从性之中。[1] 我现在看见,梭罗的野性观念已变成"充满生机的物质性"的观念[2],这一理念我在《现代生活的魅惑》[3]首次引用。该书不是尝试以神圣性重新魅惑世界,而是凸显"现代性"以什么方式总是充满活力和魅惑,但又是非目标性的力量。在《充满生机的物质》中,我尝试把活泼泼的物质的观念放在哲学唯物主义更长的历史之中。我认为我在每一本书中的终极目标是,在一个既非神圣创造、亦非温驯的物质、更非完全符合法则的世界中,寻找更好(更巧妙和更聪明)的应对之道。我该补充一句,我追求"充满生机的物质"的世界的形象,是带着一个特殊的"政治—伦理"问题:在一个政治经济是非理性地致力于无休止的成长、消费和浪费的民众中,如何带来一个在生态上更可持续的感知性(sensibility)。(在这里,我也推荐托马斯·普里森的《轻柔步履》[4]。)

**汗:**你说你的弟弟与精神分裂症之搏斗,使你质疑自然具有目的性的想法。我希望你不介意我向你稍微进一步打听这方面的事情。你能不能说明把自然理解为具有一套明确的设计有何问题?还有,这如何影响你对另一套自然构想的理论化(即认为自然不能被完全主宰,并且没有内在目标)?你对你弟弟与精神分裂症搏斗的体验如何使你质疑或支持"疯狂""反常性"或"差异"的医学话语?

**班尼特:**坦白地说,反复(二手地)面对癫狂最终摧毁神圣自然的任何理念。此外,这也使自然像法则般的古典科学构想变得较不可信。不

---

① 梭罗这方面的见解,据本章所附书目,该参阅 Henry David Thoreau, *The Writings of Henry David Thoreau V: Excursions and Poems*, New York: AMS Press, 1968. ——译者注

② 班尼特对梭罗的研究,参阅 Jane Bennett, *Thoreau's Nature: Ethics, Politics, and The Wild*, Thousand Oaks: Sage Publications, 1994. ——译者注

③ 即 Jane Bennett, *The Enchantment of Modern Life: Attachments, Crossings, and Ethics*, Princeton: Princeton University Press, 2001. ——译者注

④ 即 Thomas Princen, *Treading Softly: Paths to Ecological Order*, *Cambridge*, Mass.: MIT Press, 2010. ——译者注

然,至少那是发生在我身上的事情。像我邻里(意大利裔和爱尔兰裔的
天主教徒)的大多数人一样,我的成长背景是根据一个神圣计划来设计 49
的外部自然(我们四周的动物、植物和矿物)。对我来说,这一种信仰是设定在一套带有解放神学色彩的天主教义(这一套天主教义在今天差不多已被梵蒂冈摒弃),即认为耶稣是一个反主流的和平活动家,一个爱护自然的人,像方济会修士、甘地和梭罗一样,在消费物品时实行"自愿的朴素"(voluntary simplicity)。这些信仰是我在 20 世纪 70 年代确认的地球日环境主义(Earth Day environmentalism)的理据其中一个重要部分:如果自然是上帝的手艺,它就值得关怀和保护,而我们也应该轻柔地步履它。

1980 年,我年满 16 岁的(精神分裂症常见的发病年龄)弟弟首次发生精神病的经历。(他从车库的屋顶跳下来,因为他以为自己能够飞翔。)自此以后,他就时好时坏偶尔癫狂。(美国的司法政策使得不可能违反某人的意志而有效地使他/她就医,这意味监狱充满患上精神病的人,而很多其他病人则露宿街头。)如果你与一个脑部定期戏剧性地发生故障的人一起生活,他不能组成条理分明的句子,突然狂笑毫无社会意义或心理意义,行人道上蚂蚁走动或公道上汽车行驶看似是危险的密谋,你就很容易对某一目标性或神圣性的自然秩序失去兴趣。(这种把自然视为某一目标性规划的理念在开始时似是我弟弟乖张信念的镜像,以致蚂蚁非人性的行为和匿名者的交通活动都是跑出来抓他。两者皆预设目标性。)此外,把自然视为像法则似的科学描述也失去许多说服力。

那些脑部不能正常运作的人,他们生活之萎缩所带来的悲惨,使人难以相信仁慈的上帝造物者,或牛顿式世界,即认为自然的永恒法则对应于赐予法则的上帝的心思。如果且当(if and when)你舍弃那两种争持不下的神圣构想,那么把物质当作能够(毫无计划的)自我组织和偶然变化的自主力量之形象就变得更加可信。

我支持精神分裂症的医学话语(就生化的意义而言)。当然,尽管无疑确实涉及社会条件、家庭脉络和精神结构,但光是它们似乎没有力量
50 确定(或形成?)很多类型的生理机制之崩溃。我支持脑科学研究和药剂实验,使得有可能重新调整微妙的化学作用,让正常思考得以可能。

我有关精神分裂症的体验对政治理论影响是这样的:我需要在"自然秩序"以外,寻找一种新的理据,支持我持续拥护绿色政治,拥护在生态上更可以持续,对水、空气、土壤(因此还有对人体)更少毒害的生活方式。我需要的一种自然描述,是这么沉重地依赖于我朋友亨特·德·弗里斯所谓形象、概念和叙事的"神学档案"(theological archive)。"生机的物质性"或活泼泼的物质的形象,是落实那一任务的一个备选方案。

**汗:**通观你的著作,你曾建议说,注视非人类物质的活力可以帮助我们道德地生活,而且你坚持若我们忽略这一点,就会自陷险境。你能不能解释对物质的生机性之理解如何使我们道德地生活?

**班尼特:**我认为,对物体的生机性更多的感受,它与道德生活的关系是间接的,虽然间接作用有时可能是更有效的策略。这是各种趋向可能联合和互相强化的事情——这一种曲折的联系受制于很多介入的力量。尤其是,在美国政治经济的环境中,把物质当成呆滞的东西/被动的资源的想法,还有大幅浪费而又弄脏我们居所的生产消费方式,两者之间似乎有所共鸣。这些做法危及国内外的工人、儿童、动物和植物,使之悲惨化。就惰性物质的形象维持这一消费模式而言,另一套形象可能摧毁它。绝非凑巧的是,当康德在《判断力批判》结尾时谈论自然客体时,他也断言"无生命性、inertia 构成物质的本质特征",而人类"作为地球上唯一的……具有自己给自己建立任意目的的能力的存在者","号称自然的主人"。①

① Inertia 是拉丁文,意谓惰性。这两句引文的翻译参考康德:《判断力批判》,邓晓芒译,北京:人民出版社,2002 年,第 246、286 页。——译者注

有关海德格尔的“持存物”(standing-reserve)的理念,我同意它可以用作绿色政治的用途,——虽然我不执行那一任务。我之所以不这样做,因为海德格尔渴望重新取得这样一种感觉:宇宙是一个包罗万象的整体;在这个整体之中,自然与文化进行一种原始的合作(即使那一套关系倒退为不明确性和不可计算性)。[①] 我也批判自然是可计算的机制的图像。然而,吸引我的是一套具“异教”色彩的物质性构想——即混乱的、充满能量的,而且能够形成突然浮现的自我组织形式。这是值得我 51
们尊重,既因为我们由它组成,也因为如果我们不密切注意它的力量场(force fields),它们就会攻击我们。

因此,我们应不应该喜爱(例如)HIV(人体免疫缺陷病毒)呢?我不知道我们是否应该爱 HIV,但我不认为我们能够爱 HIV。这跟太多人类痛苦相关。然而它的生机性需要尊重,比我们最初尝试消灭病毒时(这经常导致杀害病人)更多的尊重。更**有效**的治疗现在是病毒载量控制在低水平上,使人类与非人类之间保持紧张的共存。该好好地想一想为了回应 HIV 而使用的各种具有生机的物质:避孕套、实验室仪器、被测试的动物,还有修改的性事和人体仪式。

**汗**:在《现代生活的魅惑》中,你对以下观念提出了一套具有争议性的批判——这尤其涉及马克斯·韦伯,还有很多其他人——即认为现代性的特征是对世界逐渐的祛魅。[②] 祛魅常见的各种叙述是,认为现代科学合理性之出现已激烈地改变我们对自然的理解,大幅延伸了人类能动性在世上的容量(capacity),但付出的代价是贬低了非人类的物质,物质已被视为毫无生命,是惰性的,全无魅惑或生机性。你的另一套叙述强

① 海德格尔这方面的见解,据本章所附书目,该参阅 Martin Heidegger, *The Question Concerning Technology and Other Essays*, trans. William Lovitt, New York: Harper Row Publishers Inc., 1977. ——译者注

② 韦伯有关祛魅的见解,据本章所附书目,该参阅 Max Weber, *From Max Weber: Essays in Sociology*, ed. H. H. Gerth and C. Wright Mills, New York: Oxford University Press, 1981. ——译者注

调现代世界经验的魅惑。你对现代性与前现代性之间的各种延续性的相反叙述,是否使我们在合法的权力与不合法的权力之间划下了一道界限?

**班尼特:**我不是说它跟前现代性的魅惑世界并无决裂。显而易见,各项事物已经改变,尤其涉及什么被可信地视为物体引起人类"魅惑"心情的力量的终极源头。如果自然世界一度被神圣意志和意向性所迷惑(形成福柯所谓"世界的单调"的想法),我的主张是,某些具有那一奇观的东西可能仍然持续,却不用上帝(它原是主动地结合各个方面的感官世界)的公设。今天物体可以(而且确实)迷惑人们,这是透过它们的物质复杂性,透过它们完全的这般模样(this-ness),或透过它们拒绝符合我们加诸它们之上的各种范畴。

52 我认为,当物体要我们停下来,并且揭示我们对非人类的显著含义时,那些时刻跟道德行动是相关的,也许甚至是不可或缺的,因为道德要求身体行为有助于对他者展现"善的意志"(good will)或慷慨大方。斯宾诺莎所谓快乐的情感可以为身体提供一项动力的源头;透过理性、习惯、同情心或某些不知名的动机,要求喜爱、宽恕他者,或以同情心对待他者,或自己的行动尽量使用最小的暴力。

因此,我当然肯定从压迫性传统中理顺政治权力的"理性化"方案,肯定诉讼程序和法治的规范。然而,辩驳压迫性效应的意志必然是自我引导的,而且诉讼程序和民主统治的规范不是自我制定的。在各个情况下,它们需要审美情感的能量以发动或激起它们。例如,如果美国公众觉得要摒弃折磨作为外交政治的工具,并且重新拥护某些司法框架,例如《日内瓦公约》,那么主导"9·11"之后几十年的恐惧和报复心境,必须被另一套公共行为所取代。如果美国人要改变现存的能源生产消费模式(以避免灾难性的气候转变和减少已感到必需的社会暴力),我们就需要不再把地球想成一篮子满足欲望的被动资源。

**汗：**对很多现代思想家（诸如海德格尔[1]、阿伦特[2]和哈贝马斯[3]）来说，人类与非人类之间的区分仍是极其显著。相反，你关注的事实是（尽管他们怀有最好的意图）个人的行动经常具有超出其意料后果的影响，而你认为各种形式的非人类物质在某程度上拥有能动性。的确，你的进路其中一个创新（而且具有高度挑衅性）的元素是，你不把能动性的理念限定在人类而已。你是否认为，从能动性的容量而言，人类与非人类之间可以划定任何区别么？把能动性归诸非人类的物质，难道没有危险，以致消除了负责任的人类行动的判准么？

**班尼特：**我认为人类能动性（human agency）最好被构想为某一组合的人类力量和非人类力量的结果或影响。当人类行动时，他们不是仅行使了人类的权力，而是表现和进行与其他各种行为体之交流，包括食物、微生物、矿物、人工制品、声音、生物科技和其他科技等。在一个人与一块石头之间存在差别，但并非**仅有其中一者**就有真实的能动性。能动性 53
的位置总是一个人类的非人类集体（a human non-human collective）。（如果真的如此，这也对一个能动者与一个纯粹原因之间的区分的可信性施加了压力。）

于是，“道德责任”的问题究竟发生什么事情？人类的责任是要被重新构想，脱离自律性的理想，迈向实验的他律性（experimental heteronomy）的理想。如果自我总是陷入各种组合，而这些组合的轮廓仅是尾随其影响而出现，那么学会如何对这套组合及其形态进行“逆向工程”（reverse engineer），就变成一个道德任务。这个抱负是要自己敏感地注意这

---

① 海德格尔这方面的见解，据本章所附书目，该参阅 Martin Heidegger, *Being and Time*, trans. John Macquarrie and Edward Robinson, Oxford: Blackwell Publishers Inc., 1988. ——译者注

② 阿伦特这方面的见解，据本章所附书目，该参阅 Hannah Arendt, *The Human Condition*, Chicago: The University of Chicago Press, 1958. ——译者注

③ 哈贝马斯这方面的见解，据本章所附书目，该参阅 Jurgen Habermas, *The Theory of Communciative Action: Reason and Rationalization of Society*, Vol. 1, Cambridge: Polity Press, 1984. Jurgen Habermas, *The Philosphical Discourse of Modernity*, Cambridge: Polity Press, 1987. ——译者注

些组合的影响，使自己发现自己正在参与，然后实验地工作，以改变这套机制，从而尽量减少或补偿它所带来的痛苦。有时候必须尝试使你的身体从那一组合中解脱出来，拒绝对它贡献更多的精力（正如亨利·梭罗所倡导的）；并且有时候与他者一起努力，从另一方向抨击现存的组合。在一个能动性总是分配类型的世界中，对道德谴责之归属持迟疑态度，就变成一项美德。义愤不应完全消失，但专门致力于道德谴责，并且不足以培养辨别能动性容量（agentic capacities）的罗网；这一种政治能做的好事甚少。

我在《充满生机的物质》中研究的一个例子，是2003年北美地区电力管制（一年后在欧洲也发生）背后的能动性。美国政府和产业的回应是识别谁要负责，并且惩罚他们（某些安然公司高管和能源交易商）。同时，能源网络的基础建筑、放松能源交易规管的立法、消费欲望的结构与电力的自然趋向之间的关系仍然没有改变。电力管制的危机一仍其旧。排他地迷恋人类能动性，还有把社会问题定义为道德失败的趋向（还有它们认为我们需要负责的含蓄预设），使我们不能识别能动性的真实位置，不能尝试改变它的格局。于是，我不是说单一的、非人类的行动体是能动者。我要说的是，能动性本身是位于人类与多种非人类的行动体复杂的相互介入，它们一起形成一套有效的组合。因此，一个行动体就是任何具有形成差别的能力的单一力量，而一个能动者是由各种行动体所组成的复杂结构。人类也是一个浮现的和复杂的现象，这意味干涉者不是完全先于那一干涉而存在的。

54 我的重点其实是一项实用性的观点：道德和政治所具有的牵引力，在物质组合及其繁衍效应模式的途径上，可能比它们在所谓“道德主体”这种难以捉摸的精神实体上更多。在这里，我赞同约翰·杜威“哲学恢复不再是处理哲学家问题的策略，变成由哲学家培养的，处理人类问题的一种方法”。

**汗**：在《现代生活的魅惑》中，你剖析商品迷惑我们的力量。你赞同马克思商品的迷人性。然而你认为他对商品拜物教(commodity fetishism)之理解,还有阿多诺和霍克海默在《文化产业》[1](这是建基于马克思分析的研究)中的理解,不足以解释商品的魅力,还有广告在当代资本主义社会中的力量。你对现代资本主义的魅惑元素的强调,如何帮助被压迫的人民反抗和挑战资本主义企业家所创造的肤浅欲望,并有助于实现更公平的社会有何看法?

**班尼特:**因为我一直认为文化产品(而且不仅是自然)具有魅惑的力量,而这一力量可能变成道德的力量,所以我想考察一个艰难案例(hard case):由商品化的客体而来的魅惑。尤其是,我着眼于盖璞(GAP)的卡其裤;或更准确地说,是它们的电视广告;在广告中,年轻男女穿着米黄色的裤子随着摇滚乐翩翩起舞。

我不相信上帝、魔法、泛神论或芙雷雅·马修斯在其《为了物质之爱》和《再居现实》[2]所辩护的那种(几乎有说服力的)泛心论。当我观看盖璞的商业活动时,我被迷住了。它在我的身上(大概也在他人身上)激活了某一种快乐的能量或活力。然而这一情感跟它的艺术创造者的意图有什么关系呢?我的答案是,像电力一样,由这种商业活动所产生的情感是一种难以驾驭、改变方向的力量,易于淹没其企业赞助的设计。这说明企业资本主义不可能是全能的,它所产生的情感性能量可能被用于其他用途,因为情感一旦释放出来,或发生作用,就具有脱离其创造者、具有某一程度的独立性。太过相信资本主义重新掌握它所释放的所

① 即 Max Horkheimer and Theodor W. Adorno, "The Culture Industry: Enlightenment as Mass Deception," in Theodor W. Adorno and Max Horkheimer, *Dialectic of Enlightment*, trans. John Cummings, New York: Herder and Herder, 1972. 据本章所附书目,该参阅 Theodor W. Adorno, *Negative Dialectics*, trans. E. B. Ashton, London: Routledge and Kegan Paul Ltd., 1990. ——译者注

② 这方面的见解,据本章所附书目,该参阅 Freya Mathews, *For Love of Matter: A Contemporary Panpsychism*, Albany: State University of New York Press, 2003. Freya Mathews, *Reinhabiting Reality: Towards a Recovery of Culture*, Albany: State University of New York Press, 2005. ——译者注

有力量,就是把资本主义变成一个(也许是邪恶的)神祇,并且把我们变成它的奴仆或受害者。

55 我的宗旨不是辩护现存的资本主义,甚至不是把一套在生态上可以持续的资本主义理想化,虽然我确实认为因为你支持政治经济更激进的改变而反对后者是很愚蠢的。我的目标是剖析魅惑的心境如何运作:它的趋向、它典型的发展路径,还有它的病因论是什么?它有时候如何设法触发或激活人类行动?

在你的问题中,你担忧即使魅惑有时候可能推动道德慷慨的行为,但魅惑的根源或煽动者本身是否一个道德能动者,难道就不重要么?慷慨能不能源于面临这样一个广告,它的设计是让消费者仅在这一季节想要卡其裤(也就是说,它的设计是作为浪费经济的一部分),而且在视野上隐藏穿着宽松裤的人民的工作条件(也就是说,它的设计是作为剥削经济的一部分)?我"是的,它能"的答案所立足的情感理论是,认为情感是一种任性的力量,能够让自身结合各式各样的语义内容和政治方案。我也说过,承认商品的吸引力,需要结合重新组织工作的许诺和现存的消费模式。

当我撰写那一章[1]时,我省略的一个要点是这样的:情感的混杂性(promiscuity)意味着它**也**不忠于任何对它的道德重新部署。我应该更多地思考如何应对或补偿那一事实,而且因为我没有这样做,所以它貌似比实际上更容易把商品的魅惑转变为非商业的或反霸权的活动。

我仍然确信的是,透过在科技上激活我们在正常情况时觉得是惰性、死亡的或不被注意的物质性,商业活动对"生命/物质"二分法提出了挑战;这套二分法位于剥削制度的基础之上。我在反思"物质性是什么"和"在世上做了什么"的课题中,在高科技不把物质描述为纯粹被动的拒

[1] 即 Jane Bennett, *The Enchantment of Modern Life*, Ch. 6: "Commodity Fetishism and Commodity Enchantment," pp. 111 – 130. ——译者注

绝中找到一个潜在的盟友。盖璞广告富感染力的能量,源于屏幕上运动的人体,源于人类编写的音乐的声响和韵律,也**源于卡其裤自身**。

这一激活性是广告人追寻的东西:观众把生机(或青春,或生命)联系到盖璞卡其裤,因为这一生机具有吸引力,所以就想要这一裤子。若在整幅画面上,跳舞的裤子结合的是一群被剥夺的、疲乏的和紧张的工人的身躯,这就不起作用。但在呼唤观众获得一种奇特的敏感性(即认为物质是活生生的,日常的、非人类的物体对我们具有力量的孩提式想 56
法)时,广告产生的情感性效应超出其作者的意图或道德界限。

让我最后谈谈,我在写作时尝试做的,是要求我自己和其他人走另一个不同的方向,指向那些参差不齐的空间;在这些空间中,非人类是行动体,能动性总是一套组合,物质不是惰性的,人类也不是主宰,每一项东西都是由同一种诡奇的质料所造成。我们惯常地穿越这些空间,但总是经历而不注意。更全面地栖息在它们之中,就会发现我们自己讲述新的词语,拥有新的感觉,采用新的姿态和做法,调整步调和眼界,还有我们遭遇"外部"的次序。我不预测由此而来的是什么类型的政治。我的预感是,在充满生机的物质性世界中,草将会更绿。

**汗:**非常感谢对你的思考做出这些透彻的反思。

**班尼特:**谢谢! 也谢谢我的朋友罗姆·科尔斯(Rom Coles)、比尔·康诺利[1]、比尔·迪克逊(Bill Dixon)、亚伊勒斯·格罗夫(Jairus Grove)和珍妮花·林(Jennifer Lin),帮助我说出我所说的话。

---

① 比尔·康诺利(Bill Connolly)是本书第六章的受访者威廉·康诺利的昵称。——译者注

# 第四章　庶民研究、后殖民马克思主义与“寻找你开展的场所”：迪佩什·查卡拉巴提访谈

玛丽亚·狄莫娃－库克森访问

**狄莫娃－库克森：**亲爱的查卡拉巴提教授，非常感谢同意与我们访谈。人所共和，你是庶民研究课题其中一名创立者，也是南亚历史和文化的一名学者。然而我从你的简历中看见你的大学教育始于加尔各答的物理学学位，你如今在芝加哥大学。是什么引领你到那条道路的呢？

**查卡拉巴提：**是的，我在加尔各答大学辖下的“管区学院”的物理学荣誉学位（副修地质学和数学）起步。然而我时常感兴趣的是物理学的哲学或概念层面，多于这个专业更具应用性或实践性的一面。例如，德布罗意波—粒子（wave-particle）假设，比起直流电动机究竟如何运作，更使我着迷。然而那没有把我带到历史之中。如果我读本科时印度具有更灵活的教育制度，或更好的教育辅导，我可能转到哲学。唤起我对社会科学的兴趣（虽然我当时不认识社会科学是什么）是我年轻时希望有一个更少腐败和更正义的印度。我以为人们可以称之为对政治的初始兴趣。然而那一欲望内含这样一种想法，即认为我父母一代所培养的那种民族主义已经失败了。我在印度独立的岁月间出生。迄至我读高校时，圣雄甘地的政党，即当时支配政坛的国大党，看上去是被贪污自肥的政客所主导的（他们其实比今天一般印度政客较少贪污）。我在青春期

发现印度陷入各式各样的危机中。1962 年,印度与中国发生确实丢脸的边境战争。20 世纪 60 年代中期,食物匮乏折腾整个国家,暴露了国家农业领域的弱点(后来,透过所谓绿色革命①加以"改正")。在我熟知的加尔各答充斥着失业、赤贫。我有一些穷困的至亲,对我来说,他们的处境正是这个国家的镜子。

普遍的不满见证着一群左翼政党在西孟加拉(我的国邦)1967 年当选管治。在这些政党中,主导的是一个新的共产党——印度共产党(马),它从原来的印共分裂出来的。像我一样的很多同代孟加拉人都迷上了该党在 1964 年成立及随后崛起时普遍洋溢的热忱。原来的印共在中苏分裂后站在莫斯科一边。印共(马)拥有的党员在全球共产主义分裂问题上都是同情中国人的,但该党没有公开宣示。没有多久,它面临内部的挑战。一场部落叛乱在北孟加拉一个名为纳扎尔巴里(Naxalbari)的村落中爆发了,而当时掌权的印共(马)使用暴力镇压了它。叛乱首领都是印共(马)的成员,他们认同毛泽东以农民为基础的武装暴力革命开创社会主义的理论。

我在学院中的很多朋友加入了这一场崭新的运动——不久在 1969 年带来一个崭新的毛派政党,名为印度共产党(马列)。这些浪漫的革命者背负帆布书包,手拿红宝书,跑到乡村组织农民军,他们认为这支农民军到了 1975 年将会解放这个国家! 我没有加入他们,不是因为我没有认同他们的信念,而是因为我真的害怕被警察侵扰的景象,我知道警察可以极其暴力和残忍。我的勇气不够。我确实相当欣赏我的朋友;可以理解的是,他们谴责我的所谓"小资态度",开始不再与我做伴。恼人的是,在我心中,我赞同他们的道德判断;出于自我憎恨和某一程度上病态

① 20 世纪 60 年代初,美国农业学家诺曼·博洛格(Norman Borlang)收到印度农业部门邀请,由福特基金会和印度政府合作,引进全新的小麦和稻谷的种子,提升灌溉水平,加强农药的贷款力度,大幅提升主粮的收成,成功地把印度改造成全球主要的粮食生产国。——译者注

的自我惩罚,我在毕业时决定申报印度政府成立的两间商学院之一,这两间商学院都是与美国大学合作的。我成功了。1969 年,我考入印度商
60 管学院(加尔各答)成为一名研究生。商管学院成立甫六年,印度后殖民发展的深刻反讽使这间商学院留下某些独一无二的特征。我成为一名历史学家的生涯受惠于那一反讽。

让我解释吧! 马克思主义历史是我在商学院岁月正式学习的东西。然而这是因为商管学院建立时的那种课程。受到印度只能产生一个工程师和经理的专业阶级才能工业化的想法鞭策,尼赫鲁总理的政府鼓励首先成立了印度科技学院,随后是印度商管学院。在开始时只有两所商管学院,一所在古吉拉特邦的艾哈迈达巴德,另一所在西孟加拉的加尔各答。艾哈迈达巴德的这所早年得到哈佛商学院的积极援助,而加尔各答的一所得到麻省理工斯隆管理学院合作的恩泽。商管学院的模式参照美国的商学院,但有一个重大的差异:历史课是所有商学院学生的必修科目。此外,加尔各答商管学院聘请了一位备受推崇的马克思主义史学家——巴伦·德教授课程,说明英国殖民统治如何使印度有欠发达。但同一时期,我们阅读的主要经济学著作是新古典主义的保罗·萨缪尔森的。印度的经理仿佛打算期望一个资本主义的未来,但却保留着深刻的反殖民、反资本的记忆!(正是这一遗产,使今天全球化的印度仍在战斗。)

这一分裂对尼赫鲁的印度具有象征意义:要怀有现代市场经济的抱负,并结合对西方的掠夺史(因而还有它与资本主义的矛盾关系)的高度不信任。但对我来说,发现马克思主义的社会史是天赐之物。在这儿,我学会了大规模的社会经济力量使个人的雄心和癖好显得相形见绌。突然间,我对自己不能成为革命家之失败的病态偏执,仿佛是过度自恋!我修读了我的教授所提供的所有课程,这些课程是想法较讲求实用的商学院学生在正常情况下不会修读的。当我毕业时,我从印度一间苏格兰公司得到一份实习人事经理的工作,而我的教授问我是否想成为一名历

史学家时，我的选择是容易的：不研究历史，生活似乎毫无意义。我选择成为一名历史学家，尽管我不了解这门学科。我的教授极其慷慨。他教会我许多，经常是一对一的情况，并且向我展示一本大部头的巨著，名为《英国工人阶级的形成》[①]，然后把我送到档案馆。他问：“你是否认为你 61
可以为我们国家做类似的事情？”当然，我没有机会做20世纪其中一个最伟大的史学家已完成的事情。我是一个潜能相当有限的人。然而研究工人阶级史，本是我在第一部专著[②]批判地从事的一个思想，而在紧随而来的回应中尤有进者。目前，让我强调一下事实进一步的反讽：没有尼赫鲁主义的遗产（这一遗产我们后来在《庶民研究》[③]的篇幅中发起挑战），就没有商学院在其学院中任命马克思主义史学家的机会；若我不遇见巴伦·德，我可能已是一个标准的、普普通通的商学院教授，不知道过去历史在人类事务以什么方式发挥作用。

实践考虑和私人考虑最终把我带到澳大利亚，攻读历史学的博士学位。加尔各答大学是一所太过保守的院校，不接纳先前未攻读过正式历史学位的人为博士生。1976年12月，我跑到澳大利亚国立大学，师从才

① 即 E. P. Thompson, *The Making of the English Working Class*, London: Victor Gollancz, 1963. 此书已有中译本，即汤普森：《英国工人阶级的形成》，钱乘旦等译，南京：译林出版社，2001年。——译者注

② 即 Dipesh Chakrabarty, *Rethinking Working-Class History: Bengal, 1890 – 1940*, Princeton: Princeton University Press, 1989. ——译者注

③ “庶民”（subaltern）一词，英语原意是“次要的”，在英国军队中主要指“次长、中尉、副官”等次级军衔，词义与“隶属”（subordinate）有所相通。20世纪初，葛兰西在《狱中杂记》中论述阶级斗争时，迫于政治压力，用了这个词汇来代替马克思的“无产阶级”这个概念。相对于“无产阶级”在经济关系上具有较明确的定位，“庶民”涵盖面更大，意指任何次等地位的人或群体，他们因为种族、阶级、性别、性取向、族群或宗教等原因，处于从属的位置。1980年代在印度崛起的“庶民研究群”（Subaltern Studies Group）沿袭葛兰西这一观念，尝试以此构成一套全新的叙述，解释印度和南亚的历史。他们虽是左翼的思想倾向，但却批判马克思主义对印度史的传统叙述，即认为半封建的印度被英国殖民后，变得政治化，从而赢得独立地位，因为这套叙述过分强调精英的政治意识，认为精英启发民众抗争。反之，“庶民研究群”更强调庶民的作用，尤其着眼于政治运动中的话语和修辞，反对单方面偏重诸如示威、起义等显眼的行动，而《庶民研究》（*Subaltern Studies*）是这个研究群的重要出版品。——译者注

华洋溢而又宽宏大量、专攻非洲和印度的帝国史学家洛教授。我结识了拉纳吉特·古哈，他在 1979 年的研究旅程上创办《庶民研究》。他在 1980 年来到澳大利亚国立大学。在获得了哲学博士学位后，我在澳大利亚的墨尔本大学教授历史和社会理论；大约在 1993 年左右，我受邀来到芝加哥大学。我在 1994 年得到那儿的教职，1995 年上任。

**狄莫娃－库克森：**我想向你询问你在 1989 年的著作《重思工人阶级史：孟加拉，1890—1940》。在书中，你认为（跟马克思相反）政治经济学不能从根本上解释孟加拉工人阶级共同体的社会关系和社会实践。你也对马克思主义观念提出异议，后者认为历史使个人成为迈向政治解放的进步中不可分割的一部分，而当前的自由资本主义社会只说明了“资产阶级个人主义的破产”。你推荐了更好地结合“公民”和“同志”的另一条政治解放路径。那如何是可能的？反思孟加拉工人阶级史的结果是什么？

**查卡拉巴提：**在我进入更具知识性的表述之前，让我从个人自传来回答这一点，以此保留它与我先前回答的延续感。我的第一部著作，立足于我的博士论文之上，可以将之解读为孟加拉或印度马克思主义内部
62 的长期论辩。从我的研究生涯开始起（当时我是印度历史的马克思主义教授的学徒），我已培养了影响我老师的各种马克思主义的恼人关系。一方面，这是我认识而且同情的马克思主义，但另一方面，它确实太刻板和拘谨了。随着甘地夫人掌权，还有她在政治上倾斜于苏联（几乎同一时间，我正在从事加尔各答史的学习），我的教授及其他马克思主义朋友进而主导印度的历史专业。虽然他们很多人都是优秀的历史学家，但在

拉丁美洲依赖理论家[①]的影响下，他们确立了一个趋向，责怪殖民统治在印度经济政治发展的每一项“失败”，当然包括19和20世纪南亚次大陆穆斯林与印度教徒之间重大矛盾的爆发。

我与马克思主义这样的摩擦，始自20世纪70年代中期的研究生涯，当时我在档案记载中发现在加尔各答黄麻纤维制造厂内印度教工人和穆斯林工人之间几次重大的暴力事件。我向该城的历史学家和社会科学家的大批受众报告了我的发现。这是我做学徒时其中一项最具创伤性和转变性的体验（虽然我必须说，我的教授后来慷慨地鼓励我在《古与今》发表论文。[②] 我在知识上遭到我的受众批判我不能得出一套分析或叙事，谴责雇主或劳动市场的竞争结构，从而赦免工作对种族暴力或宗教暴力所负的任何现实人类责任。我在这里感到有两个问题：一者是我立即看见的，另一者是我在后来遇见海登·怀特——而结构主义基本上向我介绍了元叙事（meta-narratives）在历史学中的观念——后更清楚地看见的。我可以看见，我的马克思主义史学家已把一种德性和认识论特权归诸工人阶级，而工人阶级已被当成是超历史的，仿佛它们凭借定义便是正确的。正是这一认识，使我追问一个“历史—哲学”的问题：书写“工人阶级史”，究竟是什么意思？

当我在堪培拉相对隔离和宁静的环境中撰写我的博士论文时，我仍

---

① 依赖理论（Dependency theory）是国际经济和政治关系中影响重大的一种理论。这是在1949年辛格（Hans Singer）和普雷维什（Raúl Prebisch）的两篇论文所提出来的。当时流行的现代化理论认为，人类所有社会都朝着类似的发展阶段而迈向进步，但依赖理论家却反驳这些乐观的观点，指出发达国家与发展中国家反而是随着贸易和各种交流而差距日大，资源由穷国的“周边”流向富国的“核心”，导致富国益富，穷国益穷。如今，依赖理论作为一整套发展学说，已经风光不再，但不少学者仍认为它的某些观点有助于解释全球财富分配的不平等。——译者注

② 查卡拉巴提在《古与今》杂志上发表的论文有两篇：Dipesh Chakrabarty，“Communal Riots and Labour：Bengal's Jute Mill-Hands in the 1890s，” *Past and Present*，Vol. 91，no. 1（1981），pp. 140 – 169. Dipesh Chakrabarty，“On Deifying and Defying Authority：Mangers and Workers in the Jute Mills of Bengal Circa，1890 – 1940，” *Past and Present*，Vol. 100，no. 1（1983），pp. 121 – 146. ——译者注

一直与加尔各答的朋友辩论。我对于这种马克思主义把工人阶级当作革命意识的潜在承担者的形象，是有所保留的。据定义而言，这种革命意识是国际主义的性质。正如马克思和恩格斯在《共产党宣言》中所说，
63 虽然它不会涉及民族性、宗教或种族的束缚，但每一个工人阶级都被预期首先与它所出生的民族背景妥协。汤普森的巨著在历史偶然性与理论预期——即认为工人阶级必然变得具有阶级自觉（不管它的现实历史如何）——之间走的是一条非常微妙的路线。

我在探索孟加拉劳动者的阶级特征时，愈是研究档案，就愈对马克思主义工人意识转变的叙事的历史场所（place）感到困惑。无论他们的现实历史如何，他们是不是经常注定变得具有阶级自觉？如果不是的话，这是否经常因为统治阶级或劳动市场在他们路径上设置的障碍？历史偶然性以及（更重要的是）历史差异性有什么空间存在呢？后者是否对理论构成任何差异呢？马克思主义范畴与现实范畴（我的工人及其领袖，即另一代孟加拉人，借着这些范畴体验和组织自己的生活）之间是什么关系呢？历史学家的分析范畴从哪里来呢？

我不应主张说，我在《反思工人阶级史》中满意地解决了这一切问题。我认为，那显然是错误的。然而本书抓住的问题至少是掌握了激发它的论战的精神。我的思想基本上往两个方向走，而我其实没能把它们揉合起来，迄至我涉足《庶民研究》的课题，还有撰写《地方化欧洲》[1]很晚以后。但后一本提及的书其实胎脱于我的处女作的最后一章。

现在回到你那些更具理论性的问题上来。在我看来，马克思显然透过雇佣劳工所牵涉的司法自由和契约自由的观念来思考，把公民的形象写成工人的形象。有人可以说，在英格兰工业化故事的经典讲述中，马

① 即 Dipesh Chakrabarty, *Provincializing Europe*: *Postcolonial Thought and Historical Difference*, Princeton: Princeton University Press, 2000 (1st edition); 2007 (2nd edition). ——译者注

克思主义叙述像这样的进行：农民 > 工厂工人 > 规训与勒德分子[①]的反
抗 > 争取工会权利的斗争 > 公民/革命工人的形象。然而这一思考线索
明显不符合很多亚洲国家的发展；在亚洲国家中，农民工人一夜之间变
成一种公民/革命分子，多亏民族主义和革命运动，它们试图在低水平的
工业化条件下进行现代化。农民能不能变成现代公民，而不变成无产阶
级呢？变成“公民”的斗争是不是变成“同志”的斗争，而不先于后者，像 64
英格兰的情形那样呢？正是在这一语境中，马克思写给维拉·查苏利奇
的书信草稿，对我们（还有葛兰西对意大利历史的思想）相当重要。

**狄莫娃-库克森：**在你对孟加拉历史的分析中，马克思及其范畴扮演了重要的角色；而我想问你，较概括地说，有关马克思在南亚语境中的相关性或不相关性，你有什么想法？你难道不认为你对待马克思存在一个吊诡么？在你研究的语境中，马克思是担当西方自由主义思想的中枢人物，而马克思认为自己是自由主义坚定的批判家。主流的自由主义者也是怀疑马克思——尤其是“冷战”期间的自由主义者，因为共产阵营的极权政体，而怪责马克思。

**查卡拉巴提：**马克思是19世纪伟大的思想家。但是认为他不受累于其时代的某些问题，就是一厢情愿的。他发展了一个令人着迷的历史—哲学范畴，名为“资本”。在这里，他深受黑格尔和康德的影响。然而认为这一个被全面地形容为资本主义（这一词语他未曾用过）的范畴在他的时代或其后已经存在，将是错误的。马克思的“资本”仅是描述很多相关联的历史某些重要的层面，而这些层面创造了资本主义的罗网，如今我们都发现自己置身其中。我觉得剩余价值是一个有趣的哲学想

① 勒德分子（Luddite）是一班害怕或者厌恶技术的人，尤其是威胁现有工作的新技术的形式。工业革命期间，英格兰的纺织工人主张模仿勒德（Ned Ludd）破坏工厂设备，从而抵制节省劳动力的技术带给工厂的改变。今天，勒德分子仍然指认为技术对社会产生的损害要多于益处的人。勒德主义的极端形式，包括肆意破坏技术，反对自动化或者威胁工作机会的技术进步。——译者注

象,它确实是19世纪的观念。你不能衡量剩余价值,或把价值转化为价格。利润也有别于剩余价值。可是,这个概念对马克思的剥削观念,还有他对资本的批判(他将之视为确定资本主义生产方式的范畴),至关重要。在研究资本主义史的时候,我发现有用的是:区分利润赖以创造出来的许多逻辑,与马克思资本范畴所固有的剩余价值的普遍性逻辑。我认为资本主义的动力来自它混合了多种逻辑的能力,这是我猜想很多马克思主义者不同意的地方。我尝试在《地方化欧洲》名为"资本的两套历史"一章中解决这里的某些问题。

然而认为马克思完全反对自由主义传统,绝不正确。当然,他是自由主义哲学的批判家,这些哲学没有看透"资本"(如它本来的面目),而且认为市场的司法自由回答了人类自由的所有需要。然而正如卢西奥·科莱蒂很久以前所说的,卢梭对马克思的影响是深刻的,他的哲学
65 有很多部分重视具体的个人发展,不下于(比如说)密尔。我也认为,伟大思想家错综复杂的思想(无论他们是左是右)与其他人以他们名义所做的可怕行为之间,通常没有直接的线索连接着。没有政治哲学家可以保护他的观念免受可怕的滥用,滥用的除了其观念的拙劣读者外,还可能是人民高效的领袖。

**狄莫娃-库克森:**我想转到你最著名的书《地方化欧洲》,讨论你在现代性以外的另一套分析框架;你在书中建立这套框架,以非辩解(non-apologetic)的方式解释印度文化和历史。在这一套新框架中,你撮合了马克思对资本的批判和海德格尔对人类归属性(belonging)的洞见。然而你的历史学的总体平衡难道不是倾向后者么?你的分析难道不是有助于解释孟加拉文化,多于批判压迫性的社会措施么?

**查卡拉巴提:**后一评价不大正确;为了自辩起见,我建议你看看我研究寡妇和公民身份的一章!的确,该书的"欧洲中心论"(如果我可以这样称呼的话)位于以下的主张,即认为如果人们想建立印度压迫关系的现代批判,欧洲思想(像自由主义或马克思主义)就是不可或缺的。例

如,如今对种姓还有很多前殖民的批判。然而把这一批判确立在法律面前人人平等的观念之上(不仅是上帝眼中人人平等),在英国统治前是不可能的。该书没有任何地方拒斥这一立场,这是为什么(我已因这一点而被批判)我在该书最后表达了我对欧洲知识分子“反殖民的谢意”的感受。此外,那也是该书为什么接受普遍主义思考的需要,而且我主张不要成为相对主义者。

那就是说,该书的主要目标确实不是提出对压迫性关系的批判。这些批判,我觉得理所当然。反之,我自我设定的问题是,思考我们用以产生这些批判的普遍主义思想,与其在欧洲史深处中的特殊根源两者之间的关系,即使人们(像我那样)承认欧洲思想结合了欧洲从其他场所借取的许多东西。因此我感兴趣的是思想与场所之间的关系;而我的命题是,日常行文中表达的哲学思想(有别于象征性符号或数字),无论它怎样试图超越它在特殊历史中的根源,也不能完全逃避这些历史暗潮的拉力,因为这种暗潮就是人们在日常行文可能包含的习语特性(idiomatici- 66
ty)——那一思想借此得以表述——中所发现的东西。任何行文的习语特性反映了各种特殊而任意的历史之堆积。因此历史差异把自身联接(像生理组织与骨骼那样)到我们所有社会科学的日常行文的范畴。这里,我赋予的重要性遍及所有层面的翻译问题,由语言学的问题,到隐喻性的问题。

根据海德格尔式的指引来解读马克思,帮助我表达这一观点。然而这一立场也使我说明过渡到资本主义的任何历史案例也是一种范畴转译(categorical translation)的情况。近年,我已在简·波拉德、谢丽尔·麦尤恩和亚历克斯·休斯编辑的《后殖民经济》题为“政治经济是否可能是后殖民的?”一章[①]中对此写了更多。

**狄莫娃-库克森:**在《地方化欧洲》中,你对现代性也阐发了一套颇为有力的批判,揭示它不能把非欧洲的文化概念化。现代性有很多批判家,我想请你告诉我们你的解释独有的性质。我的理解是,对你来说,现代性不仅是认识论的缺陷,也是道德的缺陷。它在分析上是失败的,因为它有关“资本”“公民身份”和“平等权利”的关键范畴,不能解释“思想与人类归属性之间的关系”。它在道德理据上是失败的,因为它达不到它的正义和平等的典范:你对其历史的分析揭露“压抑和暴力”的元素。这种解读是否沿着右翼的路线?

**查卡拉巴提:**我对现代性的批判有两面,而你的评论其实已非常精彩地掌握其中一面。是的,我确实写到“现代化”的压抑和暴力。现在,你可以在分析上分开现代化与现代性。此外,你甚至可能思考那些完全现代的,但又反对现代化的人(例如甘地,还有很多其他人)。然而不可能思考现代化(现代生活下层建筑的建设:工厂、医院、学校和大学、军队、警察等等),却又对“成为现代的”(to be modern)没有一些想法——也就是说,对现代性没有一些想法。现代化不免牵涉某些人声称以他人的名义(这些人预计不像他们那样现代的)来思考的过程。我在《地方化欧洲》及其姊妹作《现代性的居所》[②]中感兴趣的是,询问是否有可能存
67 在真正的民主现代化。例如,对现代化过程来说,假设它在现代世界中是不可避免的,进行庶民与精英阶层之间的开放对话,究竟是什么意思?因水坝(以所谓“国家”利益或“公共”利益而建筑)而移居的人民,能不能在现实上阻止水坝,抗拒“增长”的迷思,而且仍然充当现代化对话的

---

① 即 Dipesh Chakrabarty, “Can Political Economy be Postcolonial? A Note,” *Postcolonial Economies*, edited by Jane Pollard, Cheryl McEwan and Alex Hughes, London: Zed Books, 2011, pp. 23–35. ——译者注

② 即 Dipesh Chakrabarty, *Habitations of Modernity: Essays in the Wake of Subaltern Studies*, Chicago: University of Chicago Press, 2002. ——译者注

一部分？抑或，现代化不免要求那些选择管治的人使用“人口管理”的策略？

然而我仅可以作为一个现代人，站在民主和发展的眼界内说明这一点。一个来自前殖民的印度的人不能提出我在上一段所提出的陈述。也许，我在你所指的陈述中没有足够清楚地划分现代性和现代化。我应该这样做的。

然而归属问题仍然存在。那回溯至上述的翻译问题。非常简略地说，我的立场是这样的。当我们在印度把欧洲的范畴当成我们自己的范畴（例如，当孟加拉诗人开始在孟加拉写诗，基本上以人道主义的词语谴责不平等）时，我们也把这些范畴翻译为我们的语言，因此也将之翻译为在孟加拉中的历史过程。我的归属观念不大涉及扎根。在某一场所上成为历史的，不是扎根在那里，或世代都在那里生活的事情。不！成为历史的，是欧洲人在变成殖民主人前在孟加拉和印度其他场所做了什么事。他们跑来观察本土习俗和措施，使之成为他们自己的习俗和措施。那是我心目中的归属的意思：在任何场所上承认有其他人在我之前在那里，并且留下在那个场所上如何存在的痕迹。如此得知在这个场所上如何存在，牵涉我所说的翻译。

**狄莫娃－库克森：**在你的著作中，你确实提及繁衍多元文化主义理论的事实。诸如威尔·金里卡、海库·帕瑞克，或艾丽斯·玛丽恩·杨等思想家，他们像你一样，解释和捍卫文化差异的重要性，你对他们有什么想法？你能不能把你揭示文化差异、“居所”（dwelling）和“人类归属性”之重要性的做法，联系到近年各个多元文化的政治理论所拥护的观念？

**查卡拉巴提：**如你所知，一个人所欠缺的知识远多于他所知道的。我一直很有兴趣探讨少数/群体权利 vs. 个人权利、本土居民的主权等问题的政治理论辩论。我对这些问题的兴趣源于多元文化主义和本土权利的 68
论战语境——本土人民不想成为官方“多元文化论”（multi-culti）推动力

的一部分。然而我从你所提及的学者,还有塞拉·本哈比、詹姆士·塔利、艾蒂安·巴利巴尔、桑德罗·梅萨札德拉、保罗·帕滕和查尔斯·泰勒对这些问题及相关问题的作品中学到许多东西。海库·帕瑞克研究甘地的著作对我的思想最有启发性。[①] 还有艾丽斯,我对她是作为一个同事来认识的。非常可悲,当她正在发展后殖民思考的兴趣时,死亡带走了她。[②] 他们的著作(例如金里卡的)即使当思考过去历史时,仍是可以理解地指向现在,有时甚至处理政策的两难。你在这里洞察某些相似性是正确的。然而也有一些友好的差异。正如某些对历史感兴趣的人普遍所想的,我自己的探索更面向于理解过去历史在创造我们感受巴利巴尔所谓“人类学的差异”(anthropological difference)的场所。我使用“居所”和“归属性”,从根本上不赞同很多马克思主义(还有自由主义)学者流行的一种趋向,即认为那是无中生有的。反之,我强调各项论证的场所性质,它们与场所之间经常隐藏的关系。

你可能会问,什么是场所?对我来说,场所的观念与人类时间的流逝具有不可分割的联系。一个场所变成一个场所(也就是说,不是无中生有),是当你意识到你的实践和陈述以各种方式(经常无意地)承认(你没意识到对死亡的这种亏欠)他人在你之前曾在那里,留下如何是在那个场所上的指引的痕迹。场所可以是本土的,但不一定都是本土的。例如,当我们知道我们当前僵化的、基于燃料的文明的危险日益触及每一个人的生活(虽然以不同的方式)时,这个正被谈论的行星已变成场所,而我们谈论行星的归属感,或人类应该如何在这行星上居住。我应该提及,汉娜·阿伦特在这里的很多问题上使我渐感兴趣。你也许不会

① 帕瑞克研究甘地的作品,计有三本,即 Bhikhu Parekh, *Colonialism, Tradition and Reform: An Analysis of Gandhi's Political Discourse*, New Delhi: Sage, 1989. Bhikhu Parekh, *Gandhi's Political Philosophy*, Basingstoke: Palgrave Macmillan. 1991. Bhikhu Parekh, *Gandhi: A Very Short Introduction*, Oxford: Oxford University Press, 2001. ——译者注

② 艾丽斯·玛丽恩·杨在 2006 年 8 月 1 日死于食道癌,年仅 57 岁。——译者注

称她是一名专业的政治理论家,但她肯定是一个政治哲学家(philosopher of politics)。

**狄莫娃-库克森:**你曾辩护庶民研究抵抗世俗马克思主义所提出的谴责,即认为你对启蒙运动理性主义的批判可能导致法西斯主义和右翼意识形态。庶民研究现在面对的挑战是什么?你是否准备批评斯皮瓦克对庶民性的新位置“正被精英理论的标准无知所掩盖”的陈述?

**查卡拉巴提:**是的,那些谴责是愚蠢的。印度教右翼人士从来没有 69
人使用我们的著作。他们认为我们是左翼的一部分,而且正确地把20世纪80年代提出的这些谴责视为往往消耗左翼、自相残杀的冲突(这些冲突)的症候。那些批评再也没有留下任何生命力。

现在对庶民研究的挑战,来自今天转变中的环境。我们在一个国家的脉络中思考庶民,而且是透过20世纪40至60年代的农民革命(在中国、越南、老挝、柬埔寨和拉丁美洲某些地区)的滤色镜来思考。这些基于农民的现代革命,迎接某种非资本主义发展的梦想,已不再鼓舞人心。然而基于今天全球环境所产生的后果——食物短缺、破产的国家、扩张的大都市(迈克·大卫斯的《布满贫民窟的星球》①)、气候难民、金融危机、失业增长、不同信仰的恐怖主义——新的庶民是那些今天被排除在资本主义的利润以外的人,同时这么多服务领域仰赖于他们的劳动力,在发达经济体与成长的经济体皆然。这些是非法移民、难民和寻求庇护者,而所有国家都在妨碍他们。当国家档案不足以借鉴,而且历史伤害的记忆和记录是分散和零碎时,我们如何书写他们的历史?我们旧有的

① 《布满贫民窟的星球》(*Planet of Slums*),英语纪实作品/小说,现有中译本发行,即潘纯琳译《布满贫民窟的星球》,北京:新星出版社,2009年。内容大意是说,全球1/3城市人口都是住在狄更斯式贫民窟里,其中至少一半是20岁以下的年轻人。作者大卫斯(Mike Davis,1946—)深入考察里约热内卢、金沙萨到孟买等城市,剖析疾病、强迫定居、国家暴力的各种威胁,说明20世纪90年代贫穷不仅大幅上升,而且各国之间贫富悬殊的鸿沟是如何扩大,而且妇女和少数群族如何被遗弃。他指出,这班被边缘化的劳动人口不是资本家手下勤劳的蜂窝,而是达尔文式竞争的酵素。——译者注

庶民研究课题,扎根于以国家为基础的革命的葛兰西式和毛泽东式术语,似乎再也不是充足的。

我不是站在某一立场批评斯皮瓦克的评语,除了说我总是同意她的观察:为了从族群上撰写庶民,人们必须忘掉自己的特权。我们的特权使我们不能看见我们需要看见什么。然而学会忘掉就是一个前进的过程。

**狄莫娃-库克森:**你对当前政治理论的状况有何评价?在很大程度上,你自己的历史学和哲学分析是基于对现代政治哲学的批判。你做了什么使得庶民研究和后殖民理论如今变成当代政治理论重要的组成部分?

**查卡拉巴提:**我确实对政治理论感兴趣,但因为我不是专家,所以我
70 必须以一个门外汉的角度来讲话。我认为《庶民研究》是历史学家对政治思想的贡献。我们实际上尝试将那些依靠农民(也就是说,透过动员和征募农民进入国家建设计划之中)而形成的国家的现代性历史的课题予以理论化。通常,这些现代性涉及农民起义、扎克雷①、失序和集体暴力——无论它们是否由甘地领导。在我们理论薄弱的时刻,我们想把这些事件视为预兆一场更大的集体性革命来临。然而我们日益意识到那种解读有着毫无希望的乌托邦和浪漫的性质。农民起义在现代世界之所以是现代的,因为它们所贡献的运动是由清晰可辨的现代意识形态和制度(政党)所推动的,可是它们也提出了朗西埃和斯皮瓦克以不同但又相关的方式来掌握的问题:谁是历史的主体?这个问题对于我们如何理解后殖民的民主,别具含义。我的《庶民研究》同事帕尔塔·查特吉,他是一个研究史料的政治理论家,已运用他在《庶民研究》的工作经验,透

① 扎克雷(Jacquerie),是百年战争期间1358年夏天在法国北部的一场农民起义。这场起义很快被巴黎暴力镇压,之所以称为扎克雷,因为贵族把农民蔑称为"扎克"(Jacques)或"呆扎克"(Jacques Bonhomme),意即"乡下佬"。后来"扎克雷"一词也就成为英语和法语中农民起义的同义词。——译者注

过划分公民社会与政治社会,对后殖民国家的现代大众民主予以概念化。我不信服他的论证,即认为像印度等民主国家独有的失序,有助于创造可以算作民主的社会。然而我确实支持他的努力,正如我也支持厄内斯特·拉克劳的努力,以创造现代民粹主义的新谱系。我会说,《庶民研究》提供了回答这些政治理论化的历史。

**狄莫娃-库克森:**你是否认为你自己是一个政治理论家?你是否参与政治理论会议?你对罗尔斯以后主流的分析政治哲学有什么想法?

**查卡拉巴提:**我要在思想家与理论家之间加以区分,这是我从解读海德格尔中所学会的东西。一个理论家需要妥善解答他或她思想中的所有未了解的部分;他或她可能要建立一套体系。他们展示某一种令人羡慕的知识技艺。对我来说,一个思想家是穿过丛林走她或他自己的路径的人。有很多未了解的部分,有很多未走的路径,有很多未被解释的转向,可能也有相当多的思考乐趣。我认为《存在与时间》的海德格尔是一个理论家,一个"此在"(Dasein)的理论家。晚年海德格尔更多的是一个思想家——他对荷尔德林的分析[①]教导我们,当推进这种分析时,它不会变成一套理论。这两种思想模式都有价值。但就脾性而言,我认为我
是一个思想家,多于是一个理论家。我认为自己是一个政治地思考问题 71
(或更准确地说,思考政治的全球历程)的人,但采用了历史学家的方法,因为这些是我过去接受训练所学的方法。

我不曾出席过很多政治理论的研讨会议。我确实有兴趣(仅是门外汉的兴趣)理解罗尔斯以后的分析政治哲学,主要因为我仍有兴趣知道自由主义政治思想的未来,例如,阿玛蒂亚·森或菲利普·佩迪特的著作。

**狄莫娃-库克森:**哪些哲学家影响你最多?有些名字,像马克思、海

① 这方面的意见,可以参阅海德格尔:《荷尔德林诗的阐释》,孙周兴译,北京:商务印书馆,2000年。——译者注

德格尔、德里达、尼采和哈贝马斯的名字，经常出现在你的著作之中，但我肯定还有其他人，在形成你的想法时具有重大意义。你从谁身上学得最多？哪些思想家你觉得具有最显著的重要性？这是否随着时间有所改变？

**查卡拉巴提：**如上所说，我一开始是一名马克思主义者。在这个问题上，我没有太多选择，在加尔各答长大，少年时涉及毛派政治。有很长一段时间，马克思是我思考的主要的思想家。然而我愈是意识到他的思考的欧洲起源——在我所吸收的印度马克思主义中，马克思不过被视为科学的，而且基本上是正确的——我就开始观察他的思想的可能性和局限性。我仍是马克思的一名学生，但他没有为我以他一度采用的方式界定世界。正如解读马克思鼓励我追溯康德和黑格尔，解读德里达和福柯把我们很多人带回到海德格尔和尼采。此外，他们改变了我和我的朋友在《庶民研究》中询问的问题。我应该说，这有很多源于佳亚特里·斯皮瓦克与我们的对质，她对《庶民研究》采用女性主义—马克思主义—解构主义的解读，从她那划时代的问题展开："庶民能不能讲话？"我后来很多想法是在与其他南亚的（或来自南亚的）学者对话后而有所改变的，他们也变成了所谓"全球化"现象的思想家。在这一生命阶段，使我受教良多的三个人是谢尔顿·保洛克、阿尔君·阿帕杜莱和霍米·巴巴。不过，还有其他人。

在《庶民研究》演变时，我们最初对印度往昔的社会主义批判最终变成在英属印度殖民语境下的概念和实践的拷问。我认为在这一阶段，有
72 两套问题激发了我们很多的讨论。首先是对非欧洲和大体上非工业化的国家的知识分子（自觉跟西欧思想家有所关联，又自外于其轨迹的知识分子）来说，必须处理欧洲观念在其制度生活、私人生活和政治生活中的大量呈现，究竟意味着什么？其次，人们如何思考庶民阶级（农民、部落和半农民的工人，他们变成甘地等人所领导的"大众"）对印度现代政治领域形成时所做出的贡献？在思考这些问题时，我发现海德格尔是一

个深刻而重要的思想家，帮助我思考居住在一个已被欧洲扩张显著地改变的世界究竟可能是什么意思。然而他没有帮助建立一条在印度“民主”语境中思考政治的（political）的进路。在那里，我认为晚近的思想家，由福柯到阿甘本、巴迪乌、巴利巴尔和朗西埃，还有老一辈的思想家，像施米特和列奥·施特劳斯（尤其是他们对霍布斯的解读[①]，并不提及斯宾诺莎剖析人群的思想）继续塑造我们的辩论。这里有些显著的问题需要处理。生活已被印度政治殖民化——恰当而实际地说，其实没有可以被权利界定的私人领域留下来——但这是不是确实使“政治的”更难概念化？

目前，我正在研究的其中一个问题是，在气候变化后，尤其在很多气候科学家和其他知识渊博的科学家都说人类集体地变成一股足以改变这行星气候以至人类灭亡的地质物理力量之时，应该如何思考人类？但令我着迷的是，当我们知道这行星有各种问题（尽管不是同等地）影响我们所有人时，“人性”（humanity）范畴是多么的空洞，而且将之操作化又是多么困难。我正在研究把规模不一的人类历史叙事予以概念化的问题。大多数现有的政治思想家没有太多帮助。

**狄莫娃－库克森：**你是否看到“第二”世界与“第三”世界的政治和文化之间相似性？在阅读你和你的学友的著作后，我深感“第三世界”人文学者（我希望你不介意这一分类）在一个被西方概念支配的哲学世界中确定自己位置时是多么精彩的。你已经在一个富挑战性的任务上（即地方化欧洲）作出重大的进展。你是否觉得有些“第二世界”学者并未有效地涉足于（或确实地说，成功地挑战）欧洲现代典范，但又根据他们独 73
特的文化洞见修正它？正如你有力的论证，对西方进行自私自利的批判不会使我们走得太远：只有对现代性进行基础牢固的重构，才能使庶民

① 参阅施特劳斯：《霍布斯的政治哲学》，申彤译，南京：译林出版社，2001 年。施米特：《霍布斯国家学说中的利维坦》，应星、朱雁冰译，上海：华东师范大学出版社，2008 年。——译者注

世界确立其在全球共同体的场所。你是否认为你已建立了一套其他非西方的思想家应该跟随的模式?

**查卡拉巴提:**相当多来自所谓第二世界的朋友——我尤其记得的历史同行是来自匈牙利的莫妮卡·巴尔和来自波兰的埃娃·多曼斯卡——告诉我(有一部分是在开玩笑的时候)我应该把我的书命名为《地方化西欧》。他们的观点说到点子上。19 世纪和 20 世纪初东欧或南欧的民族主义知识分子思考如何赶上西欧,与印度知识分子处理这一问题的方式,实有很多相似性。为什么葛兰西《意大利历史笔记》使我们在印度感到饶有兴味? 同一时间,我发现海德格尔有些东西——这一点是康德、黑格尔或马克思没有的——是跟后三人不同,海德格尔不是为你而思考。康德、黑格尔或马克思已有答案为你准备好,即使他们对你的历史很少认识。他们的体系允许他们那样做,而晚年海德格尔不给你的问题提供答案,因为它们是源于不同的历史。他更多的是对你说:"这是我如何推进的方式,基于我从哪里推进。你将从哪里推进呢?"因此不! 我不把我的课题视为立志创造一个模式,即使是对那些可能不同地界定自己的历史遗产的孟加拉同胞。历史不是给其他人的一套模式。然而我们的过去是存在关联的。我们可以对他人生活中的某些思想和叙事有所共鸣。那是我立志或希望做的事情:我必须说的,可能是让其他人问他们自己的问题——"我从哪里开始思考我的历史?""我从哪里开始思考?"——那是我已学会询问的问题。这个"哪里"可能就是这个行星。只要它的"哪里性"(where-ness)得到解释,我怎样也不介意。然而左翼的许多思考似乎是源于一个假定的"无中生有"(nowhere)。我对之毫无共鸣。

**狄莫娃-库克森:**感谢你对你的思考提供迷人的洞见。

# 第五章　杰里·柯亨访谈

西蒙·托米访问

这篇访谈是在杰里·柯亨2009年8月逝世前进行的。

**托米**:杰里,非常感谢你同意接受访谈。我想问一下,我可不可以在开始时询问你也许最著名的课题:分析的马克思主义。这个课题结果如何——还有,我们应该将之视为成功抑或失败?

**柯亨**:在开始时,有罗伯特·布伦纳、罗伯特-简·范德文、菲利普·范帕里基思、希勒尔·施蒂纳、埃里克·欧林·赖特和我自己等人。我们最初聚会时的研究确实以马克思主义为中心。罗布·布伦纳[①]研究由封建主义到资本主义转型的问题;当然,即使近年极具野心地讨论当代资本主义的著作时,但他仍一直是真正的马克思主义者。简·范德文研究剥削,菲利普·范帕里基思如是,我也如是——约翰·罗默当然如是。此外,每一个人都致力于将分析标准运用到马克思主义及左翼思想的文集和发展之中。在某些情况下,那意味着分析哲学;在其他情况下,

---

① 罗布·布伦纳(Bob Brenner)是罗伯特·布伦纳的昵称。——译者注

则意味着新古典经济技术。我以为,小组[①]成员向内观察马克思主义的遗产,向外观察世界,观察以各种不同方式吸引着研究马克思主义以外的人的议题。渐渐地,决定哪些可以保留和哪些必须清除,这些谨慎的尝试降低了大量马克思主义文集的研究。但除此之外,那一种净化过程导致丧失了本属于马克思主义的取向。例如,在规范领域中,我们很多人认为从规范上说,相比于平等概念,剥削(尽管是一个非常重要的概
75 念)在本质上是次要的。因此我们必须是平等主义者,考察那蕴涵着什么。然后,你将之称为"剥削"关系的东西,会有某些后果。这就是为什么我们这么多人开始讨论平等、而非剥削的原因所在。

除了那个知识轨迹外,也有一条政治轨迹。1989 年见证了共产世界的崩溃。虽然小组没有人在对待共产世界的态度上是它的朋友,但我想我们很多人觉得苏联(尽管它在很多方面上是骇人听闻的)是一个非资本主义的空间,有关你如何按照更民主的方式以更富自由主义色彩的自由等经营计划经济,让你可以投射很多抱负和反思。因此这是非常重要的。我记得,当苏联崩溃时,塞缪尔耳·鲍尔斯(他是小组的一名成员,1987 年加入)说:"我们正在开派对。"我想,对苏联的崩溃,那是一种非常肤浅的回应,因为资本主义的敌人消失了,随之而来的是资本主义以外的其他选项也消失的公理化(axiomatization)。我不记得我在何时开始明白,一旦资本主义陷入严重的困难,思考在它以外的其他选项,可能是较有想象力和较自由的,因为人民不会遭到诬蔑,说:"看其他选项是什么:苏联",我认为如今这在某种程度上已是真实的。

小组的两名成员在 1989 年之后离开了:亚当·普沃斯基和乔恩·埃尔斯特。他们没有公开提出理由说,社会主义的崩溃已经发生,但我

① 小组,即柯亨创建的"九月小组"(September Group);之所以称为九月小组,是因为它每两年九月聚会而得名,因为使用现代分析哲学方法研究马克思主义,在国际政治哲学界享有崇高威望。——译者注

认为这是一个因素——而我并不认同他们二人。普沃斯基说:“我离开,因为我们过去决定聚会是为了寻找马克思主义中正确的东西。我们发现极少正确的,现在已很少其他东西可做。”我觉得那是极其傲慢的,因为他在创立时不在那儿,轮不到他说其他人是否想继续聚会。他的意思是,他离开,因为小组不再具有任何理据。然而那绝对是废话,因为小组继续提供一项理据,给一些来自不同学科的人,他们具有激进取向,可以相互滋润对方的思想。虽然它采取不同的形式,但仍有大量有趣的工作继续做下去。例如,赛纳·谢夫林(她是小组的新成员)正在进行的其中一项工作是研究信用卡公司以什么方式“骗取”人民的财物;还有它们如何划定贷款义务。她为此做了大量的司法工作。好的,它明显具有一项激进的特质。同样明显的是,“资本主义的矛盾”和它们如何摧毁制度, 76
这可以说是相当微不足道的事物(small beer)。然而我认为人们仍有事情可做。

因此在某程度上,上述这些内容改变了小组。那些人的损失,还有小组目前讨论的那种课题,有时是一些脱离核心的马克思主义观念。例如,小组另一位新进的成员斯塔蒂斯·卡列瓦斯(他是耶鲁的社会学家,我不知道你是否称他为一个政治科学家)已经用博弈理论的术语及其他内容撰写了非常有趣的素材,涉及内战、叛乱和游击战。对于理解当代世界,这是非常重要和有创意的,但它不是分外左翼的。因此分析的马克思主义所发生的事情,一方面是对马克思主义的核心观念采用严谨而诚实的进路,导致了它们的蚕食和激烈调整;另一方面是这一时段的历史似乎使社会主义的观念显得过时。

我有一本小书,名为《为什么不要社会主义?》[1],还未得到出版商批

① 此书就在柯亨逝世之年出版,即 G. A. Cohen, *Why Not Socialism*?, Princeton: Princeton University Press, 2009. 现有中译本,即《为什么不要社会主义?》,段忠桥译,北京:人民出版社,2011 年。——译者注

准。它不在普林斯顿大学的出版系列之中,该系列包括哈里·法兰克福《论扯淡》[1]一书。我被问及,是否有任何分量同样小的作品,可以像是含有大量水分的香肠——带有某一严肃"意向"的肉。因此我提议出版这本书,它过去曾在相当隐蔽的地方出版过。此外,我认为它是有意脱离当时的时代,因为那[2]还是两三年前。但目前《为什么不要社会主义?》其实可能是在反思议程的前列之上。

政治思想的变幻无常是颇不寻常。然而人们当然夸大了所有事物,例如涉及马克思预见全球化和全球危险的所有陈述,完全都是废话。马克思用以获得那些结论的推理,不涉及过去实际发生过的事情。这不是因为利率的比率下降,或资本的有机构造的问题,或任何诸如此类的东西。你在资本主义中所拥有的东西,都是一种脆弱的体系——我们现在比以前知道得更清楚——因为大量事情必定微妙地保持到位,使这一体系继续自我繁衍。此外,运作这一体系的人(尤其在近年美国)把事情搞得一塌糊涂,因为他们相信市场可以纠正这些问题,它没有纠正,反而变本加厉了。因此那解释了为什么我们得到这一崩溃。然而我在数周前遇见一名马克思主义朋友,他说:"这又一次是西斯蒙第。"西斯蒙第是马
77 克思研究主义其中一名前驱,马克思谈过消费不足——工人没有足够的金钱购买生产出来的东西。而西斯蒙第说,这是因为他们不能支付抵押。但对西斯蒙第和马克思来说,这是这样一个**体系**所独有的,因此包含在它的动态之中。此外,诸如此类的东西都不正确。这不过是某些人被允许太过依赖于将要成为其他人违约欠债的东西。

**托米:**因此当前"全球资本主义危机"是否更改或转变了你对马克思的相关性的观点——我们是否必须重访马克思主义的预测?我们是否

---

① 即 Harry Frankfurt, *On Bullshit*, Princeton: Princeton University Press, 2005. 此书已有中译本面世(南方朔译,南京:译林出版社,2008 年),这本是 1986 年发表的论文,对扯淡的概念进行哲学分析,当此书在 2005 年同名再版,却意外地成为畅销书,得到媒体的关注。——译者注

② 指 1989 年苏东剧变。——译者注

应该重读《资本论》？

**柯亨**：好的，《资本论》是值得阅读的，因为它是一部巨著，但我不认为它对当前的危机具有很大的教益。我认为，它具有意味深长的妙语，使你朝某一方向思考，但那不是它的要点。我不认为对这一动态的分析是相关的。但在这种情况下我**确实**思考的是，使这危机如此受欢迎的东西，是意识形态的变化使人透不过气来。自从撒切尔—里根时代起，我们（在某程度上）拥有了经济制度的自由放任化，而且我们还拥有意识形态的激烈转变——反集体主义的意识形态，这是一种对个人主义的信仰。当然，在大众思想中，事情变得糊涂；而在深思缜密的思想中，也是这样的情况。然而撒切尔、基思·约瑟夫式个人主义中，有两种完全不同的基础。一是每一个人都有权利以他或她的力量来决定其要做的事情，没有人有权利以社会主义的方式组织人民，为其他人的需要而付出代价，诸如此类。那一整套话语是哲学第一原则的事情。但他们**也**相信，个人主义产生精彩地有效而且卓越地运作的经济。那是扯淡！而现在我们所有人都知道了。作为逻辑和推理的问题，当前的危机不是质问哲学基础的理由，因为它没有谈及那一点。这仅是谈及组织某些东西的后果；而这些东西具有那样的哲学基础，但它被那一点污染了。因此，人们质疑哲学基础。哲学基础不是从一开始就建立在资本主义的后果之上。如果人们必须相信它是一项自立的学说，因为它要带来良好的结果而反对它，那么他们对它的信心就会较少。我认为，那也为平等主义、进步主义的思想带来巨大的空间。

**托米**：近年你有些作品的注脚中涉及“从保守党人拯救保守主义”，
“从罗尔斯主义者拯救正义”。你想重新划定意识形态，是否有什么涵 78
义？重新划定根本不同的原则，供人民得以选择，作为他们自我认同的一部分吗？

**柯亨**：好吧！首先，“拯救”一词应该是自我嘲讽的。因此《拯救正义与平等》一书使用这一措辞,在《拯救保守主义》一文中也使用它。[①] 现在,我肯定不用相同的措辞,因为这些是一套意识形态评估的课题的某些部分。过去,我之所以使用它们,因为我认为添加那个将是有趣的。《拯救保守主义》拯救保守主义者不如《拯救正义与平等》拯救罗尔斯。在拯救保守主义的作品中,我尝试识别保守主义中的一大真理,那是我认为尚未得到普遍承认的。这样说来,如果有些东西具有价值的话,就应该珍惜它。此外,如果你愿意拒绝它,仅因为在这一层面上有些东西更有多一些的价值,那么你就不应珍惜它。因此如果某些东西具有价值(如这一论点所述的),你在喜欢它时存在偏好,即使有些东西可以取代它。因此那是一种保守的思想,而我认为在我们思考我们社会的转型时,它非常有用。计划与市场敌视那一真理。规划者总是说:"我们如何能够得到最优的东西?"他们对当前价值的体现没有任何特殊的尊重。我所说的是,当前价值体现引起温柔的对待,跟它所具有的价值的数量不成比例。因此我们应该保存具有价值的东西,而非保存价值——因为保存价值仅意味着保存价值,对它的评估尽其可能的高。此外,那意味摧毁任何阻挡它的东西。我认为,每一个人实际上都是这样想的。在我看来,这是我们与世界如何沟通的一个基本部分。我们拥护现存有价值的东西,不仅因为它们产生"这许多"价值。那意味着那一拥护不在那里。那是我曾经感兴趣的东西。我预设,我将会对很多事情具有保守的态度。

**托米**:这听起来有点像是"使用价值"与"交易价值"。

**柯亨**:绝对的:存在一种关系。此外,它追溯到亚里士多德对使用价值与交易价值之间的区分,还有他对无限制地获取交易价值和所谓"牟利"(chrematistic)的谴责。然而这是一个更具概括性的观点,因为它不

---

① 前者即 G. A. Cohen, *Rescuing Justice and Equality*, Cambridge, Mass.: Harvard University Press, 2008. 此书现已中译本:《拯救正义与平等》,陈伟译,上海:复旦大学出版社,2014 年。后者即 G. A. Cohen, "Rescuing Conservatism: A Defense of Existing Value," *Finding Oneself in the Other*, Princeton: Princeton University Press, 2013, pp. 143 – 175. ——译者注

仅是交易价值,而且是他可能想指代的最高价值。假设你与某人交朋
友,并且假设你开始知道来了一个新邻居。此外,假设这个新邻居的特 79
征像是如果你与他(而非现存的朋友)交朋友——还有,存在某些竞争,使你不能同时与他们两人交朋友——友谊将会更深。不过,拿你现有的关系交换这种更深的关系,是不恰当的。这不是使用价值和交易价值。这里所讨论的价值是深刻的、可敬的和美好的,而你不想谴责人们追寻那一价值。然而一旦你发现那个价值的体现,情形就有所不同了。

这里是以颇为通俗的说法表达这一点的方式:爱护和重视一些具有相同特征的东西。我们可以反驳某人虽然他们种类不同,但肯定有些相似性。从 1953 年起,艾莫斯兄弟有一首歌唱道:"你! 你! 你! /我与你! 你! 你! 堕入爱河/我可以是这么忠实、忠实、忠实/对像你、你、你一样的一个女孩。"[①]如果我是听到这歌的女孩,听到头三句时我会眉开眼笑,因为它们是特别针对我而言的。接着,最后一句说:"对像你、你、你一样的女孩。"如果这份爱还在对爱情寻找理由的阶段,那么如果某个更像是我的人(或某个更像此人心中所拥有的特征的人)出现,那么我应该被取代,对吗? 这首歌的问题是,它是从"你"(这是好的)唱到"一个女孩"(这不是好的,因为这仅是这些特征之某种体现)。现在,如果你听到《油脂》[②]的一首歌,奥莉维亚·纽顿—约翰唱道:"你最好端正行为,因为我需要一个男人。"这是从"一个"展开——当然,它必须从"一个";

① 艾莫斯兄弟(Ames Brothers)是来自马萨诸塞州摩顿市的四重奏合唱团,20 世纪 50 年代以演唱传统的流行曲成名。柯亨所提及的歌曲是 1953 年 5 月发布的名歌"You, You, You",对话中所引述的歌词原作:"You, you, you —I' m in love with you, you, you —I cound be so true, true, true, —To a gril like you, you, you."——译者注

② 《油脂》(Grease),美国著名音乐剧,由吉姆·雅各布伯(Jim Jacobs)和沃伦·卡西(Warren Casey)制作,内容讲述美国工人阶级青年的高中生活,叙述十位青年人如何纠缠于复杂的爱情关系,从而表达青春期的焦虑烦恼。1971 年面世后取得巨大成功,先后以不同形式在全球公演 20 次,其中 1978 年被派拉蒙影业公司搬上大银幕,这套歌舞的喜剧电影席卷全球,掀起世界性的迪斯科舞热,家传户晓。柯亨所谈的正是电影版本的歌舞场面。——译者注

也就是说,尤其是没有人,因为你正在求爱。然而当某人确实端正行为——约翰·特拉沃尔塔——她说:“你是我想要的一个人。”

因此存在普遍与特殊的辩证;而我所说的是,虽然你开始重视某些东西,因为它所拥有的价值,这些价值是其他东西在原则上可能也拥有的,但你重视的是具有那些特征的东西,不仅是那些特征。因此这是那个研究所涉及的核心所在。

**托米:**我好奇的是你对罗尔斯式典范的想法。它在20世纪80年代和90年代举足轻重,但如今已出现这种“理想与非理想”的讨论,这说明它可能已经处于下风。

**柯亨:**我不知道。我慢慢地解读,结果我读的不像我应该读的那么多。如果我不是慢慢地解读,我将会读得更多,而我其实也不长于上述的讨论。我其实不能评论它。我想,相当著名的是,当汉弗莱·利特尔顿被人问道:“爵士乐往哪里走?”他答道:“如果我知道它往哪里走,我已
80 经在那里了。”我认为情形就像那样。对于哲学往哪里走,我没有什么看法。此外,“罗尔斯式典范”一词可能或多或少被狭义地使用了。可能就是这样的用法,使我成为一个反罗尔斯主义者;或者,可能也因为这样的用法,使我仍在这个典范中工作。我认为,已被摆脱的是“原初状态”①作为一种策略的信心。那是过时的;不然,你就得到斯坎伦式观念,即认为所有规范的基础必然是没有人可以合理地拒斥它们。此外,那是一个巨大的转变。摆脱那个新观念还有多大的距离,仍有待观察。

---

① “原初状态”(original position),罗尔斯《正义论》的哲学概念。这个概念不是霍布斯式的自然状态或卢梭式的社会契约,罗尔斯提议构想一个纯粹想象的集会,使自由而平等的人预先一劳永逸地选择那些在未来组织方案中管治其互动的正义原则。然而,这一种思想实验预设每一个人都在“无知之幕”(veil of ignorance)背后思考和协商。所谓“无知之幕”,就是假定这些人只知道和谈论“美好生活的构想”,但不知道自己有什么构想,也不知道自己究竟有什么独特的需要、偏好、技巧和才能。因为这是纯粹理想性的设计,所以遭到许多强调政治现实的理论家的抨击。——译者注

**托米**:“差别原则”[①]是否仍然对你讨论平等的观点有所裨益?

**柯亨**:不,我在新书中有一章是攻击差别原则的。[②] 我认为,在这个论证中存在“脱离”(décollage)——如果我可以使用这个词语的话。支持差别原则的原初状态论证其实不是好的论证。然而还有一项支持差别原则的非正式论证,说明没有人其实比其他人应该得到更多,因此我们其实应该从平等上起步。你从平等上起步,因为没有好理由支持任何人比其他人得到更多。然后,你反思如果我们可以使每一个人过得更好,那么继续维持平等就是愚蠢的。于是,你说**这种**正义原则就是差别原则。然而我在那一章中指出,从平等起步所提供的理据,跟差别原则作为一项正义原则的定性格格不入,因为差别原则所允许的不平等是建立在人民恰巧拥有(而且不过纯属幸运)的随机禀赋上的。原初思想[③]是,如果任何人拥有的东西不多于其他人,于是不过是纯属幸运,那么就从平等起步吧。好的,如果真的这不过是运气,而且那是不公平的,那么差别原则就拥护了那一不公平性。恰当地说,这原则所拥护的状况是不公平的,但对每一个人都有好处。那是要说明的正确做法,而非它本身是一套正义原则。因此这是对差别原则的批判,不是作为一项政策的问题,而是将之形容为一项正义原则(而非正义与明智——让其他人有更多的东西,即使你必须无意中买通人民,以产生更大的馅饼——之间的某些妥协)的问题。我想,就“中立反思”而言,极其明显的是,资本主义作为一个体系,就它所产生和极具生产性的财富和福祉对比而言,是极 81
度不公平的。这要在政治哲学中加以反思,但反思它的诚实做法是说:

① “差别原则”(difference priniciple),罗尔斯《正义论》中另一个核心概念,他在剖析“作为公平的正义”的理想时,推出正义的两个原则,其中一项原则的子原则就是“差别原则”,意谓要求让最弱势的人获得最大的利益。在经济正义的讨论中,这个概念遭受各方面的许多质疑和讨论。——译者注

② 即柯亨:《拯救正义与平等》第四章《差别原则》,第138~165页。——译者注

③ 原初思想(original thought),是指人在罗尔斯所设计的“原初状态”之中的思考状况。——译者注

是的,它是不公平的,但非常富有创意。

在《资本论》第一卷最动人的段落中,马克思谈及资本主义市场,而他在这里也说到我们拥有“自由、平等、所有权和‘边沁’”。据他的意思,自由指不需要任何人与其他人签订契约;平等指他们所有人都平等地相互面对,都是所有者;所有权指工人拥有自己,而资本家拥有生产工具;“边沁”指每一个人都寻找他自己的东西。这四大价值肯定是资本主义文明的价值,不同的政治哲学家各自不同地关怀这里不同的价值。有些人只关心功利主义,有些人只关心自由,也有些人只关心平等,诸如此类。罗尔斯尝试将之全部汇集起来,但我不认为**可以**把它们全部汇集起来,因为这些东西存在矛盾。我认为罗尔斯像是故事中的裁缝。一个人来找裁缝——他上一周在那里,而裁缝已给他量度尺寸。现在,裁缝已有一套西装,这个人到来要试穿西装。因此他要试穿了,首先是夹克,但左手似乎太短了。裁缝说:“你别穿右边。”于是,向下按他的左肩。这个人感到有些别扭,但他尊重裁缝的专长。接下来,其中一条裤脚似乎有些歪歪扭扭,裁缝要他把脚稍微扭转。最后,他顺从地离开裁缝店,有些使劲地与他的西装挣扎。有一对夫妇迎面而来。当他们走过时,这位妇人说:“可怜的人,好苦恼啊!”她的丈夫说:“不过,是好看的西装。”[①]因此我认为存在一套知识结构——罗尔斯尝试制作的西装,以涵盖所有这些价值——而它具有大量令人尴尬的地方。此外,那是很多有关罗尔斯评论的故事。然而我**确实**认为《正义论》是一部不可思议的作品。充其量,只有两部政治哲学的著作比它更伟大:柏拉图《理想国》与霍布斯《利维坦》。我的意思不是说,没有其他**思想家**跟罗尔斯一样的伟大——那是另一个问题——仅是就书而言。问题是它与现实世界的关系。借用黑格尔式术语来说,这是自由民主制达到了对自身的自觉。

**托米**:要展开这一辩论,其中一种较有创意的做法是从“全球正义”

① 这个例子柯亨也曾在《拯救正义与平等》剖析,参阅该书《导言》,第11页。——译者注

的术语中展开。我不曾看见你投稿参与那一辩论，而我想知道：你是否有所酝酿？或者，你是否感到那儿延伸了基本的思想，以致在一定程度上所有正义都是全球的？

**柯亨：**嗯，我在下意识中是一个所谓的“全球主义者”。确实如此！ 82
对那些辩论，我没有什么可说。我读过它们。我很有兴趣！而我认为全球主义者不仅站在正确的一边，而且他们比非全球主义者论证得更好。我认为国家其实是一种可怕的东西。它是暴力的仓库，但其他人当然以不同的方式看待问题。例如，如果你接受内格尔[1]的反全球主义，他所说的不是国家很伟大，而是说正义机会的出现，仅当你是受制于权威的诅咒。因此那是行不通的。如果你采用大卫·米勒的观点，谈论共同体是一回事，这不涉及国家，但可能有一种与国家密切相关的共同体，但对英国来说，这看来是不大可行。拿走威尔士、苏格兰、北爱尔兰，而且称之为“共同体”。但在我看来，对一个福利国家而言，人民之间若存在米勒所说的那种联系，也不发生在一个民统国家之中，而是在它内部的各种共同体之中。米勒有一次说（我们惯于一起开研讨会），如果一个来自牛津大学他的学院的学生来找他处理一个问题，他会觉得应付他基本上比来自牛津其他学生更重要，应付后者又比来自国内某个地方的学生更重要。我对此很有保留。

**托米：**那些保留在起源上是否道德的？那是否所有人都应得的？

**柯亨：**在某程度上吧。如果某人从诺丁汉或基尔写信给我，他有一个问题，那些人的需要比牛津大学的人更大，后者周围的人都是他们可以与之交谈的。我恰好不拥护对它的那种思考方式。我知道这是困难

---

① 内格尔（Thomas Nagel，1937—2009），美国哲学家，生于贝尔格莱德，童年时移民到美国，哈佛大学哲学博士，罗尔斯高足，现为纽约大学哲学与法学教授，《哲学与公共事务》副主编。研究兴趣广泛，遍及心灵哲学、伦理学和政治哲学。他最著名的成果是批判心灵的化约论分析，并且拥护义务论的自由主义政治哲学。代表作计有《利他主义的可能性》《人的问题》《平等与偏倚性》《你的第一本哲学书》《本然的观点》《他人的心灵》《理性的权威》《隐藏与暴露》《世俗哲学与宗教气质》《心灵与宇宙》等。——译者注

的。有关这一点(也就是说,有关把其他人视为平等究竟是什么意思),我已经开始动笔撰写(这还处于非常胚胎的阶段)。我不认为分析传统对之有太多研究。伯纳德·威廉斯在1962年有一篇名文,题为“平等的观念”①。我不认为对之有许多研究,而我显然相信每一个人都是平等的。然而我不知道我所指的究竟**意指**什么,而我想设法查找。我对平等分配的**规范**做了大量研究。然而,那是一个不同的问题。我认为一个崇尚自由放任、任由人们碰壁的人不能把每一个人都视为平等的。然而我仍不知道它意指什么。如今在此可能有一个问题。正如巴克利所说,这可能是,我先前在眼前扬起灰尘,现在却埋怨我什么也看不见。然而我不确定。

83 **托米:**这是否回到了起点?那一套马克思主义的思想是一种全球主义的平等主义姿态?

**柯亨:**是的,它是。存在这样一个公理,认为每一个人应该拥有相同份额的东西。相信那一点的人也认为人类存在者是平等的。但正如我过去的建议,它不足以把每一个人视为平等的,以得到那一种分配的道德。我确实认为自由放任的人可能相信那一点。因此这不是回到起点,因为这是在起点以外和起点背后,有些更具普遍性的东西。在前资产阶级的文明中,人们不把每一个人视为平等的。我使用万灵学院的例子。有些家伙你可以透过他们的行为,说他们确实尊重苏格兰人跟他们是平等的,但也有些人不是。如果我那样说,说某人其实尊重他们是平等的,也有些人不是,这是否跟你有所共鸣呢?

**托米:**是的。稍微有少许改变吧,有一个思想流派说,政治哲学家、政治理论家应该涉足于“现实世界”——而他们所指的意思,是目前的环

① 此文已收入威廉斯死后出版的文集,即Bernard Williams, “The Idea of Equality,” *In the Beginning Was the Deed: Realism and Moralism in Political Argument*, ed. Geoffrey Hawthorn, Princeton: Princeton University Press, 2005, pp. 97-114. ——译者注

境灾难、反恐战争、信贷危机。我想知道你如何回应以下的想法,即认为政治哲学家要努力在世界上持续处理这种问题。

**柯亨:**我认为这些东西**是**正在得到处理的。此外,我认为它们得到处理是不可思议的。例如,我想到一个名为莱夫·韦纳的哲学家在《哲学与公共事务》中有一篇讨论资源诅咒的论文。[①] 非常好的论文!所有这些问题正在得到处理,而且它们也应该得到处理。我的取向不是处理它们。这不是我擅长的事情。然而当人们谈论政治哲学脱离现实世界,总是觉得好笑,因为据我的意见,这是如此短视。约翰·斯图尔特·密尔在1859年撰写《论自由》,而在20世纪60年代,罗伊·詹金斯在威尔逊政府任内履行它——它的大量内容;当然,这是简单化的说法。你可能曾对约翰·斯图尔特·密尔说:“你是荒诞的。你在说什么?没有人会接受它。”因此,观念沿着很多渠道产生后果。

的确,如果你要描绘你的政府、人民和你的公仆都是带有诺齐克的想法,你所得到的结果将有别于具有更富平等主义思想的世代。这如何说明它自身呢?在于偏见。即使小如地方机关的琐碎事件,其中也有各种冲突,涉及你要向中产阶级征收多少赋税?或者,我们是否要在我们市镇的贫民区中拥有昂贵的娱乐设施?好的,可以想象没有人会说**所有**钱都要花在穷人身上,也没有人会说**不**在穷人身上花钱。此外,聆听平 84
等主义演讲的人将以某一方式(而非其他方式)存在偏见。那是政治哲学产生影响的一大途径。此外,有些人也被训练成为报人。乔纳森·布尔比如果不是在伦敦大学学哲学,那么他仍是查尔斯王子的朋友。然而我牢牢铭记着他;在我看来,他因为那个经验而变得激进化,而如今他是一个有影响力的人。事情确实来来回回地渗透。我认为政治哲学的影响非常深远。认为它必须着眼于现实世界,以期对现实世界产生影响,

① 此文即 Leif Wenar, “Property Rights and the Resource Curse,” *Philosophy and Public Affairs*, Vol. 36, no. 1 (2008), pp. 2 – 32. ——译者注

是短视的。

**托米**:更概括地说,你是否对政治哲学的健康状况有些见解呢?你是否认为政治哲学家加把劲就会产生下一部《正义论》呢?

**柯亨**:好的,我认为分析哲学的王牌期刊《哲学与公共事务》状态良好,有些年轻人正在努力。我不知道从它出现什么。这回到汉弗莱·利特尔顿的观点。然而我记得尼采——我想这是在《善恶的彼岸》,但不知它在什么地方的一句警语——“什么是人民?自然绕过两三个伟人。”当然,就某一部分而言,这是一个颇为令人反感的鄙夷陈述。然而葡萄园要出产某些独特的东西,必须有大量普通的工人;而你不知道何时出现独特的东西,不可能说某人是否凭借跟罗尔斯一样作出广泛的综合,而又按照不同的取向就能赶得上。

**托米**:我想换另一个说法,就是你参与大型会议,或加入某一工作坊,是否仍有相同的兴奋感?这不是预先看透一切或听到一切的问题?

**柯亨**:好的,我不参与很多会议和工作坊。我的意思是,因为自私的原因,我不想坐在那儿,聆听无休止的论文朗读。我有一次对伯纳德·威廉斯说,我不参加会议,因为要么我必然感到沉闷,要么我必然失礼。他说:“或者像我一样,你可以两者兼具。”然而就观念和读物的刺激性而言,确实如此!没有减少!我记得理查德·沃尔海姆经常说他与哲学的关系——20 年来他都是我的老板——他经常说:“一个人与学科的关系
85 随时而变。有时候,他觉得最是厌恶;也有些时候……”我不曾与哲学有这样矛盾的关系。我总是爱它,还有产生它的人;而我仍会这样。我仍认为那儿有大量令人兴奋的东西。

**托米**:非常感谢,杰里,感谢你向我们分享你的想法。

# 第六章 多元主义、资本主义与物件之脆弱性：威廉·康诺利访谈

马克·安东尼·温曼访问

**温曼：**比尔，我在开始时询问你的问题，也许是关于你的研究进展，还有你如何观察你的课题的不同元素并将其结合起来。接着，我会谈谈你近年对“流变的政治”（politics of becoming）的研究，还有你的观念与当代政治理论其他进路之间的关联。

长逾40年间，你对政治理论学科做出重大贡献，同时你已参与了很多不同的辩论；从出版《同一性/差异性》[①]起，你已对现代晚期的政治确立了独特的“后尼采式”论述。你在著作中再三重申的一个主题是“多元主义”的概念。使你对之感兴趣的，要从你的早期著作（例如《多元主义的偏见》[②]），从你在20世纪90年代确立了“多面向的”（multidimensional）或“网络多元主义”（network pluralism）的论述（最著名的是《多元化

---

① 即 William E. Connolly, *Identity / Difference: Democratic Negotiations of Political Paradox*, Ithaca: Cornell University Press, 1991. ——译者注

② 即 William E. Connolly (ed.), *The Bias of Pluralism*, New York: Atherton Press, 1969. ——译者注

的气质》[①]和《多元主义》[②])算起。更概括地说,在这段时期的英美政治思想中,多元主义的概念经历了一系列显著的发展。20 世纪 60 年代末,这一术语跟美国政治科学相关,跟罗伯特·达尔、大卫·杜鲁门和其他被激进思想家批判(因为他们狭隘的政治构想,及其对政治权力操作抱有幼稚的行为主义预设)的人(包括你在内)相关。后来,这一术语经历了复兴,以至于现在得到新康德式自由主义者、协商民主主义者和那些
87 受到后结构主义启发的人(例如你)广泛的使用(而且是肯定的态度)。这一发展肯定与同一性[③]政治和多元文化主义之崛起相关,正如约翰·罗尔斯声称的:我们现在生活在由"多元主义的事实"所界定的社会之中。然而我们从弗里德里希·尼采那里得知,没有像事实这样的东西,有之仅是诠释,因此能否请你谈谈你对"多元主义"的独特理解,还有它如何有别于其他进路?多元主义究竟是什么?还有,当代自由民主社会在多大程度上接近多元主义的理想?你对这些议题的思想在过去 40 年间有何变化?

**康诺利:**如你所说,我遇上新事件,并在知识上从遇上黑格尔、马克思、维特根斯坦、泰勒和汉普夏,进而遇上福柯、尼采、德勒兹和詹姆士时,我对多元主义的思考已随岁月而变。早年,我试图说明多元主义的"事实"如何被夸大,还有这种夸大如何被用来掩饰不平等。大多数多元主义理论着眼于被带到"管治领域"的利益歧异性。在我看来,当法人与其他精英塑造世界的独立权力,结合它们否定某些政策(即可能整顿那些倡议的恶性效应)的管治权力时,权力分层就变得更加清晰。我也跟

---

① 即 William E. Connolly, *The Ethos of Pluralization*, Minneapolis: University of Minnesota Press, 1995. ——译者注

② 即 William E. Connolly, *Pluralism*, Durham: Duke University Press, 2005. ——译者注

③ identity 一词,在本书其他章节,一般译作"身份""认同"或"身份认同",这是就相关人群的身份意识而言,也是汉语惯常的译法;但在康诺利的作品中,特别强调 identity 与 difference(差异性)的区分,这是他的专著《同一性/差异性》的核心主旨。因此,本章不避生僻,统一采用"同一性"的译法。——译者注

随彼得·巴克拉克和史提芬·卢克斯，关注被当时多元主义理论忽略的权力的“另一面貌”，即能够阻止潜在议题得到充足的界定而到达公共决策场所的权力。

我不久明白，这些关怀指出了民主多元主义的大幅修改，而非替代了它。20 世纪 70 年代同性恋者权利运动之崛起，有助于刺激我注意对歧异性的抗拒如何由内心流露的假定性判断变成更精练的论证。对我来说，多元主义包含多个面向。第一，一个多元社会不仅是具有多种利益的社会。它是多面向的，涉及教义、性取向、性别惯例、家居组织、族群同一性、母语和基本生存定位的领域之歧异性。多面向的多元主义之激活，有助于开放公共场所，开通各种组织的内部生活。同性恋者施压于他们的教会，教会活动家在职场上运用它，女性主义者拿它施加于这两者之上，依此类推。

第二，一个多元社会的标志是以下两者之间反复出现的张力：一边 88
是现存的歧异性，另一边是向某一项有关上帝、自由、同一性、合法性、权利和民族的现存预设施压的新运动。多元主义(pluralism)的政治与多元化(pluralization)的政治，这两者之间的“扭转”[1]是建构性的。比如说，那些认为我们已具有通向一套明确的权利清单的人，忽略了新的权利如何定期透过一个复杂的政治过程而涌现。性欲歧异性的权利、同性恋结婚的权利，以及医生帮助自杀的权利，每一次都是这么不确定，几十年前甚至不在自由主义的权利清单之上。放置它们的动力最初是在合法性流露下的某些地方中发动的。人们可以假装它们是“不言而喻的”，但在我看来，这一论断暗示了更多的逻辑进入到社会政治过程之中，多于现实的杂乱情况所允许的。这一类型的运动揭示了沉淀在同一性、权利和

[1] 扭转(torsion)是一个科学词汇，形容某种金属或有机体呈现某种扭搓、绞合的效应，导致形态或位置的变动；康诺利借用这个词语，说明不同的思想主张在政治交流的状况呈现的冲击。——译者注

教义的现存措施中的权力。这一洞见最终让你重新思考道德自身的逻辑,也许支持由一套固定的原则性道德(其中充满先前不予明言的“涵义”)转移到一套培养性的道德,因为你变得警惕世上出现的各种新力量。

第三,注意前两个面向迫使我接受以下的需要,即各种歧异的、相互依存的拥护者之间需要一种积极的“交流气质”(ethos of engagement)。这跟当前世界尤其相干:私人与公共的世俗分离已被夸大,而世俗的程序主义不足以满足它自身的需要。这一气质要求参与者对最根本的教义或哲学(对我来说,这两个词语现已凑在一起)中后撤,不带着生存的怨恨来确认彼此眼中显著的“可争议性”[①]。很多神父、理论家、哲学家、经济学家和媒体名嘴发现难以这样做。公民身份的这种两院制(bicameral)取向对多元主义政治是根本的。在许多力量好战地反对多元主义的环境中,这就更难了。

因此,理论的另一面是,今天很多创造了扩大和提升多元主义机会的相同力量,已激化了那些不满其同一性、信仰和家居活动的鲜活反例之存在的人的焦虑。今天,现状多元化和基本教义化的压力相互对抗。这是一项在我们身上和我们之间发生的斗争。

那些是我演绎多元主义时的某些元素。我应该说,我也相信各种当
89 代力量(包括资本的全球化、人口的快速流动、跨越官方疆界的物件和情绪反应,以及全球各地收入差距上升)激化了各个领土政体(territorial regimes)内部和相互之间的多元化压力。多元主义也跟其他实践相关。例如,今天一个国家内部减少不平等的动力是不可能成功的,除非多种不同类型的少数群体之间达致积极的“交流气质”。因此多元主义与平等

① “可争议性”(contestability)是当代政治哲学其中一个讨论热点。这是认为,政治论证有些关键的概念,在本质上既允许各种诠释,而且存在争议。这个理念首先是由加利(Walter B. Gallie)提出,后来(以各种不同方式)得到康诺利和某些政治哲学家所拥护。——译者注

的抱负现在相互对话，哪管那些把高度中央集权的国家当成平等的先决条件的人说了什么。在当代的条件下，没有多元主义的气质，平等的动力就停滞不前，因为沙文主义的精英反对移民、同性恋者、单身母亲、穆斯林和无神论者，抵消平等主义的压力。同样，没有迈向更平等的社会的压力，人们对积极的多元主义气质之支持就会疏离。因此，多元主义与平等主义虽然它们之间仍有张力，但现在更根本地相互预设了可能性的条件。

若要更多的公民定期参与跨国的公民活动，对各个国家、公司和国际性组织同时内外施压，上述的力量也是必不可少的。那意味今天歧异性的范围和政治行动的场所已在扩大。如我的解释，你可以称之为多元主义的第四个面向。

**温曼：**对你的思想（如它从 20 世纪 80 年代中叶的发展）产生最深刻和最持久的影响的思想家是尼采、米歇尔·福柯和吉尔斯·德勒兹。他们的观念曾出现在大作的前沿上，而你与其他思想家（例如卢梭、马克思和托克维尔）的交流已透过你明确的“后尼采式”视角而发展出来。这已使你愈来愈远离英美政治思想主流的关怀，转而感兴趣的是流变（becoming）、体现（embodiment）和情绪反应（affect）的政治。你对这些思想家的积极接受也使你的作品有别于后结构主义的其他派别，例如那些受德里达（无论有没有列维纳斯）和（或）拉康影响的人。尼采、福柯和德勒兹的观念相互紧密地共鸣，然而他们之间仍有差别。福柯谨慎地避免
涉足于超验的问题，同时努力发掘现存的真理主张和貌似稳定的社会实 90
践中的文化历史的偶然性。相反，德勒兹着眼于形而上学的经典争论，建立了他自己对“存在”（Being）要素的说明，即使这一说明本是开放予（而且不能化约为）同一性的原则。你能不能谈谈你是如何理解这些思想家之间的关系？在你的思想中，是否有一种由福柯的批判谱系学（critical genealogy）到德勒兹“超验经验论”（transcendental empiricism）的发展？

**康诺利**:我首先遇上福柯,其次是尼采,第三是德勒兹。当这些思想交流开展时,我发现自己着眼于他们各自在什么位置上补充或改正他人。这些互补和改正当然是透过我自己的感知而有所过滤,而这种感悟也受到它们的影响。因此,我有时失去了“它们在哪儿消逝”和“我在哪儿起步”的想法。那是我为什么(例如)说“我的尼采”,不大担心我是否根据我对自己课题的兴趣来表述他的作品,或有选择性地从中汲取养分。当然,他会表扬我跟他的作品的这种关系。

当我在20世纪70年代末解读福柯时,我最初的意图是克服他对我的左翼黑格尔主义的挑战,把他的某些命题汲取到一套更全面和更融贯的理论。当然,这个想法说明他如何屈从于一系列施行性矛盾[①]之下。当我涉猎《事物的秩序》[②]时,那似乎做得相当好。但当我解读《赫尔克林·巴尔宾》[③]时,这就崩溃在它的分量之下。我于是带着这一感知上的转向,开始回到第一本书[④]和《性经验史》[⑤]。1980年在达特默斯首次聆听福柯讲话也有帮助。我从他的嗓音中听到一种轻盈性,这本身就表现了他对生存的基本依恋。

《赫尔克林·巴尔宾》是一部19世纪自杀的双性人的自传,附带还

---

① 施行性矛盾(performative contradictions)是康诺利汲取分析哲学的理念而创造出来的术语。根据牛津日常语言哲学的见解,说话本身就是在实施这类活动或履行其中的一部分,因此它们不存在是否与事实相符合的问题,其本身也无所谓真假。所谓施行性矛盾,主要是形容因为说话的上述性质使然,当人们透过说话来表达思想时,也难免受到施行性的需要而呈现前后不一致的表现。——译者注

② 即 Michel Foucault, *The Order of Things*, New York: Random House, 1970. ——译者注

③ 即 Herculine Barbin, *Herculine Barbin: Being the Recently Discovered Memoirs of a Nineteenth-Century French Hermaphrodite*, trans. Richard McDougall, New York: Patheon, 1980,此书载有福柯介绍性评论。——译者注

④ 即《事物的秩序》一书。——译者注

⑤ 即 Michel Foucault, *The History of Sexuality* Vol. 1: *An Introduction*, London: Allen Lane, Penguin, 1979. Michel Foucault, *The History of Sexuality* Vol. 2: *The Use of Pleasure*, Harmondsworth Middlesex: Viking, 1986. Michel Foucault, *The History of Sexuality* Vol. 3: *The Care of the Self*, London: Allen Lane, Penguin, 1988. 此书现有中译本发行,参阅福柯:《性经验史》,畲碧平译,上海:上海人民出版社,2005年。——译者注

有一系列对“她”的情况的媒体、司法和医学的报告,还有福柯一篇简略的陈述。当我阅读此书时,我是满肚子的慌乱。也就是说,我含糊地感到,我心中对正常性和道德性的理解,如何限制了我的理论判断。我是导致亚历克斯/亚历辛娜(Alex/ina)及其他人地狱生活的各种判断的承载者。我对于我被灌输的各种正常性、生理、道德、自由和政治的形象,感到含糊的、激烈的压力。

不久,它变成在策略上怀有那些激发我对“内在批判”、判断和政治 91
的取向之内心感知,多于说服敌对的理论家相信一系列施行性矛盾。我终于看见,指责他人具有施行性矛盾,涉及着眼于他们思想的某一层面如何结合其他无意地投射在它之上的预设,是因为**你**不曾构想它们以外的其他选项。例如,20 世纪 80 年代有多少理论家相信福柯在理论上跟他的实践判断自相矛盾,而又不首先接受他独特的道德构想?如果你认为一套理论是“有问题”,包含多种相关联的元素,其中带有松散的目的、提示和吊诡,你也就开始看见理性主义者和辩证主义者所倡导的主要批判工具如何轻易变成各种封闭和自负。改变一套理论,牵涉很多东西,包括(当我们呼吸空气、吸收文化、面对新事件和体验痛苦、非难、颂扬和得意扬扬时)怀有已沉淀在我们内心中的预断(prejudgement)。

因此,福柯开启我以培养的伦理学(ethic of cultivation)挑战康德式和新康德式道德理论的历程,引导我在策略上将之联系到研究某些涉及生理、文化和政治充满情绪反应的预断的努力。《神经政治学》[①]代表着这些努力的一个成果。

第二个出现的是尼采。我解读他是为了挑战当代文化和政治理论一系列的判断倾向。问题在于,是否有可能从他的著作中,有选择性地汲取养分,而不使我自己支持他所拥护的优先选项。因为福柯和德勒兹

① 即 William E. Connolly, *Neuropolitics*: *Thinking*, *Culture*, *Speed*, Minneapolis: University of Minnesota Press, 2002. ——译者注

已开始(如我所说)这个在斗争中受惠于尼采的过程,所以它不会变得那么困难——即使我偶尔还遇到评论家说,康诺利"说"尼采是一个民主主义者,或他"驯服"了尼采。过瘾的是,有多少理论家坚持说,你要么是把尼采浅薄化,要么是完全唾弃了他——即使他们没有同样坚持受惠于奥古斯丁、康德、黑格尔、马克思、阿伦特或罗尔斯。对我来说,这样过分的要求表现了你在跟它进行思想交流之前,希望逃避尼采的基础性本体论所提出的挑战。因此我是有选择性的,在行文时厘清所挑选的洞见是否
92 可以展现为他自己没有完全赞同的一个疑问。尼采的课题,诸如时间是流变的,高尚是多重高尚性的积极关系,怨恨(ressentiment)的文化危机,距离的悲怆,敌意的精神化,对存在于流变世界之感恩,悲剧的潜能,变成你自己的豚鼠[①]、生存确认在道德生活中的位置,"不相同"是多于不平等的差别,道德(morality)的不道德,自然的机械论构想和有机论构想的不足,存在与流变在关键"时刻"中的"扭转",这一切都影响了我。我修订那些主题,将之吸收到民主多元主义理论之中;这样做,是因为民主、多元主义和道德的古典理论在今天迫切需要从其他地方的灌输。

迄至20世纪90年代初之前,我没有转到德勒兹。使我惊叹的是《差异与重复》[②]如何在各个关键之处上追溯和挑战康德式和新康德式的疑问。康德每一次遇上某个闪光点并往某一方向化解它时,德勒兹都是首先像一只蜂鸟般在它上面盘旋,然后往另一方面飞翔。我后来着迷

---

① 豚鼠(guinea pig)又名荷兰鼠、天竺鼠、几内亚猪,在动物学的分类是哺乳纲啮齿目豚鼠科豚鼠属。因为憨态可掬,现在许多人将之当作宠物。自17世纪起,开始使用豚鼠进行生物学的实验,如今在小儿糖尿病、肺结核、坏血病等医学实验中仍有使用豚鼠进行研究。因此,在英语的流行用语中,豚鼠往往是实验对象的代名词。——译者注

② 即 Gilles Deleuze, *Difference and Repetition*, trans. Paul Patton, London and New York: Cotinuum, 1994. ——译者注

的是他对资本主义、根茎①和自然/文化之叠瓦作用②的研究，随后还有对电影和时间的开拓性研究。他跟实验性电影的思想交流教导我们有更多有关时段和时间是流变，多于哲学分析自身所做的那样。的确，德勒兹把戏剧化混合在分析之中，向我们**说明**新思想的泡沫在世上涌现，像现在那样帮助引领某些泡沫。如果他对虚拟/现实的关系之复杂性和不可化约性是正确的，那么戏剧化就是哲学自身的内在部分。在这里，他跟随尼采；尼采在电影面世前以影片的风格写作。

德勒兹经常吸引不了分析哲学家，因为很多人衷心拥护分析的充足性，那是德勒兹的做法予以挑战的。另一方面，让人着迷的是，英、美具有分析背景的年轻哲学家有效地把德勒兹带到更大的受众之中。我意指的人诸如詹姆士·威廉斯、保罗·巴顿、简·班尼特、丹·斯密斯、拉斯·拖达、大卫迪·帕拉吉亚和内森·韦德，还有这一脉的其他人。因为再者，德勒兹所作的那种哲学涉及戏剧化与分析之间（这些都取决于配置）的结合中的微妙变异。它采用紧密的分析，以辨别康德的闪亮点。然而当德勒兹制定（如他的定义）哲学的最高目标——当不均衡在这个或那个范围中提升之时，把新概念引进生活之中——实验与戏剧化取得
优先性。这个建议的要点是：我们活在一个流变的世界中，这个或那个 93
范围中的相对均衡的时段因尖锐的不均衡而遭受定期的干扰。当后者在某一范围中出现时，我们可能需要一两个新概念帮助越过那一范围。

---

① 根茎（rhizomes）是指延长横卧的根状地下茎。有明显的节和节间，节上有退化的鳞片叶，前端有有顶芽，旁有侧芽，向下常生有不定根。如果某一根茎分为各块，每一块也可以导致一株新的植物。植物使用根茎储存淀物、蛋白质和其他营养。当必须形成新苗或植物在冬天死去，根茎内的营养就很有用。这是营养繁殖（vegetative reproduction）。康诺利透过根茎的知识，重新反思政治世界纯以人类能动者为唯一视角的不足。——译者注

② 在沉积学中，叠瓦作用（imbrication）意味一项原始的沉积性构造，包含各种碎屑所偏好的取向，例如它们以某一种持续的方式相互重迭，不像是一连串倾倒的多米诺骨牌。叠瓦作用是合成物和某些火山碎屑沉积物中常见的现象。康诺利借用这一科学概念，说明政治世界的流变（包括各种文化状况）并非单线的因果关系，也是存在一些超乎人类预估的沉积性作用。——译者注

它们的发明涉及停留在富有创造力的时刻上，而来自过去的分层性元素(layered elements)在新情境中产生回响，有时候鼓励某个新东西涌现。那是德勒兹为什么这么沉迷电影中非理性的中断、倒叙和时间之结晶。因为如上所示，尼采重新把戏剧化的方法引进到现代哲学话语之中。索福克勒斯在那一方面乃是卓越的前辈。

虽然我近年更关注德勒兹，但我受惠于这三人是根本的。此外，福柯对新自由主义和生物政治(biopolitics)的研究仍是极其重要的。他们一起推动我称之为“内在自然论”(immanent naturalism)的哲学，将之放在跟当时其他哲学家的争论中，涉及本体论的、道德的、宗教的和政治的流露。他们帮助设定一套培养的伦理学，与责任的道德竞逐；当我们进行活生生的实验是发自内心的流露，他们就提供了可资跟随的线索。的确，后二人剖析了自我的策略和集体模式的微观政治，触及互为主体性(intersubjectivity)的内心流露。微观政治在传媒时代是不可或缺的，传媒使用各种旋律、词语、形象和音乐，渗透至多重的感觉中枢。因此，这些思想家各自刻画了关系性生活(relationae life)的内心流露，同时又拒绝将之权威地联系到一个神圣命令。

有时候，我发现德勒兹太过鲁莽，而福柯就变成一项有价值的矫正。有时候，我对尼采的好战或挑剔感到沮丧，而德勒兹和福柯就会帮帮忙。有时候，我认为福柯涉足于规训、正常化、管治性和监控，虽然非常可贵，但不足以处理媒体在当代生活中的核心性，而德勒兹再一次显得很有价值。此外，如果你试图让当代神经科学的革命跟文化理论更密切的对话，这三位思想家都是有用的，由帕格森、普鲁斯特、梅洛—庞蒂和詹姆士所提高。总之，这三人共同形成了一种流变的世界观，其中满是称许进一步培养感激的悲剧可能性——感激属于生命和地球的生命，当我们幸运的话，它已在我们身上酝酿。因为这三人都关注尼采所谓“怨恨”
94 (ressentiment)反复出现的政治危险——对人类生存的基本方式之隐藏
怨恨——它可能轻易被暗示为选举政治、军事活动、消费行为和国家优先性。

我现在较少援引德里达,较多注意拉康。我感到后者有一种权威主义或教条主义的趋向;比起德里达所允许的程度而言,我想阐明一套更牢固的、异见的形而上学。20 世纪 80 年代和 90 年代把尼采当成一个后形而上学的哲学家,这些诠释在我看来总是言过其实。他是一个内在自然论的玄想哲学家,挑战西方历史上大多数基督教背景的理论立场。他也承认,他或他的对手没有证明哲学得到拥护。那是为什么他邀请不同神学—形而上学的教义的主要参与者进行"敌对的精神化"(spiritualization of enmity),而又提及有多少个神父、神学家和哲学家拒绝这一邀请。也许,我仍从德里达和拉康身上学会了某些东西。无疑,德里达研究白人神话学、差异性、暴力和友谊的论文打动了我。我也欣赏他试图识别"不可决定性"(undecidability)那些想象力丰富的论点。然而,因为我强调(正如德里达所说)"被动的综合"(passive syntheses)的力量可以上升为精致的设计,我怀疑我们以某一种方式强烈地倾向于这些论点。那是为什么微观政治和宏观政治对民主生活的质量是如此相干的,还有推动达至某一个论点上,使我们可以毫无怨恨地承认我们基本信仰具有关系的可争议性,也是相干的。我也欣赏列维纳斯着眼于他者面貌的论点。但照我对他的理解,他异性(alterity)的经验不足以延伸为出现新的同一性的流变**政治**,或跟非人类的自然一起的文化性的叠瓦作用,也许因为他抗拒尼采式的想象:一个非人类的世界设置在多层流变之上,使我们是由千百种的密切关系、压力和不协调而结合的。

**温曼:**自 20 世纪 90 年代初期开始,你的著作的一大主题是"斗争性的尊重"(agonistic respect)与"批判的回应性"(critical responsiveness)的理念。在《多元主义》中,你将之形容为"公民美德",适用于多方面的多元主义的条件。[①] 在其他著作中,你说过这些美德类似一种培养的道德,

① 即 William E. Connolly, *Pluralism*, Durham: Duke University Press, 2005, p. 126. ——译者注

而非一种命令的道德,但这是一种不能化约为固定目的论的道德。简言
95 之,你劝告各种争逐的社会力量努力接受偶然性,以规避经常存在的诱
惑——即试图因为自己同一性及其最根本信念的危险性而对他者作出报复的诱惑。这一观念受惠于尼采对怨恨的反思。然而你已在很多有趣的方向上转变这些观念,赋予它们你自己的格调。你能否谈谈你最初是如何得出“斗争性的尊重”的理念？你心中想到什么类型的政治冲突？此外,这一概念如何有别于当代自由主义的容忍理论及划分公共/私人的理论？有时你暗示,广泛宣扬“斗争性的尊重”足以约束当代社会分歧的道德群体和文化群体。这是否你明确拥护的一个立场？

**康诺利:**在《同一性/差异性》中,我试图妥协接受每一项同一性(无论是宗教的、性别的、感官的或道德的)的局部定义如何对比于各种差异性。你必须涉足的,与其说是一堆虚拟力量的差异性之流露,不如说是作为“他异—同一性”(alter-identity)的模式。同一性最显著的诱惑,是透过否定、惩罚或征服那些差异(那些差异仅是透过它在世上存在的事实,最能威胁它的自我信心)而确保它的自我确定性。出于这一种活生生的吊诡,“斗争性的尊重”的气质呈现为一种公民的做法,既确定自己的同一性(因为同一性具有关联性、集体性的面向),又支持不同而又有时争斗的同一性存在的预设性空间。

现正讨论的这种动态在宗教活动中是明显的。然而它既存在于俗世的实践和理论中,也把自身隐藏在其中。一套理性的公共原则或中立的程序,让各种歧异的私人信仰围绕着它而运作,这些俗世的预设解释了公共生活和私人生活的许多内容。例如,在欧美文化中,自由意志、自由、惩罚、性别、婚姻、性爱和责任的基督教理念,同样支配着公共生活和私人生活,因为它们跨越这两个领域之间的多孔滤膜(porous membranes)来回流动。自由主义的容忍观念是设定在一个“公共/私人”的格局之中。它预设世俗主义自身已经充足,即使它静静地走私了它的实践观点到公共领域之中。那是它如何压抑公共生活的斗争性元素。罗

尔斯说，每一个人都参与他所倡导的正义想象之中，而他们完备性的观点（comprehensive views）有些特殊的面向可以促进重叠共识（overlapping consensus）。但事实上，每一个人（包括世俗主义者）随之把这一堆或那
一堆信仰带到公共生活之中，因为他们涉足于具体的议题之中。在我看 96
来，这不是我们是否这样做，而是我们如何这样做。这样一来，中立性空洞的世俗主张（还有相关的理念）已对它们所反对的神权回应做出温和的贡献。重点是，既反对神权的议程，又修改世俗主义。

这里所述的斗争主义的观念有两面：它对引起这些交流的群体带来干扰，以及它对它们所处理的那些问题带来了干扰。斗争主义涉及苦难和交流。

但再一次，“斗争性的**尊重**”是我所探索的理念。在一个充满“斗争性的尊重”的政治关系中——对一个许多少数群体占据相同领土的世界是如此重要的——每一群体吸引了因“他异—同一性”之存在而引起的某些不安，——因为“他异—同一性”反对他者的某些预设和优先考虑，所以挑战了某些信条。它把它自己信仰的某些元素带到公共领域，——当这样做是相干的；而且，它退回到自身，在没有深刻怨恨的情况下，承认某些信仰元素比较具有**可争议性**。这是斗争性关系尊重的一面如何出现的情况。因此在我看来，“斗争性的民主”（agonistic democracy）的流行通货并不足够。“斗争性的尊重”强调“**扭转**”倾注在关系之中。

人们有时询问，如果我不拥护康德式道德，从哪儿出现尊重的元素。然而尊重可以从多神论和无神论的源头出现；假装每一个人必然荣耀它的相同源头，纯属幻想。我知道佛教徒不用拥护康德主义或新康德主义的传统，就能对他者的基本关系显示了相当大的尊重。此外，跟那些从一神论传统中找到支持的一神论者，一起寻求“斗争性的尊重”的关系，也是重要的。培养“斗争性的尊重”的预设，并且探索各个群体之间这样的协商，是很难的。此外，它至少需要两个党派促进这样一个关系。然而它往往不是采用英雄主义。这跟在目的论传统中培养共同体的美德

一样的困难。照我的看法,倒是后一传统戏剧性地低估今天世界小众化(minoritize)的各种压力。事实上,我们任何时候都在我们身边“斗争性的尊重”的例子——即使我们面对的是好勇斗狠、试图低估和抹煞那些例子的群体。

“批判的回应性”是“斗争性的尊重”的孪生兄弟。如果前者谈及已
97 确立的群体之间的关系,那么“批判的回应性”就是当一项运动试图由下而上移动一项初始(incipient)的同一性、信仰、权利或善的感受,超出阐述、合法性和正义的门槛而谈论这些流露时的一项公民美德。这里的“初始”意味当它在起步时的一项多性能[1]的活动,而非蕴含在一个普遍性之中的某些东西。“批判的回应性”谈论流变或多元化的政治,这是正值那些变化不定、位于探索和巩固之中的时刻。当你是在发起流变的一方,就自己充满情感的观念和判断可能随活动之开展而改变。当你是在接受的一端,你可能发现某些有关自然、生理、道德、善、权利(或歧异性的文化限制)的沉淀性判断(sedimented judgments)遭受新运动所倡导关注的各种主张所推挤或干扰。透过内在化某些部分的干扰,你已考虑到一些随该运动而来的伤害,你原先在上述的一两个领域中的普遍性预设,你对存在的歧异性所预设的照顾,以及你处理某一时间内反复回荡的苦难之关怀。在某些场合中,你会发现你自己对权利或同一性的思考以某种方式放松,允许你承认新的候选对象进入合法性的流露之中,即使你自己不试图运用(例如)你所拥护的新权利。数以百万计的人不时经历这种状况。

有些理论家把道德等同于充足判准之供给,以期预先解决每一个议题,他们不喜欢这一个开放的、探索性的过程。他们想以道德自身已经充足的名义,封闭流变的政治。但在讨论的事例中,对普遍性和封闭性

① 多性能(pluriopotential),是一个医学的术语,意指某一客体(例如细胞)都是多性能的,甚至能够无限繁殖和多潜能的。——译者注

所表现的唯我独尊的信心,变成了其中一个问题。也许,你最终决定,某些你自己内心的禀性需要在全新的、无从预料的环境压力下运作,或者你含糊地警惕到,这种跟你现在拒绝和更敏锐地识别的危险相同的流露。在一个流变的世界中——在这个或那个领域中的稳定时段因更活跃的不均衡状态而遭到定期的中断——理论可能经常指示了途径,但没有解决问题。在这一时刻中,你尝试在创造性的合作中引进预定的关怀——关怀存在的歧异性,以及对某一个全新的、令人惊讶的情境之敏感性。也许,某些具有创意和高尚的东西将从那一酝酿过程中出现。

然而我不认为在坚定的多元主义文化中,每一个人必然接受物件基
本的“偶然性”。那将会使它变得较少多元性。尽管如此,我的理论以前 98
就是这样的诠释,而我必须接受支持那一事实的一部分责任。当我挑战讲究神圣、极端唯意志论和基因决定性的哲学的各种元素时,我是强调别具风格和沉淀性的偶然性。然而其他人可能拥护更固定的生物学、哲学分析的充足性,或某一种超验的愿景(vision)。当他们透过他者的眼睛承认那一信条的**可争议性**,跟他者进行深思熟悉的、比较性的交流,那么他们已表示了对它们的尊重。对可争议性的领会(而非对偶然性的普遍接受)设定了多元主义和多元化的一个关键条件。欣赏它不是(像施特劳斯主义者有时喜欢坚称的)在世上引进毫无脑筋的相对主义。因为,说一套愿景、信仰或哲学是可争议的,就是承认它在各种论点上可以遭受挑战,无论是因为新的证据,要求澄清的内部批判,援引它所导致的、出乎意料的苦难,参照其他对支持者提出下意识的诉求的传统,松散的、在它内部流传、先前未被敏锐地注意的情感和思想之戏剧化。各种争议的数目和多样化意味多于一个问题意识适用于这样的活动。

我经常坚称,一套多元主义和多元化的文化必须承认限制,而且它必须动员一套多元主义的组合,抗拒各种好战的动力,(比如说)民族主义、宗教统一、性爱正常性。例如,在今天美国,对多元主义、平等和生态的危险挑战,来自我所谓“福音主义—资本主义共鸣的多元主义”(evangelical-capitalist resonance pluralism)。欣赏多元主义的人必须明确地反对它。但令我迟疑的是,那些试图预先界定歧异性的最终界限的尝试。过去这些尝试大多把后来结合在多元主义格局中的那些做法摒之在外不予接纳。因此,你是当问题出现时才会处理问题。现存的争议方式可能随着新的竞争者出现而再次转变。

这些美德之广泛散播是否**足以**产生多元主义?充其量,我所能说的是它们会有帮助。极端的不平等妨碍多元主义,因此它也设定了一个条件。其他呢?好吧!不能一下子抓太多东西。那是因为在大多数的领域中同时出现许多公共迷失(public disorientation),容易导致权威政体的崩溃或崛起,或者依次出现这些。若干脆弱性潜近多元主义的政治,这一种脆弱性是福柯在晚年著作中相当警戒的。大多数时候,在我最熟知
99 的诸国中,当时的各种压力都指向巩固和保存,不惜任何代价。那是为什么很多对我的批判都接受那些安排。然而,我们所生活的时代,是步调的加速、自然灾难的重复、国家和非国家的恐怖主义,以及即将爆发的怨恨文化,透过媒体—国家—公司—教会的组织,协助和唆使那些煽动来自右翼的激进变化的尝试。惊慌失措的人群容易受到这些压力的影响,这是我们时代的一大危险。充其量,多元主义与多元化之间的平衡,带来了并非一下子激起太多东西的公共生活。

**温曼**:在这次访谈中,你多次谈及政治的时间性条件;你将之为流变的政治。这是自《多元化的气质》以来你的著作的主题。该书其中一项核心关怀是,在政治同一性的现存格局中引进真正的新意,你将之联系到(例如)1960 年末以来的新社会运动的政治;引进诸如同性恋权利的议题、面对性别不平等,等等。在近年大多数的著作中,你对时间性和变化的关注一度变成注意的焦点,而这具见于你的新著《流变的世界》①。在该书中,你已阐述时间性的详细构想,援引各种知识源头,包括自然科

① 即 William E. Connolly, *A World of Becoming*, Durham: Duke University Press, 2011. ——译者注

学某些最新的发展,例如复杂性理论和神经科学。我想知道你是否可以谈谈这些课题。为什么时间性的问题是如此重要?从自然科学所得到的理念(诸如“复杂性”“开放系统”和“浮现的因果性”)如何帮助我们解释政治和资本主义制度的最新发展?你的时间政治模式如何弄出比其他概念化(conceptualizations)更好的东西?

**康诺利**:是的,多元主义的政治与流变的政治——新的同一性、权利、危险和益品(goods)借以定期出现——两者之间的互动和张力,对我的著作极其重要。我的新著《资本主义与基督教、美国风格》[①]和《流变的世界》同样试图扩大和深化那些课题。如果新自由主义的资本主义的标志是集约化、加速、转移国家活动、市场自足的美妙形象,以及更新的脆弱性——这涉及它所面对的多重非人类的力场[②]——那么所有这些议题必须并入在今天的理论之中。我主张,我们住在一个流变的宇宙,这 100
是由不同速度移动的、多重的、异质的和互动的力场组成。这些力场有很多在某些程度上展现了自我维持的力量,这一条件已暴露了那些坚持经济市场自我规管的**独特性**的人的自负。凡举气候模式、冰川运动、海流系统、病毒演化、太阳黑子活动和太空的天气。这些时间性的力场各自定期相互交错,有时从交错中产生新的变异。这些交错可以对资本主义表现和政治生活构成巨大的差别。

近年复杂性理论在生物学、神经科学和生态学诸领域中的研究,使人注意到这些系统中(当它们彼此互动和与人类领域互动时)不同程度的真实创造性。斯图尔特·考夫曼在这方面是堪称模范。他对生物演化的研究位于阿弗烈·诺夫·怀海德条件性的开放性与德勒兹更加开

① 即 William E. Connolly, *Capitalism and Christianity, American Style*, Durham: Duke University Press, 2008. ——译者注

② 力场(force fields)是一种矢量场,其中与每一点相关的矢量均可用一个力来量度;康诺利借用这个物理学概念来刻画政治世界所面对的不仅是人类自己的活动而已,还有各种非人类的能动性。——译者注

放的世界之间。接受这些领域的研究既提升了我们对人类与非人类的力场之间的不确定关系，也提供了线索说明如何修订时间、因果性、多元主义、资本主义、道德和政治在人文科学中的主流形象。

晚近资本主义激化了多个非人类系统的叠瓦作用，而这也提升了人类领域的“**物件之脆弱性**”[1]。因此资本主义需要能量使用、投资实践、国家优先性、消费下层建筑，和消费风气各个领域的剧变，这样做是聪明地回应它自身所放大的“物件之脆弱性”。今天的两难是，民主激进主义既需要更关注多种先前被扔在文化生活的背景中的非人类力量之**敏感性**，以及一种促进多元化、减少不平等和可持久的生态的**战斗性**政治。敏感性与战斗性孰先孰后，据我的主张，这两者之间的张力，不仅是我的理论内在的东西，它也是当代条件固有的。

资本主义的加速和集约化的一个效应，是在族群、家庭结构、性爱关系和宗教传统等范围中，各种压力之提升使得领土国家小众化。对我来说，有趣的是，促进这些范围内的多元化的气质（与暴力和压抑性的反应相反）跟在晚近资本主义体制下应对“物件之脆弱性”所需的气质，存在
101 一些密切关系。要瞥见这些密切的关系，可以观察否定它们的各种活动，像宗教极端主义、民族主义和新自由主义对市场自主性的信仰，它们的传播者经常联手抗拒这一种积极政治之形成。

再者，我对新自由主义的批判不仅集中在经济市场理念内的缺陷。另一个缺陷是，它把**经济市场**当作**是在宇宙中唯一展现自我组织和自我维持的可行能力的一种系统**。然而上述很多系统展现了不同程度的自我管理能力，而它们彼此互动，也跟资本主义过程互动。这些复杂的结合揭露了“市场是独一无二”的想法是狭隘的。它们也揭露了容易受伤

① “物件之脆弱性”是康诺利当时关心的课题，很多想法体现在后来同名的专著，即 William E. Connolly, *The Fragility of Things: Self-Organizing Processes, Neoliberal Fantasies, and Democratic Activism*, Durham: Duke University Press, 2013. ——译者注

的经济市场是遭到多重力场的攻击，而这些力场既是它们侵入的，又是它们需要的。例如，你可以追溯碳排放量、地球暖化、格陵兰冰川运动加速、冰山的冰川崩解加速，这些崩溃事件所形成的震动加剧、该地区地震升级、冰川运动进一步加速之间的一系列互替发生——导致一个危险的人类/非人类的自我放大系统。有些复杂性理论家识别了这些时刻的多个分歧点，究竟未来要采取哪一转向，充满不确定性。冰山震动在这一扩大系统中的角色，仅在晚近地质学家方才清楚，这说明现有的气候变化和海洋水面上升的模式需要往上修正。

我的新书剖析了资本主义的集约化、事物之脆弱性，以及新的战斗性在流变世界中的需要三者之间不稳定的结合。

**温曼：**比尔，我在最后想问你，你如何观察你的著作与当代政治理论其他传统之间的关系？以不同方式对你进行分类，是诱人的：你是一个多元主义者，对美国多元主义传统怀有若干忠诚，也许是一个后现代主义者，无疑是一个"内在自然论者"，极其贴近尼采和德勒兹，一个"斗争性的尊重"的理论家，有别于（例如）协商民主模式或新康德主义的进路（这在今天看似是如此显著）。这些标志你想采纳哪一个？此外，就你跟其他规范性框架和本体论框架的关系而言，你如何定位自己？今天不同的政治思想传统之间最重要的断裂线（fault line）在哪儿？

**康诺利：**我较少援引"后现代主义"，既因为对那一传统涉足于政治 102
的形而上学范围和宇宙论范围感到迟疑，也因为它对道德和政治的正面愿景之苛责（至少早期如此）。它的早期支持者倾向认为，挑战康德主义，就是拒绝道德本身。然而一种培养的道德的逆反传统（countertradition）——这是由诸如伊壁鸠鲁、斯宾诺莎、詹姆士和柏格森所提出——已在那儿等待注意。我跟詹姆士和怀海德一起，认为政治的积极愿景包含一种玄想的元素，而我拥护对这两者的需要。我根本无意处理"后人文主义"，即使我强调有需要剖析多种人类和非人类的系统之间的交集。虽然许多文化理论的排斥性人文主义太过局限，但后人文主义的观念说明欠缺对人类领域的命运有所关怀。

谈论“物件之脆弱性”,就是扩大了思想和行动的舞台,而且着眼于今天人类领域所面对的的危险和可能性。我的感觉是,有关人文主义、民主、俗世主义和多元主义的罗尔斯式和协商式的形象,不足以接受分层性的文化政治,不足以接受紧密地以文化生活叠盖的、充满动态的、非人类的力场,也不足以接受培养的伦理学剖析流变世界的分叉性时刻的创造性调节,也许更不足以接受晚近资本主义时代的“物件之脆弱性”。然而,我钦佩哈贝马斯早期著作《合法化危机》[1],而我也欣赏那一个成就斐然的作品如何接触到这里所述的关怀。

汉娜·阿伦特也是让人着迷的。她剖析“创制的政治”(politics of enactment),领会现实创造性在政治中的时刻。此外,她对“物件之脆弱性”也有尖锐的感受——即使她所援引的自然、形体和科学诸概念,跟这里简述的课题存在张力。在这两个传统之间进行有益的讨论,潜力是巨大的。

据我预计,我试图把希腊的悲剧性愿景予以现代化,并且参与其中,
拒绝宇宙的神圣形象和人类知识和主宰性的傲慢形象。我所拥护的宇
宙是充满意义,至少在一个行星上维持生活的甜蜜,但最终不是高度偏
向我们的。注意生活的甜蜜、傲慢的危险和物件之脆弱性,在索福克勒
斯作品中得到充足的表达。例如,我现在接受那些瘟疫经常包围和感染 103
城市,作为他生动地欣赏人类系统与非人类系统之间密切的叠瓦作用之
标记。如果你把命中注定的想法——一些诠释者以此使索福克勒斯适
用于早期希腊生活——转译为一个并非预先为我们设计的宇宙中的悲
剧**可能性**的想法,你可以参与到尼采的想法,把悲剧的听天由命转变为

① 即 Jürgen Habermas, *Legitimation Crisis*, trans. Thomas McCarthy, Boston: Beacon Press, 1975. 此书已有中译本面世,即哈贝马斯:《合法化危机》,刘北成、曹卫东译,上海:上海人民出版社,2000 年。——译者注

确认这一世界的意志，让你跟它所引起的邪恶和危险战斗。这一结合确实可以在伯纳德·威廉斯令人敬佩的作品中识别出来。

今天要剖析这些课题，需要涉及晚近资本主义微妙的生态、小众化世界的新压力、萦回在多个精神传统（当它们日益相互交往时）的焦虑，以及民族国家在高度不利的实现条件下恢复好战主张的危险动力。

我不是“悲观主义”的传播者：那是当你说“世界显然就是这样子，但它不**应该**如此”时采用的旁观态度。更聪明的是拥护（像福柯那样）在一个充满生气勃勃的可能性和现实危险的世界中致力行动主义的信条。我预计，那就把我们带回到“物件之脆弱性”的感知与及时战斗性的需要之间的“扭转”。

**温曼：**比尔，谢谢你分享这些议题的想法，还有你对政治理论专业的模范贡献。

# 第七章　证成的权利:迈向正义和民主的批判理论——雷纳·福斯特访谈[①]

泽维尔·纪尧姆访问

**纪尧姆:**你是如何对政治理论产生兴趣的?你在成长阶段的知识影响是什么?鉴于这些影响,就你过去二十年来试图提出和论争的规范性问题而言,你是如何反思自己的思想轨迹?

**福斯特:**我是在20世纪七八十年代学习如何政治地思考,当时德国的标志是激烈的社会矛盾。对主宰70年代话语的"体制"(system)予以全盘而激进的挑战(以及对这些挑战之回应),以一些政治家及其他权力部门的人遭到恐怖主义刺杀而达到顶峰;而这些挑战变异为一个不同的框架,亦即对核武(尤其被北约所谓"双重决议"[②]所触发)和核能的激烈反对。其中,夹杂了一种灾难性的、启示录式的情绪,这种情绪偶尔被夸大,我们许多人(不是我)担忧,我们可能会成为存活的最后一代。无论如何,政治斗争被视为你死我活的事情。两个议题导致了许多矛盾和斗

---

① 本章由黄佩璇、张雪帆、周伟合译,黎汉基校正。——译者注

② 北约双重决议(NATO Double-Track Decision),是1979年北约决定一面与苏联就相互限制中程弹道导弹的问题进行谈判,一面又准备在发生分歧时,将在西欧部署更多中程核武器。此后,北约以此迫使苏联在中程导弹谈判中让步。直至1987年,双方达成销毁全部中程导弹的协议。——译者注

争,并且结合对其他工程项目(比如法兰克福机场的一条新跑道——现在我常常使用它)的反对。我们都强烈地批判和疏远官方政治(official politics)。

但同一时间,绿党(那时还远非正常的"政党")形成,而且部分是出自内心地(*à contre-coeur*)要在我们这一代反对者中建立基本的桥梁,因为我们对制度性政治和正式制度的幻想破灭,这些我们不认为值得冠以民主之名。然而我们也不大知道那一术语究竟意味着什么。然而,我们 106
确信它意味着"其他东西"。在某种程度上,我如今仍在寻找那个"其他东西"。那时,即使我深受绿色运动的强烈影响,但我还是认为,社会不义(不管在社会内部还是横跨诸社会之间的不义)是需要处理的重要问题;这使我面对我们某些人爱护自然的意识形态时取得平衡——尽管它没有让我认同社会民主主义者,后者在当时呈现为一股相当保守的社会力量。

很快我就明白,我应该致力于政治哲学重大问题的研究:什么是正义的社会?自由意味着什么?诸如此类。我读了社会契约理论,也读了马克思、布洛赫和法兰克福学派、尼采;而我为之着迷。尼采之后,我读了康德;甚至在我吃透康德之前,我大概算是一名康德主义者。那时,在我离开学校从事公职(担任一名良心的抗拒者[①],像我们所有人一样,都是公然运用一套开放的"良心"的观点)之后,决定到法兰克福深造。20世纪80年代初,哈贝马斯从斯坦伯格回到法兰克福,我知道这是我想去的地方和我想学习的人。

于是,我去了那儿,如今我仍然觉得这是最幸运的一招。因为哲学在那时还是活泼泼的;哈贝马斯是一位伟大的教师,一个很有影响力的人物,不过还有其他厉害的哲学家和政治理论家,像卡尔-奥托·阿佩

① 良心的抗拒者(conscientious objector)就是内心抗拒加入军队,认为服兵役在道德上是错误的人。——译者注

尔、伊林·费彻尔和阿克塞尔·霍耐特(当时还是哈贝马斯的助理)。在此,使我深感兴趣的问题都是用令人铭记的方式进行讨论的,而思考的内容似乎都是紧要的问题。在哈贝马斯的周围,形成了一个外国学生、研究者和访问教授(诸如泰勒、塞尔、伯恩斯坦或德莱弗斯)的国际语境,这使我们(或如我所希望的)不至于形成狭隘的思想方式。1985年,哈贝马斯出版了《现代性的哲学话语》[①]一书,惹来诸多争论,我们这些学生也热烈地参与其中。此外,哈贝马斯那时在所谓"历史学家的争拗"[②]中突出显眼。因此,这些对我们年轻人来说是动荡的时代。与所谓"后结构主义"的争论,留给我们许多学生的任务是建构我们自己的进路,因为我就是其中一人,不认为哈贝马斯与福柯之间的"非此即彼"(either-or)富有成效。同时,我们也可以看见在激烈的"历史学家的争拗"中,法兰克福风格的批判知识分子如何被轻视为颠覆性的、自大的、脱离德国社会。这也导致我们作为批判哲学家的认同。

107 因此,如果我回顾自己的成长期,做哲学对我来说经常也是一个政治的思想事业,但不是狭义的标准政治,或者强迫你进行不必要的思想对立的涵义。作为哈贝马斯的学生,我们知道当他谈论商谈民主(discursive democracy)时,他发展出一套**批判**理论针对现实存在的民主制。如我过去和目前的观察,民主是一项任务:尝试采取明智的(而且可能是激进的)措施,以确立一项证成的实践;在其中,那些受制于规范、规则和制度的人,具有真实且有效的可能性,成为自己的创始者。这是否可以

---

① 即 Jürgen Habermas, *Der philosophische Diskurs der Moderne: zwölf Vorlesungen*, Frankfurt am Main: Suhrkamp, 1985. 中译本:《现代性的哲学话语》,刘东译,南京:译林出版社,2008年。——译者注

② 历史学家的争拗(Historikerstreit)是1986—1989年间西德的一场论战,涉及纳粹德国的罪行,包括它们与苏联罪行的可比性。德文的streit可以翻作争拗、纠纷或冲突。右翼知识分子的立场是立足于极权主义的进路,认为可以对极权主义国家进行比较性进路,而左翼知识分子认为法西斯主义是独一无二的邪恶,不能跟苏联相提并论。这场论战由知识交锋发展至政治角力,吸引了当时媒体的广泛关注。——译者注

实现？我不知道。这是否值得尝试？是的，确实！

**纪尧姆**：你通常被视为所谓法兰克福学派第四代的领军人物。你如何形容这四代人之间的连续性和断裂性？换言之，鉴于法兰克福学派的历史，你如何描述它的当代处境？

**福斯特**：谢谢你提问中的恭维，我深感荣幸。虽然我不确定法兰克福学派是否真的是一个家庭——包含或亲或疏的后裔，但姑且让我们暂且接受那一图像。那么，不加批判地接受前辈留下来的遗产，不去寻求最好的和改良的社会批判工具，这一代的批判理论家还有什么价值？一个传统唯有改变，才能保持活力。在某种程度上说，这个传统已有改变。然而，我们必须看到，那些影响深远的改变已在第一代中出现——如果你比较一下 20 世纪 20 年代霍克海默的原始规划与《启蒙辩证法》或阿多尔诺的《否定的辩证法》。[①]

接下来的一大变化，当然是哈贝马斯对黑格尔—马克思—韦伯式批判理论故事之宏大重构——把这个社会理性化的故事，由一段异化、物化和灾难的历史，重构为一段交往潜能在生活世界和政治中遭到系统性扭曲的历史。需要抓住的是哲学传统和社会学传统之综合。但在这里，正如后来的转变（例如阿克塞尔·霍耐特争取承认的社会斗争这一影响深远而富有成效的范式，以及我谦卑地尝试对我所谓“证成的关系”的批判），批判理论的主要问题仍是相同的：在哲学上和社会理论上，谈论社会的“理性”——就合理（vernünftig）的含义而言——安排究竟意味着什么？此外，阻止这种社会发展（即使是迈向“更合理”的生活方式的温和步骤）的力量究竟是什么？

现在长话短说，批判理论是这样一种理论：坚持这个问题，但批判地 108

① 这两本书已有中译本面世，即马克斯·霍克海默：《启蒙辩证法：哲学断片》，渠敬东、曹卫东译，上海：上海人民出版社，2006 年；阿多尔诺：《否定的辩证法》，张峰译，重庆：重庆出版社，1993 年。——译者注

反思“理性”[1]的理念,以及它自身所产生的排斥和支配形式。批判理论反思政治社会理性的实践及制度,而它是以创新性的方式进行理论化,涉及那些阻碍社会解放发生的力量。这不是一个小计划。如果我要声称对之做出富有成效的贡献,我会说我试图重新描述实践理性是“证成的实践”(practices of justification)之中的理性(例如作为证成的艺术),并且试图重新调整政治哲学是一种观念**和**一种实践的证成,这些尝试都是被批判理论方案所激活的。我把我的目标称为“证成关系之批判”(critique of relations of justification),希望它有些东西说明本体范围和社会政治范围内的理性和(现存)非理性的概念。我试着在证成范式下结合商谈理论和承认理论,其中也包含其他进路,由“公共理性”的理论,到法国社会哲学所发展的权力和民主实践的进路。然而核心仍是康德主义的:定言令式[2]规定,没有人应当被迫在无法恰当地对所有平等主体证成的规范或制度体系下生活。我把人格的基本诉求称为“证成的权利”(right to justification),并且尝试拆解它(在哲学和政治理论的含义上)意味什么。一旦讲清楚了证成的概念,哲学就变为实践的。

**纪尧姆:**在《正义的语境》中,你介入自由主义和社群主义的正义理论的论战,背后的主要直觉是什么?为什么你认为有需要在二者间提供一个“调和立场”[3]?你怎样凭借“正义的语境”的观念而着手这样做的?

**福斯特:**在我的学生时代,我的好运不仅是在法兰克福受教,而且在于不久就出外留学,师从美国的优秀教师,并在我成长的关键时刻,我跟

① “理性”英语原作 reason,这也可以译作“理由”;在某程度上,“理性”与“理由”具有重迭的内容而不无相通之处;但鉴于福斯特法兰克福学派的知识背景,而汉语对德国实践哲学的流行译法,大多作“理性”而非“理由”,故这里也从俗地译作“理性”。——译者注

② 定言令式(categorical imperative),是康德伦理学的核心概念,在汉语哲学界存在多个译法:绝对命令、无上命令、定言令式、绝对律令……本章之所以选取“定言令式”的译法,主要是参考李明辉教授的观点。——译者注

③ Rainer Forst, *Contexts of Justice: Political Philosophy beyond Liberalism and Communitarianism*, trans. John M. M. Farrell, Berkeley: University of California Press, 2002, p. 231.

着罗尔斯学习。在纽约,作为一名交换生,我变得熟悉20世纪80年代中叶自由主义—社群主义的论战,然后决定这是撰写我的论文的有趣课题。哈贝马斯非常肯定,鼓励我到哈佛大学跟着罗尔斯研究了一段时间;而罗尔斯是极其大方的。与两位大师一起研究(或在他们之间研究),是多么美妙的时光——哈贝马斯即将完成《在事实与规范之间》①
一书(而我很荣幸忝列讨论它的一个伟大的研究群之中——这是我的第 109
一份工作),而罗尔斯给了我《政治自由主义》②的手稿,相当友善地和我讨论。我也可以在二人之间进行调解,因为他们正在掀起彼此之间的论战——各自问我对方有何想法(以及我有何想法)。

自由主义对上社群主义的课题,之所以使我感兴趣,不仅因为我看到的多于仅是康德—黑格尔论战二手的老调重弹(大多数德国人那样观察事情),也(尤其是)因为我看到那儿处理的一套普遍性的正义理论,有许多重要的层面,常常以混淆而不幸的方式处理。比如说,它为什么反对个人权利的强势观点(即认为我们是社会存在者和社群存在者)?还有,在常常被称为“语境主义”的批判中,起作用的普遍性原则究竟是什么?这就是我开展工作的地方;而我打算在不同的语境(伦理的、法律的、政治的及道德的)中运用一套证成的理论,从而区分论战中的各种议题,并提出一套解决方法。如果我们搞清楚这些语境及其中的证成原则,还有各自对个人和共同体的构想,我们就能得到一套既有区别却又统一的正义语境理论(这些正义语境既是证成的语境,又是承认或共同体的语境)。在此,正如我后来研究常说的,我可以使用话语理论和承认理论的“法兰克福工具”(Frankfurt tools),将之与公共证成的理论(罗尔斯、拉莫尔、阿克曼)以及正义(沃尔泽)和人格(泰勒)的情境性说明相

① 此书已有中译本面世,即哈贝马斯:《在事实与规范之间:关于法律和民主法治国的商谈理论》,童世骏译,北京:生活·读书·新知三联书店,2003年。——译者注

② 此书已有中译本面世,即罗尔斯:《政治自由主义》,万俊人译,南京:译林出版社,2000年。——译者注

结合。

大体上说,我认为普遍主义与语境主义的理论形式之间,“超越”和“内在”的批判之间,或抽象原则和社会实践之间的刻板对立,是陈腐且非辩证的。我们需要看见的是,证成或批判之实践是理性和提出理由之实践,它们是社会的、具体的,但又总是具有打开理性空间的反思潜力,而这些理性在某一特定的结构或系统中可能是封闭的。这样的质问就是我们所谓的批判性理由(推论)[critical reason(ing)]。所以任何形式的证成必然是具体的和嵌入的(embedded),具有变得具体化和被约束的趋向,而且任何这样的形式都能被质问,都能变得开放的。这就是批判的全部真谛。在这样的语境中,称一项激进的论证(例如早期社会契约理论家或后来马克思主义所展示的论证)是“非语境的”,是说不通的;因为正是它们的社会语境,使批判者那样言说。另外,上述暗示的原则(即认为没有人应当服从于那些不能以适合的证成措施向他或她恰当地证
110 成的规范或规则)是抽象的(作为一项实践理性的原则),而它在应用上是具体的,奠定了社会批判。如果我们把社会看成“证成的秩序”(像我们在法兰克福研究群剖析“规范性秩序之形成”[①]时所做的——那是我和克劳斯·津特一起负责的),我们就可以发展概念工具,同时分析它的规范潜力和规范具体化。

**纪尧姆:**你同样涉足于新兴的国际政治理论领域,在国家主义与全球主义的跨国正义构想之间提出了一套论证支持“跨国正义的批判理论”[②],并且提出了一套立足于证成权利的人权诠释。[③] 你如何想到“正

---

① See www. normativeorders. net.

② Rainer Forst, “Towards a Critical Theory of Transnational Justice”, *Metaphilosophy*, Vol. 32, no. 1/2(2001), pp. 160 – 179. ——译者注

③ Rainer Forst, “The Basic Right to Justification: Towards a Constructivist Conception of Human Rights,” *Constellations*, Vol. 6, no. 1(1999), pp. 35 – 60 和 Rainer Forst, “The Justification of Human Rights and the Basic Right to Justification: A Reflexive Approach”, *Ethics*, Vol. 120, no. 4(2010), pp. 711 – 740. ——译者注

义语境”观念是可以转换到国际的？

**福斯特：**正如跨国正义的争论所开展的——我偏好那一术语，多于“全球”正义，因为我想指出普世主义与和国家中心主义两种进路之间的争论并不存在简单的“非此即彼”——我使用“正义语境”一词，是在休谟和罗尔斯传统中询问“正义的环境”，但这是重新定义的说法。有什么社会的、政治的或司法的语境从一开始便带来正义的责任？人类存在者之间有什么类型的关系？有什么样的结构和制度适合“正义语境”存在？目前有许多观点尝试解答这些问题。在很多“关系性”（relational）的进路中，有的强调互惠关系在政治共同体中的公共章程，有的强调国家是一种文化的语境，有的强调国家是法律强制（因而也是证成的政治关系）的语境，有的强调国家是合作和生产的语境，诸如此类。通常，这些进路确实把正义语境限制在政治共同体的边界内——虽然情形不一定是（例如）当你对国家以外的制度所实行的司法强制具有更广阔的视野。在光谱的另一端，我们发现“非关系性”（nonrelational）的进路，这是强调任何重要的生活机会和基本益品之供给是一种有待克服的不正义；因此，支持普世主义社会秩序的争论，是在那一基础上发展起来。

我尝试建立一条关系性的进路，但不同于上述那些进路。为此，我
区分了两种思考正义的方式。我相信，我们关于社会正义或分配正义的 111
思考被这样一个观念俘虏了，即认为基本的问题是个人正义地得到或值得拥有什么益品。于是，这要么导致人们各项益品之间的比较，因此也导致相对性的结论，或导致个人是否拥有“足够”的基本益品（不管比较性的考虑）的问题。在我看来，这种以益品为中心、以接受者为导向的观点，容易掩盖了正义四个重要的面貌。第一，如何分配益品的问题（因此还有生产及其组织的问题）经常被忽略。此外，还有第二个问题，即谁决定了生产和分配的结构（还有以什么方式）的政治问题也经常被忽略，仿佛可能有一个巨大的分配机器存在，只需要正确地设定程序。关于这两点，我受惠于艾丽斯·杨对“分配范式”（distributive paradigm）的批

判——虽然我发现她的表达方式有些误导性，因为她似乎笼统地批判“分配正义”的观念，为“政治正义”(political justice)而辩。但重点是，任何对分配正义感兴趣的人都必须首先回答政治的问题，也就是权力的问题。

第三，以益品为导向的图像也忽视了以下的事实：对益品的正当诉求不是简单地“存在”，而是仅能透过证成性话语(justificatory discourses)方能获取；而在这种证成性话语中，所有主体都是作为自由而平等的个人涉足其中。最后，执迷于益品的正义观也大多忽略了不正义的问题不予说明；原因是，由于着眼于克服益品分配的缺陷，因自然灾害而遭受贫乏的人是等同于因经济和政治上的剥削而遭受穷困的人。虽然两种情况确实都需要援助，但一者需要**道德团结**的行动，而另一者需要**正义**行动，后者的条件视乎人们所涉足的剥削和不正义的关系的性质，以及相关的具体错误。忽视这一差别，可能导致的情况是：在现实上本属正义要求的东西，被当作一项慷慨帮忙或“援助”的行动。这是我们在政治论争中经常发现的重要的意识形态手段；正义的批判理论需要分辨这些手段，并提供工具批判它们。

基于这些原因，承认正义的**政治**要点，并使人从执迷于益品数量的观点中解放出来，尤其必要。正义必须放在**主体间的关系和结构**，而不是**益品供应的主体性状态**(或**假定是客体性的**)**状态**。在我看来(跟随罗
112 尔斯)，正义的概念有一个核心意义，在本质上与之形成鲜明对比的是“专断性”(arbitrariness)概念，这是从社会含义上理解，意即某些个人或某一部分共同体对他人的专断统治；被动接受为命运，并且带来社会从属关系，就是专断的社会偶然性。“支配”(domination)一词在这里是适用的，因为这意味着某些人对其他人的专断统治，却无合法的理由；而且，当人们参与反抗不义的斗争时，他们是和这种支配形式作斗争。(所以我这里使用了支配的话语理论性理念，与菲利普·佩迪特提出的理

念[①]略有不同。)反抗不正义的基本动力,不是想要某些东西或想要更多东西;反之,如上所说,这是在人们对证成的诉求和**基本的证成权利**中希望不再被支配、掠夺或压迫。这一权利所表达的要求是,若是不能对受制于这一政体的人做出充分证成,就没有政治关系或社会关系应该存在。

**纪尧姆:**你怎么描述跟正义的其他"关系性"进路的主要差别?

**福斯特:**这些进路大多数采取一种实然界定的政治语境,作为正义的基本语境——对此,我既是意指一种实在法[②]的语境,又意指一种实在的、相互的社会合作的语境。然而,我害怕这些进路经常陷入我所谓"实践的实在主义"[③]。原因在于,因为着眼于诸般实在的司法秩序和实在的合作,以此界定和限制某一正义的语境,他们本末倒置,忽略了正义的真正性质。我可以打个比方说,正义是一位女神,来到这个世界,在人与人之间"搞好"那些出错的"事情"——支配的关系(亦即统治的关系),而又没有充足的理由。然而她的主要语境当然是**不正义**的语境,专断的社会规则的统治。因此,为了它的实现,正义要求建立证成的结构,创造得以相互地和普遍地证成(以及可以证成)的社会关系。然而,一个实在的语境不能是它的假设,因为那是以结论为前提的。一个正义语境之出现,是当相应的关系与支配(或统治)的结构——亦即**消极**合作(强制和非对称的)结构或**积极**合作(互利)结构,以及司法规则的结构(无论是否得到证成),乃至法律规管之外(至少超越国界)的社会支配(或经济

---

① 佩迪特对支配与自由的理念,参阅本书第十章的对话。——译者注

② 实在法是国内法学界的流行译法,英文原作 positive law,拉丁文原作 ius positum,此名是从动词 posit 而来,更准确的译法该是"设定法",正文从俗译作实在法。positive law 之所以讲究设定的涵义,因为同样是规定行动,要求人遵守的法,实在法是人类制定的法则,因人类团体(尤其是国家)的立法行为而来,有别于自然法的性质,因为自然法宣称仅以上帝、理性或自然为据,便有要求世人遵守的约束力。——译者注

③ "实践的实在主义"英语原作 practice positivism,仅以 positivism 单行,一般译作实证主义;但鉴于福斯特是在实在法的语境下讨论问题,故译作"实践的实在主义"。——译者注

支配）的结构一一就位。这些就是正义的所有语境；而在这些语境中，正
113 义的第一任务是建立充足的证成结构。一个正义语境就是必须禁止支配，要么因为支配存在（例如在消极合作和政治支配中），要么因为出现支配存在的威胁（例如在需要证成的统治制度中）。

因此，为了在跨国语境中运用正义即证成的理念，我们需要一个精致的观点来说明支配（正式的和非正式的）和统治（我将之视作正式的），使我们得以辨别国界之内、之间和之外的关系和结构是否称得上正义/不正义的关系和结构。因此，我们基本上不需要寻找现存和经过界定的人民（demoi）或各国之间的政治利益关系。确切地说，我们需要辨别结构性的关系、联系和语境；无论是制度性与否，它们说明了某些统治或支配的形式，而且称得上是正义/不正义的语境。于是，人民作为证成的主体，被界定为“臣服的人民”，这些不一定（而且大多不会）等同于现存的人民。因此，我们在跨国层面上开展统治和支配的分析。我知道，不是容易的任务，但有待我们去做——如果我们要讨论全球正义/不正义。不消说，如果我们得不到足以给我们这样分析的社会科学视角，我害怕正义的批判理论仍不过是一个方案，而且是一个空洞的方案。

**纪尧姆**：在这一联系中，人权概念扮演什么角色？

**福斯特**：在当代讨论中，我们发现各种各样证成人权的进路：有些取决于美好生活及其条件需要保障的基本理念，有些取决于重叠共识的观点，有些取决于隐含在人权的政治法律实践的观点之重建，有些取决于避免人类邪恶的极简主义论述，诸如此类。然而，当我们反思人权时，我们不能忽略这些权利核心的**社会**面向；也就是说，无论何时何地要求它们，正是因为相关的个人遭受各种压迫和（或）剥削，并且提出抗议，所以他们相信他们作为人类存在者的尊严遭到漠视。正如在如今阿拉伯国家的革命中，抗议者认为他们反对的措施或制度违反了他们作为人类存在者应得的基本尊重。人权首先是对抗某些人向别人施加某些邪恶的
114 武器；它们强调对待的标准，使得没有人可以正当地否定他人；并且，这

些标准应该在一个合法的社会秩序中得以巩固。

然而如果人权确实意味着，确保没有人类存在者得到的对待方式是无法向他或她（作为一个跟其他人同样平等的人）证成的，那么这涵蕴（从条件反射上说）那一诉求支撑着所有人类权利；也就是说，人们要求得到尊重为自主的能动者，具有权利不臣服于某些无法向他们充分证成的行动或制度规范。因此，人权在**一个**基本的道德权利中具有一个共同的基础，即**证成的权利**。于是，人权的司法政治功能是使这一权利在社会上行之有效，无论实质上还是程序上。实质性的面向包括制定各种表现适当的相互尊重的权利；违反了这些权利，就不能在自由而平等的人之中得到恰当的证成。程序性的面向强调的基本条件是，没有人应当臣服于这样一套权利和责任，臣服于这样一个政治—法律的权利体制；这些东西的决定使他或她无法作为自主的证成能动者参与其中。所以，人权不仅保护人的自主性和能动性，它们也在政治上**表达**了他们的自主性。

我相信，这种奠立人权的做法不该遭到我族中心主义的非难，这种非难萦回在这么多对人权的证成，因为这种非难本身要求一种充分证成的权利，不排除那些受影响的人。我把那种人权进路称为一种批判理论，因为它是从参与者在社会斗争中的视角展开，并且重构了人权的基本解放诉求。

**纪尧姆：**自哈贝马斯以来德语世界政治理论的发展，你有何看法？你怎么看待欧陆和英美政治理论之间的异同？

**福斯特：**哈贝马斯的著作主要在德国（也在更广大得多的国际语境）中带来许多变化。其中一项变化是在政治理论的领域中——虽然有许多其他的影响，和哈贝马斯的影响相结合。继罗尔斯《正义论》之后，大致出现了政治哲学的复兴；这本书在德国获得接纳，首先是在哲学之中，
但也进入到政治理论之中；那时候，在德国关注的是观念史和制度理论， 115
基本上不是政治哲学。这已发生了变化，而我认为哈贝马斯的著作（尤

其在《在事实与规范之间》以后)已在这里影响深远。因为,他说明处理一个可证成的政治社会秩序的问题,需要从各种学科(揆其大者,即哲学、社会学、政治科学、法学)的非化约性组合(non-reductive combination)着手。然而一套“合乎情理”(reasonable)的秩序如何可能,使得公共理性占有独特位置;这个系统性问题已摆在前台上(正如这已载于《公共领域的结构转型》[①]之中)。晚年罗尔斯也把康德式公共理性观念放在他的思想前台之上。“协商民主”是这个语境的关键词。

所以,认为德国政治理论在罗尔斯和哈贝马斯之后开放自身接受(尤其在康德意义传统中)哲学和规范性思想(之后又提倡亚里士多德主义、黑格尔主义、马克思主义或休谟主义等评论),以至今天政治理论和哲学之间的学科分界远不像以前那样严格,也许是平情之论。英美语境也是这样。尽管如此,因为传统和知识文化的差异,在德国政治理论中,规范思想与社会学、历史学的思考之间的联系,比英美话语要强,但我认为现在二者已有更多的重叠和交流。尤其在年轻一辈中,我看见很多富有创见的学者跨越政治科学和哲学的界限,兼取二者之长。再一次,哈贝马斯在这些问题上的研究堪称典范。

政治科学和哲学之间出现更紧密的联系,还有其他原因。一个是,在英美研究中,有关多元文化主义,已有一场活泼且在概念上令人铭记的争论;而在德国已有领会,大多是透过输入的理论,例如威尔·金里卡和吉姆·塔利[②]的理论。再者,在这些争论中,哲学的、司法的和制度的,以及历史的和社会学的诸面向,它们在过去而且有需要予以结合;这也打破了某些障碍。之前在德语语境中很少理论建议,处理那些归入在“多元文化主义”标题下的问题。然而这些问题以前要,而现在也要放在

---

① 此书英译本参见 Jürgen Habermas, *The Structural Transformation of the Public Sphere: An Inquiry into a Category of Bourgeois Society*, trans. Thomas Burger, Cambridge, Mass.: MIT Press, 1989. ——译者注

② 吉姆·塔利(Jim Tully)即詹姆士·塔利(James Tully)的别称。——译者注

议程之上。

还有一个趋向需要提一下，但在这里，我所说的可能更多的是希望，而非事实的陈述。在传统上称为“观念史”的东西，在德国正经历重要的 116
变化。在此，某一形式的历史主义过去占据优势。但现在由于国际层面的交流越来越多，我们看到在诸如共和主义的研究领域中，如果你想想佩迪特和斯金纳（虽然剑桥学派强调政治观念发展的历史语境和战略语境），历史反思和系统性的政治哲学形成了新的结合。还有其他领域发生了这样的事情；而我希望拙著《冲突中的容忍》一书（最终将以英语面世[①]）对此有所贡献（这是一本大书）。

于是，从根本上说，我们正在见证知识文化和学术文化国际化的大致进程，而哈贝马斯再次是一个具有代表性的名字。但同一时间，他也是来自于特殊背景，并保护它的一个模范；因此，国际化不一定（像今天很多人担忧的）意味着被精简或被吸收进霸权话语之中。

所谓“欧陆”和“英美”之分，我认为这意味着这一区分作为地理的区分，不再说得通。尽管如此，不同的思考方式仍然存在，但很多（多于两个）不局限于某些文化之内。一方面，马克思主义、后结构主义、现象学、批判理论或者你所想到的其他理论之间，存在非常重大的差异；另一方面，你会找到罗尔斯主义者、实用主义者、理性选择进路、自由至上主义者、社群主义者等等。因此两个“阵营”之间并无清晰的界限，只有政治理论的众多进路——比如，如果你比较我参与编辑的某些期刊的大部分著作，姑且列举少许，例如《伦理学》《政治理论》，或《格局》等。这不是一个问题，因为世界是一个复杂的场所，人类存在者对之经常怀有（而且将来也怀有）不同的视角。但可欲的是，这些最具创见的视角仍在对话之中，无论它们是罗尔斯主义、哈贝马斯主义、阿伦特主义抑或福柯主

---

① 即 Rainer Forst, *Toleration in Conflict*: *Past and Present*, Cambridge: Cambridge University Press, Berkeley: University of California Press, 2013. ——译者注

义。尤其从批判理论的视角出发,我们必须努力结合最好的批判工具——比如说,当要分析权力的时候。尽管视角的多元性,但我相信一套共同的政治—哲学的概念语言的可能性和可欲性。

**纪尧姆:**2009 年,瑞士选民通过了一项倡议,禁止兴建新的光明塔[①]。在过去数十年间,欧洲多个立法团体,无论是在地方上抑或全面范
117 围上,已通过法律,限制被视为公然显示宗教性的东西。无论它在解放上抑或安全上是否得到证成,很多欧洲国家已(或明或暗地)惩戒穆斯林社群和个人。你如何分析当前这一状况?批判政治理论可以提供什么工具?

**福斯特:**这些问题跟我对容忍和多元文化主义的研究相关,我很乐意对此谈几句。当人们思考这些案例时,对稍为了解不容忍和容忍的历史(我在《冲突中的容忍》将之重构)有些帮助。对光明塔或宗教头巾的禁令,提醒我们欧洲(但不仅在欧洲)社会存在古老形式的不容忍,或仅是有限的容忍。宗教少数派人士在社会生活中总是受制于歧视或严格规管;这意味着,即便他们得到容忍,也不被允许建造教堂;即使他们可以建造教堂,但教堂是否具备塔楼、鸣钟、由大街进入的门口等,仍是一个有待辩论的事项。观察这些辩论和规管,有人间或认为我们又回到早期现代性的宗教战争之中。然而再次观察它的话,事情看似有所不同。今天西方社会的宗教歧视是按照世俗词语来塑造的,例如性别平等、安全议题和民主决策。当然,有人可能说,这也不是新鲜事。比如,当洛克反驳容忍无神论者或天主教徒时,他是在道德和政治的基础上这样做。或者,他至少认为他的做法指示了容忍历史的重要教训,以致我们应该

---

① 光明塔,或称宣礼塔,是清真寺旁由报告祈祷时刻的信徒使用的,是清真寺的附属标志。整个瑞士只有四座专门设计建造的正规清真寺,但随着极右势力的强烈抗议,反对建造清真寺也成为 21 世纪初该国政治讨论的热门话题。极右党派瑞士人民党在 2009 年向国会递交的提案,要求在瑞士禁止建造光明塔,在 6 月 5 日上议院的投票中,遭到否决。但是,反伊斯兰的声音并未消减。11 月 29 日,瑞士选民以 57.5% 的支持率通过了禁止在瑞士修建光明塔的议案,这不仅震撼了瑞士政坛,也让欧洲其他国家的人民深感诧异。——译者注

争取一套共同的政治道德语言,不轻易被某些宗教(或披着世俗外衣的不容忍)殖民化。

在这些争论中,提醒自己容忍概念的复杂性,是很有用的,尤其因为斗争双方(例如支持或反对禁止头巾)都声称以容忍之名说话。这不是因为牵涉不同的容忍概念,而是因为我认为只有一种概念。然而对它确实有不同的构想。且让我解释一下。

容忍概念有三个元素:反对(objection)、接纳(acceptance)和拒绝(rejection)。第一,作为容忍对象的信仰或措施,必然被容忍一方视为假的、错的或坏的。不然的话,对它们的态度可能是冷漠或确认的态度,这两种态度都排除了容忍。第二,除了这些消极原因外,还要有些积极原因就位,说明为什么这是可被允许的,甚至容忍错误的东西可能是正确 118
的或必需的。这些积极原因不一定排除消极原因,但当出现容忍的事例时就会压倒它们。第三,有些消极原因决定了容忍的限制;在这些限制上,积极原因可以说是已经失效。尤其是,当容忍的限制得到法律的帮助时,证成限制的门槛显然一定是很高的。

在历史上,容忍某些不同的构想,以及支持容忍的多项证成,已经发展出来;有些是宗教的,有些是道德的,有些是认识论的,有些是实用的,或者是彼此的结合。在这些构想中,我发现有两项是最重要的。第一项是我们可在最经典的证成和立法(例如1598年南特敕令和1689年容忍法令)中找到,我称之为容忍的"允许构想"(permission conception)。主要的观点是,一个权威(例如得到宗教多数派支持的君主)允许少数派按其信仰而生活,只要他们不超出权威划定的界限。在这个构想中,少数派以绝对的忠诚来换取安全和某些形式的自由,而权威透过(例如)某一宗教反对的做法、实用主义的接纳,以及政治上或宗教上的拒绝,保留了自我决定容忍这三个元素的权利。然而我们不应该认为,这个构想是一种仅是过去专制主义的东西,因为今天容忍权威呈现为多数决定民主的形式。所以,有人间或认为,容忍一个宗教(或一套生活方式)意味着不强迫某些人弃绝它或否定它的做法——虽然这不意味对这些群体相同的尊重，或允许它们获得相同的权利。比如，在同性婚姻的论争中，德国一个保守政党使用“容忍可以，结婚不行”(Tolerance yes, marriage no)的口号。这仅仅是允许容忍，而允许容忍常常受到批判；例如，歌德称之为一种“侮辱”。

同样从历史上说，容忍的另一个构想我称之为“尊重构想”(respect conception)。它所立足的洞见是：在一个多元而民主的社会中，容忍者也是被容忍者，反之亦然；国家的基本制度应该立足于所有公民能够平等地共享并视为公平的原则，亦即，它据以证成的理由是在相互矛盾的党派或宗教观当中不专断地偏袒某一方。因此得到普遍接受的是，接纳和拒绝的元素不是仅由某一党派决定，而是经过各方参与的一个证成过
119 程。对这一种容忍的证成，具体见于皮埃尔·培尔的著作(虽然还在胚胎的形式)；而它有两方面。第一是规范性的面向：每一个公民必须承认其他公民平等的证成权利，以致基本的原则必须取决于相互而普遍地不可拒绝的理由；这意味着没有党派提出任何否定他人的主张，而且不会透过自己否定他人具有相同的权利而决定一项合乎情理的主张是什么。此外，所有牵涉和受制于相关规范的人必须具有相同的发言权。第二是认识论的面向。正如培尔的观察，为了避免宗教真理压倒平等尊重和证成的原则，必须确立宗教信仰、普遍知识和道德原则之间的区分；这意味着，宗教真理的主张仍是可能的，但不能压倒经验知识或平等尊重的原则，因为接受和拒绝这些宗教主张同样是合理的，取决于这一个人的信仰。正如培尔所论，它们是“超出理性之外”，亦即既非不理性的，亦非理性的普遍真理。因此容忍过去和现在都涉及宗教信徒(而非怀疑论的或相对主义的类型)若干自我实现。所有人都需要接受的是，宗教是信仰的事情，它具有某些预设并非普遍共享的，亦非必须共享的。

因此如果我们想把诸如瑞士禁止新建光明塔的决定称为不容忍和不民主的，我们必须依靠容忍的尊重构想。然后，我们看见这项决定否

定了公民基本平等的地位及其基本权利,因为它以不可允许的方式将一个宗教—政治的反对意见变为一个司法—政治的拒绝;这一做法违反了平等的尊重,而且不取决于可以相互而普遍地分享的理由。这不仅仅是瑞士的问题,或偶然的现象。通常,多数派认为他们有权利根据其宗教信仰决定其社会的基本结构,据此禁止堕胎、同性婚姻、佩戴头巾等。然而如果有人将正义的理念当作奠立容忍的尊重构想为基本的证成理据,那么他们就没有这样的权利。谁也没有!

**纪尧姆:**最后,你认为不久的将来政治理论往何处发展?

**福斯特:**政治理论也许不总能回应时代的挑战,但它总是反映它们。因此人们不需要成为一个先知,预测“后民族”的趋势将会持续下去,并且获得力量;这既涉及寻找一些政治形式和规则,面对各个社会日益上 120
升的文化多样性的事实,也涉及国家以外的原则和制度的证成和设计。需要花些时间让自己解放出来,摆脱经典国家制度所安排的陈旧的政治思考方式;而我们还不知道为了保障(和重新发明)民主参与和社会公平的基本原则,随之而来将会发生什么事情。然而这是我们必须投放精力的地方。这也适用于(例如)我们分析权力的工具,因为我们需要找到理解各种形式的社会政治权力,后者不再仅是定位在民族国家之中。

从方法论上说,如果我们想到近年(例如德沃金、柯亨、纳斯鲍姆、霍耐特和阿马蒂亚·森)研究正义的作品,我预料解释学、康德主义进路或柏拉图主义进路之间将产生争论。我非常欢迎这一讨论,因为它迫使我们重新思考我们的规范性信条,以及理论联系实践的方式。此外,批判理论对此有些东西可以提供,虽然它又表现为不同的说法,有些更富黑格尔主义,有些更富康德主义。这是每一个有活力的传统应该如何的情形。

**纪尧姆:**非常感谢这次富有启发性的访谈!

# 第八章 邦妮·霍尼格访谈:剖析斗争的人文主义

加里·布朗宁访问

**布朗宁:**邦妮,我们非常热衷于与你进行一场访谈,以便让读者发现你的知识成长和当前的思考,非常感谢你同意接受这次访谈。你的政治理论进路以它对政治的划定(valorization)而著称。《政治理论与政治的易位》[①]论证塑造政治活动的规则和安排正在进行的争议,反对把政治化约为潜在形式的社群共识、法律或理性的理论策略。你能否阐述你为什么认为政治和基础规则及原则的争议具有这种重要性?

**霍尼格:**20世纪80年代中叶,我在美国研究院接受教育时,阅读了罗尔斯的大量作品,也许有一部分是因为我先前在加拿大和英格兰与罗尔斯主义无关的课程中已完成了先前的作业,而罗尔斯的方案让我感到既奇怪又陌生。这个设计制度的哲学计划若是成功的话,使任何进一步的政治斗争、争议或交流都变得不必要;这使我感到奇怪,而且扼杀活力;这一想法是我在尼采身上看到的,而我是在本科训练后期阅读尼采的。但最初,这不过是我在阅读罗尔斯时对事情的不成熟的感觉。我的

① 即 Bonnie Honig, *Political Theory and the Displacement of Politics*, Ithaca: Cornell University Press, 1993. ——译者注

第一个直觉是跑到自由主义传统的其他思想家寻找其他选项。格林是我早年的一个英雄，而在20世纪80年代中叶，我在贝利奥尔学院[1]花了一些时间阅读格林的手稿。但最后，我从汉娜·阿伦特和尼采的作品中，发现更好地阐述我对罗尔斯系统性的正义进路的反对意见，并且较 122
清晰地理解如何不一样地理论化和推动政治实践。

我在阿伦特和尼采中找到的是警惕任何政治秩序产生我所谓的"剩余物"(remainders)——这是从伯纳德·威廉斯的术语改编而来——的倾向。尼采和阿伦特也使我们印象深刻的是，察觉到那些从现存安排中得益的人，以某些方式涉足那些被他们剩余的人所做的事情。我对这一洞见之所以有所准备，也许是由于我在早年无意阅读霍布豪斯为了失业保险而提出的颇为类似的论点。[2] 但现在我们是否应该从我们的得益中思考不平等的涵义？对我(还有对霍布豪斯和其他针对资本主义经济的不幸和不义的批判者)关键的是，我们认为制度剩余物是应得的(正如罗尔斯所批判的那些社会理论家所做的)、是"不幸"(正如罗尔斯所做的)抑或是不义的问题。对罗尔斯来说，很多资本主义的剩余物构成了一种应该予以补救或处理的不义。然而，罗尔斯式正义本身是不涉及它所产生的不平等。它的不平等是**得以证成的**，亦即《正义论》[3]运思的整个要点。

正义自身可能构成不义；这在罗尔斯式框架中，并非不可思议的。对我来说，绝对有必要的是思考这个想法，使罗尔斯的"不幸"观念变得"政治的"(political)——可争议的、可变易的和绩效的——揭示了罗尔

---

① 贝利奥尔学院(Balliol College)是牛津大学其中一个最古老尊贵的学院，1263年成立。——译者注

② 霍布豪斯这方面的见解，据本章所附书目，参阅 Leonard Trelawney Hobhouse, *Liberalism*, introduction by Alan P. Grimes, New York: Oxford University Press, 1964. 此书已有中译本，即霍布豪斯:《自由主义》，朱曾汶译，北京:商务印书馆，1996年。——译者注

③ 据本章所附书目，霍尼格所采用的版本是 John Rawls, *A Theory of Justice*, Cambridge, Mass.: Harvard University Press, 1971. ——译者注

斯以什么方式使不幸的范畴解决了正义的不义问题。透过展开“不幸”观念来描述那些由于机遇而本性不符合正义制度安排的需要的人(他的本性就是他的不幸,罗尔斯说是错配),罗尔斯支持的正义类型不涉及它所引起的暴力,以及它维持自身的做法。在此,我相信我是受到威廉·康诺利的影响,康诺利一直仔细关注某些事物(而非其他事物)如何出现,跨越正义的门槛。[①] 从康诺利(还有德里达)身上,我才知道如何把我对罗尔斯式正义的直觉反感转化为一套更深思熟虑和最终非常有洞察力的分析,说明那套民主理论进路的吸引力和限制。

最后,当时(而且如今依然)让我惊讶的是政治理论作为一个领域,并不关注证成的**政治**。自由主义者和协商主义者非常清楚“**决策主义**”(decisionism)**的危险**。**证成的危险**也需要予以承认。我在伯纳德·威廉
123 斯中找到这种承认。尤其在研究道德冲突的作品中,他掌握了无法证成(unjustifiable)的道德重要性。在撰写(如他所说)“没有正确的事情可做”的悲剧情境时,他拒斥康德主义进路和功利主义进路。在一个道德能动者必须思考令人厌恶的行动(杀一个人以拯救九个人的性命,与允许十个人被杀)的情况下,威廉斯认为行动者没有义务把自己植入到这情境之中(与功利主义相反),但如果他这样做,他就不应该**证成**他所做的暴力(正如功利主义者所做的)。[②] 反之,即使他可能觉得他杀一人而救九人是做得最好,而且他的行动也可能具有良好的理由,但行动者应该对他的行动感到遗憾。在悲剧情境中行动,意味他的行动将有剩余物,而一个正常的道德能动者应该对此有些责任。

---

① 康诺利这方面的见解,据本章所附书目,参阅 William E. Connolly, *Pluralism*, Durham: Duke University Press, 2005. ——译者注

② 据本章所附书目,参阅 Bernard Williams, “A Critique of Utilitarianism,” *Utilitarianism: For and Against*, ed. J. J. C. Smart and Bernard Williams, Cambridge: Cambridge University Press, 1998, pp. 68 – 150. 威廉斯对这种悲剧性情境的剖析,还可参阅 Bernard Williams, “Conflicts of Values,” *Moral Luck: Philosophical Papers, 1973 – 1980*, Cambridge: Cambridge University Press, 1981, pp. 71 – 82. ——译者注

在一篇讨论威廉斯作品的论文(即《差别、两难和家园政治》[①],它刚好在《政治理论与政治的易位》后发表)中,我剖析威廉斯对悲剧情境及其剩余物的处理,并且把他的洞见延伸到政治理论。我批判威廉斯的道德正直(moral integrity)的说法,为的是它的政治撤退论的涵义,呼吁注意我认为是以下事实的含义;在他的例子中,他所思考的最悲剧和明显是暴力的情境(而且对威廉斯来说,功利的、正确的行动——即杀一人以救九人——并非不被允许的唯一情境)是发生在南美洲一个无名的、政治反复无常的国家之中。我认为,威廉斯透过这一例子所传达的巧妙建议是,良好的道德能动者不应把自己置于太大的风险之中;那些关注其道德正直的人不应冒着离家太远(too far from home)的风险。因此就引发了我后来对外来性(foreignness)政治的兴趣。

但在《政治理论与政治的易位》中,威廉斯对我已是重要的;在书中,virtù 的政治(或在最后一章中,virtue 与 virtù 的争议政治[②]),或我后来所谈的斗争主义(agonism),对我来说,都是致力忠于政治的剩余物。这些不仅是那些不符合命令的要求,而又发现自己生活在其中的人。剩余物(remainders)这词也指涉及那些萦回政治生活中各种做不到的应然,以及所有不合主流规范和各种主体性和亲属关系的人,无论我们把这些不符合的人称为同性恋(queer)、女性气质(ferminine)、无意识的(unconscious)、刑事的(criminal)或抗拒的(resistant)。"virtù"(即难以驾驭的virtue)在我第一本书中是以泼妇的刚烈女性形象来跨越性别,这对我来

① 即 Bonnie Honig, "Difference, Dilemmas and the Politics of Home", *Social Research*, 61 (Fall 1994), pp. 563 – 598. 后经过修改收入 *Democracy and Difference: Contesting the Boundaries of the Political*, ed. Seyla Benhabib, Princeton: Princeton University Press, 1996, pp. 257 – 277. ——译者注

② virtù 概念源自拉丁文 virtue,形容一个人可欲的素质,而这些素质未必跟惯常界定的美德相同;在马基雅维利的作品中,这是特指国民或领袖的军事精神和能力,包含各种维持国家和"完成伟大事情"的素质,有别于基督教所讲的美德;而霍尼格就是沿袭这方面的见解,强调 virtù 与 virtue 的不同和争议。——译者注

说是一个标示的方式，标示那一抗拒或难以驾驭性，并且呼吁分析它的
124 政治生产和涵义。于是，在某种程度上，《政治理论与政治的易位》是呼吁某一种政治责任（而且实际上，我在该书对尼采的解读也集中在那个独有的概念）。

**布朗宁：**在《政治理论与政治的易位》中，你批判各种形式的美德政治，尤其是康德、桑德尔和罗尔斯的形式。你是否认为后罗尔斯式分析的政治理论仍在相同的倾向继续下去？

**霍尼格：**虽然其他人把政治理论的范围划分为欧陆进路与分析进路，但我倾向于按照不同的划分法来思考。吸引我的那种作品是试图诊断我们囿于某些范畴、思想习惯或权力模式的固执。诊断性或治疗性的政治理论试图使我们开放到崭新的思考方式和行动方式，常是透过误用修辞（catachresis）的做法——把不可能的东西放在一起。在《民主与外来者》[①]开篇时，我以《奇妙的奥兹巫师》[②]来解读卢梭的《社会契约论》，比较卢梭的立法者与桃乐茜——弗兰克·鲍姆的书与好莱坞电影的女主角。[③] 萨尔曼·拉什迪撰写了一本伟大的书，讨论了“英国电影协会”

---

① 即 Bonnie Honig, *Democracy and the Foreigner*, Princeton: Princeton University Press, 2001. ——译者注

② 《奇妙的奥兹巫师》（*The Wizard of Oz*）是弗兰克·鲍姆（Frank Baum）创作的儿童读物，故事讲述了美国堪萨斯州小姑娘多萝西被龙卷风带入魔幻世界，在“奥兹国”经历了一系列冒险后最终安然回家的奇幻故事。1939 年被拍成电影在美国上映，中文名为《绿野仙踪》，在 2008 年美国电影学院举办的“十大类型最佳电影评选”，该片位列奇幻电影类第一名。——译者注

③ 在《绿野仙踪》中，扮演桃乐茜（Dorothy Gale）的是朱迪·嘉兰（Judy Garland）。在故事中，桃乐茜被龙卷风带到了名为“奥兹”的矮人国度，掉落的木头房子碰巧砸死了为害“奥兹”的女巫，而桃乐茜因而受到贵宾礼遇。但是，她一心想找到回家的路，矮人们告诉她，只有翡翠城的魔法师才能帮她找到回家的路，桃乐茜决定去寻求魔法师的帮助。在路上，桃乐茜结识了没有头脑的稻草人，缺少心脏的铁皮人和寻找勇气与胆量的狮子，她们结伴同行，途中受到了女巫的妹妹的阻挠，冲破重重阻挠，终于来到翡翠城。但他们发现魔法师不过是一个同样被龙卷风刮来的魔术师，根本没有什么法力。正当他们失望的时候，魔术师却使他们一一实现了愿望，使桃乐茜终于回到婶婶和叔叔的身边。——译者注

系列的电影[①];在书中,拉什迪把桃乐茜当作标志性的移民,她离开了家乡(在堪萨斯州)的灰白,寻找更富色彩的冒险之路。拉什迪对桃乐茜的拥护提供了精彩的抗衡力量,抵消伯纳德·威廉斯的道德居家者(moral homebody)。桃乐茜也有政治潜质。我把桃乐茜解读为一种外来的创立者,奥兹的无意能动者不仅来自西方邪恶的女巫,也来自魔术师强加的、幼儿化的异己统治。桃乐茜将之当作是她自己做些在家不可想象的事情。拉什迪的解读指出,她把自己置于风险之中,从而成长起来。但是,如果我们把自己的焦点移到她以外,转向那些受她影响的人,我们就能看见她透过把自己置于风险之中,不仅成长起来,而且担当亟须变化的能动者。从一个后殖民视角来看,这可能看似是有问题的,而且它的确有问题。它似乎认为,本土的公民不能自我管治,需要被外来者拯救。然而那一角色不是由桃乐茜来扮演,而是由奥兹故事中既无法力而又自私自利的巫师所扮演。桃乐茜不是要求权力,而是权力再分配的能动者。连同卢梭的立法者(这些立法者也是来自其他地方),她向我们提出的问题是,为什么民主国家向自己讲述这些故事?外来创造的脚本对民主的公民身份和自我理解做了什么工作?

研究公民似乎自我幼儿化,并等待从民主政治的包袱中获得拯救的 125
脚本,不等于认可它们。事实上,情形刚好相反。我在《民主与外来者》所观察的外来创立者的脚本,有很多叠代(iterations)使我们面对一个诊断性问题:与其询问"我们应该如何解决外来性的问题?"或"我们对它们做什么?",此书提及一个不同却又可能对其他人有帮助的问题:"当我们担心或欢迎移民,尝试确定我们的边界或欢迎崭新的全球时代时,外来

① 据本章所附书目,此即 Salman Rushdie, *The Wizard of Oz*: *BFI Film Classics*, London: British Film Institute, 1992. 在该书中,拉什迪认为《奇妙的奥兹巫师》不仅是一部儿童作品和奇幻历程,这个故事说明成人的不足,以及成年中的儿童控制自身命运的弱点。流行意见认为,逃离现实的奇幻历程最终以回家收场,但拉什迪予以反对,认为这部作品讲述的是流亡,说明想象可能变成现实,根本没有像家园之类的场所,唯一的家园是我们为自己创造的东西。——译者注

性可能为民主国家解决了什么问题?”

其他我认为算是诊断性的作品,也使我深受影响的当代思想家,包括福柯、维特根斯坦、本杰明、迈克尔·罗金、雅克·德里达、汉娜·阿伦特、艾蒂安·巴利巴尔、彼得·埃本、理查德·弗拉思曼、简·班尼特、朱迪丝·巴特勒、雅克·朗西埃、芭芭拉·约翰逊、迈克尔·华纳、史蒂芬·怀特、山姆·韦伯、彼得·芬维斯、温迪·布朗和比尔·康诺利。还有更多的人。当然,这些人不全是政治理论家,但他们所有人都有政治理论的良好训练;尤其是,他们所有人都结合了不同的理论探索于文学作品和文学分析。

与这种诊断进路相反的是,大量政治理论是理想性的,或系统性的,提供的不是对当前限制的诊断,而是另一套完全显现的选项;这些选项据说已通过正义、美德、融贯性或平等性的测试,而且被拥护为值得履行,即使这种履行是不切实际或不可能的。其他人可能认为第二种理论是积极的,而诊断理论的工作却被算作是消极的——据说没有其他选项可以提供,但我认为,为了尚未充分说明的变化,打开空间容纳崭新的思想和行动模式,是具有大量积极的(而且是实践的!)东西。此外,从诊断进路的视角来看,再三想象和建构那些通过各种证成的测试(而这些测试本身只在某些理论世界的环节中是有力的)的理想性理论(ideal theory),本身就是对任何积极政治的逃避,而非对它的拥护。(如上所说,它也包括另一种逃避:逃避证成的**政治**。)那就是说,正如乌托邦作品的读者相当清楚的,有时候某一理想选项的呈现,本身可能是去熟悉化(defamiliarization)一项有效的策略。

20 世纪 90 年代有一会儿,那些在欧陆进路与英美进路之间(虽然英
126 美两国都有欧陆理论的影响,但这一空间化范畴分类是愈来愈不恰当)试图逃避本体论问题和认识论问题的理论困境的人,尝试躲在政治思想史之中。咸以为,那儿有一种实证主义,可以从政治理论更棘手的政治问题中提供一些歇息的时间。然而政治不是这么容易被处理掉的,而历

史本身是比实证主义者所希望的更有趣和更不遥远。近年政治思想史的新作已经强烈地表现了诊断进路的去熟悉化的工作。这里,我想到吉尔·法兰克的亚里士多德、莎拉·莫诺森的柏拉图、乌代·梅塔的柏克、珍妮弗·皮茨的约翰·斯图尔特·密尔、柯尔斯蒂堤·麦克卢尔的洛克等等。

在我最近的新书《紧急政治》[①]中,我发现后“9·11”的美国安全政治可以从美国所谓“第一次红色恐慌”[②]期间可资比较的事件和问题的做法上得到有益的处理。我也在卡尔·施米特的同辈人弗兰兹·罗森兹维格的著作中找到概念资源,打破施米特式的例外状态[③],并且将之定位在更民主的方向上。目前,我正在研究索福克勒斯《安提戈涅》[④](战时哀悼政治的经典文本),从中寻找资源重新思考死亡、埋葬和战争的政治。

**布朗宁:**在《民主与外来者》中,你借助普世主义作为外来者的争议形象的一个途径。基于全球从事政治和争议立场的各种不同途径,普世立场在多大程度上是可持续的呢?

**霍尼格:**普世立场本身是不可持续的,因为按照我的理解,普世主义命名的不仅是一个立场,而且是一套政治方案。这套政治方案预设民族

---

① 即 Bonnie Honig, *Emergency Politics: Paradox, Law and Democracy*, Princeton: Princeton University Press, 2009. ——译者注

② “第一次红色恐慌”(First Red Scare)是指1917—1920年间美国社会弥漫恐惧和敌视布尔什维克主义的社会心理,它的根源是第一次世界大战的亢奋的民族主义与俄国十月革命。当时美国政府认定劳工组织的行动是共产革命的温床,针对像西雅图大罢工和波士顿警察罢工等事件,加上无政府主义者对政商领袖的炸弹袭击,以及反对南欧和东欧移民的活动,而对各种激进主义的恐惧也被用来解释对言论自由的压制。这次恐慌在1920年中叶结束,当时首席检察官帕默(A. Mitchell Palmer)预言国际劳动节将出现大型激进起义,但当天却无意外地和平渡过。——译者注

③ 例外状态(state of exception)德文原作Ausnahmezustand,乃是施米特法学理论的一个概念,有些类似紧急状态(state of emergency),但例外状态是建立在主权者以公共利益之名超越法治的能力。阿甘本《例外状态》一书对此另有进一步的发挥。——译者注

④ 据本章所附书目,霍尼格所采用的版本是 Sophocles, Antigone, trans. *Reginald Gibbons and Charles Segal*, Oxford: Oxford University Press, 2003. ——译者注

国家,同时将之去自然化(denaturalizing)的视角,以期把压力置于某些更有害的自我维持机制之上,诸如由边界监管及其他民主国家制度支持和提供信息的“本土/外来”话语。普世主义不会因国家意识形态的(或本体的)优先性而退让为政治场景;它试图辨别政治交流和集体性的其他基础。

在《民主与外来者》中,我特别感兴趣的是各种不同的移民和移民能动主义(immigration activism),成为民族国家制度日益边缘化的民主实践模式。从那以后,我在《紧急政治》(研究新权利或紧急权利的新作)中
127 剖析食物生产和消费的跨国政治,尤其是国际的“慢食运动”[①],还有较不闻名但非常重要的土食族[②]的运动。

我欣赏慢食运动有趣但又极其严肃的口味权利的宣示,还有慢食运动维系那一权利的做法——它所涉及的不是自主的味觉,而是一种相对负责的地球管理;在其中,味觉的快乐也取决于负责的道德性和政治性的农耕、生产和消费。然而,土食族却对慢食运动保持谨慎,后者拥护全球网络以拯救本土经济。全球市场也许能够帮助支持本土经济,尤其当本土人士得到诸如慢食运动的团体的援助和支持。然而,支持远方的商机生产者的运送和运输,也要求环境成本,在消费者当中创造满足品味的预期(而这些预期是不被季节性或稀缺性所规训的)。慢食运动有许多值得欣赏的东西,但依我看来,它的伦理和政治可以由于少许土食族标榜的禁欲主义和怀疑主义而得到有益的适应。普世主义的方案不注

---

① 慢食运动(Slow Food Movement),由意大利人卡尔洛·佩特里尼提出,号召人们反对按标准化、规格化生产的汉堡等单调的快餐食品,提倡有个性、营养均衡的传统美食,目的是“通过保护美味佳肴来维护人类不可剥夺的享受快乐的权利,同时抵制快餐文化、超级市场对生活的冲击”。——译者注

② 土食族(localvores)是参与“本土食物运动”(local food movement)的人,这场运动的宗旨是反对全球食物模式,反对食物在供给消费者时经历长途运输,主张在相同的地区上联系食物生产者和食物消费者,从而发展更具弹性和更具持续性的食物网络,改善本土经验,从而提升某一地区的卫生、环境或其他社会影响。——译者注

意这些顾及场所、步调和空间的政治的考虑。

重要的是,指出这种有关普世主义的思考方式,有别于哈贝马斯主义者的思考方式;后者的焦点放在法治及其司法制度的国际化,而非斗争性政治的实践自身。我——连同谢平和布鲁斯·罗宾斯等其他人——推动的普世主义视角,对于法律这样的延伸,采取更矛盾和更谨慎的见解,同时也解除选民对于民主责任和能动主义感到的需要(同时也提供更新颖但如今仅属异议的行动,以回应新的不义;而这些不义总是由新制度所造成的)。[①] 实际上,在我回应塞拉·本哈比的坦纳讲座中(这次讲座,还有我、威尔·金里卡和杰里米·沃尔德伦的回应,被罗伯特·波斯特编为《另一种普世主义》[②]出版)中,**斗争性的普世主义**(agonistic cosmopolitanism)是我给自己喜爱的另一选项的名字,而我是在欧洲语境中剖析它的诊断性视角和平权政治(affirmative politics)。斗争性的普世主义以国家制度的剩余物之名义,规定和产生跨越疆界的公民身份的行动和权利诉求。艾蒂安·巴利巴尔在《欧洲的美国?》[③]也提出这一论点,指出以这种能动主义之名取回主权是多么重要的。这是格外重要的,绝非较不重要,因为我们发现自己愈来愈被国际制度和法律所管 128
治;正如德里达在20世纪90年代谈论欧洲时指出,这些制度和法律不是削弱了国家制度的主权,而是强化了它。

德里达的著作在此是重要的,因为它训练我们注意我们最拥护的价值和美德的不可决定性(undecidability)。他既强调涉及法律崭新的全球

① 他们诸人的见解,据本章所附书目,参阅 Pheng Cheah and Bruce Robbins, eds., *Cosmopolitics: Thinking and Feeling beyond the Nation*, Minneapolis: University of Minnesota Press, 1998.——译者注

② 据本章所附书目,即 Seyla Benhabib, *Another Cosmopolitanism*, ed. Robert Post, Oxford: Oxford University Press, 2006.——译者注

③ 在对话中,书名原作 *United States of Europe?*,但据本章所附书目,这该是指 Etienne Balibar, *We, The People of Europe?: Reflections on Transnational Citizenship*, trans. James Swenson, Princeton: Princeton University Press, 2004.——译者注

范围所需要的拥护，**也**强调它所需要的戒心。[①] 在那一倾向中，我在《民主与外来者》中追溯立法者（即卢梭《社会契约论》的外来创立者）的不可决定性。这种立法者在美国移民政治中作为标志性的“好/坏”移民而重新出现；在美国的政治想象中，公民依赖这些移民重新激活或威胁他们陈腐的民主。认为你所依赖的独有事物是你必须最警戒的东西；在我脑海中，这一想法是由哥特式浪漫（这一风格有大量的东西提供给民主理论）所提供的指导性贡献。

当汉娜·阿伦特一度被问及她对女性主义的观点时，她说她的思想是：“如果我们赢了，我们将失去什么？”基本上，我将之当作是一种卓越的政治谨慎；这种谨慎是任何社会运动应该牢记在心；它也是一种典型的哥特式浪漫思想。我们想要和争夺的东西**可能**是我们毁灭的东西。这不是放弃我们的欲望或我们的战斗的一个理由；但这一想法若能保持活力，就可以改变我们欲望的形态，可以改变我们如何争取它，还有我们如何与它的满足（或不满足）一起生活。它提供了信息，支持我对普世主义（或普世政治）的思考。

**布朗宁**：你对汉娜·阿伦特的欣赏，在你的著作中随处可见，尤其在《汉娜·阿伦特的女性主义诠释》[②]。你觉得阿伦特对女性主义是有价值的，因为她不是戴着女性主义的标签，或允许任何这种标签主宰她的思考。基于你对本质主义和物化的危险之感知，你是否认为女性主义是一个重要的立场，使你想对之有所贡献？

---

① 德里达的见解，据本章所附书目，计有 Jacques Derrida, *Limited Inc*, Evanston: Northwestern University Press, 1988. Jacques Derrida, *Politics of Friendship*, trans. George Collins, London: Verso, 1997. Jacques Derrida, *Of Hospitality. Anne Dufourmantelle Invites Jacques Derrida to Respond*, trans. Rachal Bowlby, Stanford: Stanford University Press, 2000. Jacques Derrida, *On Cosmopolitanism and Forgiveness*, trans. Mark Dooley and Michael Hughes, London: Routledge, 2001. ——译者注

② 即 Bonnie Honig (ed.), *Feminist Interpretations of Hannah Arendt*, University Park: Pennsylvania State University Press, 1995. ——译者注

**霍尼格：**我是一名女性主义者，依我看来，这仅意味着我是拥护性别平等和姐妹团结（sisterly solidarity）——当后者是可能的话。女性主义意味（尤其）设法以经常新颖的发展来（重新）界定平等。它意味着得到和分享权力，用它来制定平等。这意味着当一个人得到权力时，也经常分送权力，并且相信经常还有许多权力正在流转，因为那些取得权力的人将会制造和繁衍权力，不是简单地将之当作他们自己的东西而消费、挥 129
霍或保管它。它意味着支持其他人也做相同的事情。它意味这是真正民主的。

我的著作总是涉足于女性主义和酷儿理论，受它的影响或沿着它来写作。我对女性主义和女性主义理论之拥护，还有（如你所说）我对本质主义的危险之感知，使我从事女性主义理论和（作为）民主理论。因此，除了我所编辑的研究汉娜·阿伦特一书及书中收录拙文[①]（这两者都试图警惕女性主义者注意阿伦特思想对第三波女性主义的资源）外，我对女性主义理论的贡献已是我在民主理论研究的**一部分**：我在《政治理论与政治的易位》中使用和解构 virtue 与 virtù 之间的性别划分，我在《民主与外来者》中转而把《简·爱》[②]和《蝴蝶梦》[③]解读为民主理论的典型模式，我在该书也仿照德里达的友谊政治来研究《路得记》乃是姐妹政治（sororal politics），还有我现在对《安提戈涅》的研究，以及我们从黑格尔对那一戏剧的解读而继承正义与哀悼之间的性别划分。

**布朗宁：**在你的著作中，你援引德里达。你能不能说明你是如何认为德里达对政治理论是有价值的，还有你如何认为解构与政治理论的历

① 该书收录了霍尼格两篇文章，一是导论“Introduction：The Arendt Question in Feminism”（pp. 1–16），另一篇是“Toward an Agonistic Feminism：Hannah Arendt and the Politics of Identity”（pp. 135–166），对话中所说的论文当指后者。——译者注

② 据本章所附书目，霍尼格所用的版本是 Charlotte Brontë, *Jane Eyre*, ed. Michael Mason, New York：Penguin Books, 2003. ——译者注

③ 据本章所附书目，霍尼格所用的版本是 Daphne Du Maurier, *Rebecca*, New York：Doubleday, 1953. ——译者注

史文本发生关联?

**霍尼格:**解构是影响我最大的诠释模式,虽然我不总是进行解构;而且,即使我进行解构时,我也不是在最好玩的含义上进行。正如德里达不止一次说过,你只可以对你喜爱的某些东西进行解构。解构的劳动是依系和投入的一个表现。我认为政治理论的传统诠释方式与解构之间的最大差别,不是前者处理经典,而后者并不处理。相反,这么多成为解构热情所聚焦的文本,本身就是最经典的文本:柏拉图的《菲德洛斯》、《出埃及记》、卢梭的《社会契约论》、黑格尔的《精神现象学》、亚里士多德的《政治学》;这些立即浮现心头,但还有更多。解构的创新不是经典的降级。反之,解构使读者得以提升。它把读者(谨慎、专心的解构性读者)放在与文本相同的地位,承认那一平等性(因为它经常是微妙的,但却在其他诠释模式中遭到否定),把读者放在观察(可以说是胜于作者他/她本人)文本的异想天开、它的困惑、不可决定性和僵局之中。

130 吊诡的是,这一进路既重新树立经典,又解构经典。它重新树立经典的做法,是重新注意传统文本对西方文明的核心重要性。它解构经典的做法,是处理那些文本时不仅着眼于它们的成功、智慧和长处,还有它们的失败、不足和矛盾。然而经典性在读者身上预定的爱与依系、亏欠感和继承/强加?——这些完全被解构所预设。

**布朗宁:**你能不能说明你是如何观察当代政治理论对目前实际政治问题分析的贡献?

**霍尼格:**如今有这么多实际的政治问题有待处理!! 战争、暴力、恐怖袭击、紧急政治、无国籍、全球不平等、性别不平等、经济和环境灾难、伦理,还有当前生产和消费方式的实际政治、种族主义、各种各样的偏见——一个人很难知道从哪儿开展回答这一问题。在《紧急政治》中,我认为面对紧急情况,新近的政治理论倾向于两种回应:我们要么质疑现实、紧急情况的确凿性,认为没有国际的恐怖网络;要么我们改用司法手段,坚持处理暴力的最佳途径是透过恰当的程序正义,或扩大国际上的法治。这些策略都是重要的。然而,事实与法律之间的来来往往,不足以形成民主政治。紧急政治必然包括公民能动主义、斗争性的政治。挑战是:在日益狭隘的“政治性”领域内,以团结和平等的民主价值之名义,设定(由安全需要日常地规定)政治行动的机会。挑战是,抗拒风险的安全主义脚本安排,不把风险视为是不可承受的。

跟诊断很像,理论可以以一种缓慢而谨慎的方式帮助我们辨别和动员我们最好的力量,打破行动和思想的惯常模式;这些模式把我们束缚在当前特权和安全的不对称分配之上,帮助我们开始以其他方式(个人地和集体地)思考和行动。像解构自身一样,这可能是一种漫长、缓慢、费力、有趣和有回报的过程。但与诊断和解构不同,这一工作最终只能集体地进行和维持。因此,政治的工作把我们带到与他人面对面的接触。无疑,这是我们经常避免它的一个理由。然而这是不可避免的。这
里,没有人比汉娜·阿伦特更正确——协调一致的行动在创造新关系和 131
新现实上尤其强大。在我们的时代中,没有了它,我们将不能继续长久地声称我们是**民主的**。

**布朗宁:**在这次访谈中,你先前提及你是如何被带到诊断我们囿于某些范畴的思想行动的固执。《紧急政治:吊诡、法律、民主》现已出版,而它对当前紧急政治的实践构成了一系列富有想象性而又相互关联的挑战。通观全书,流行的二元对立遭到挑战:一边是紧急的、合法化特别的非民主临时措施的理念,另一边是正常政治的含义,即宣称包含与调适特殊与异议。你是否认为此书抗拒在紧急情境中由上而下的“奇迹般”的政治干涉,以及检讨政治问题的标准化途径,支持对紧急问题富有创意的民主回应?

**霍尼格:**由上而下“奇迹般”的行动与更内在、更紧迫的民主形式,这一对比的想法是我从弗兰兹·罗森兹维格身上学会的;在其作品中,他撰写奇迹及其在神学中的位置。尽管如此,我发现他的著作很有用,尤其因为模拟行动或决定和奇迹存在这种前例,最著名但又非常不同的是

卡尔·施米特和汉娜·阿伦特二人。如果我们想重新使用这些思想家留给我们的资源(对他们来说,主权者的决定像是一项奇迹〔或诞生〕,而其在行动中的表达像是一种奇迹),那么我们就要设法剖析20世纪初德国神学家有关奇迹性质的争吵。我们发现,罗森兹维格有兴趣的是,以他所谓"新思维"之名义,不是(按照全神贯注的方式)从履行奇迹的神圣主权的力量来观察它,而是观察因为准备和培养接受性(receptivity)的长期措施的结果而得到它(与否)的人类力量。

如果连神圣奇迹也取决于它所祈求的那些人的定位,取决于感知和信念的人类力量,那么我们无疑(在政治上)看见政治事件是多么仰赖于(正如阿伦特所说)接受和诠释的实践。我在解读卢梭时找到这一点;在《社会契约论》中,他在立法者身上投入这么多权力,但仍看到立法者最终取决于人民对于他的决定:他是一个立法者抑或骗子?人民必须决定;而且他们(可以说)必须预先这样做,先于他们为了做出这一决定而
132 必须形成的人民之前。这是我所谓政治的吊诡(paradox of politics)的其中一个说法,它揭露和拥护了政治行动的没有理据性(groundlessness)。

此书认为,政治的吊诡是民主理论唯一真实而富有创造性的吊诡。但今天,在协商和自由民主主义理论中,政治的吊诡被其他吊诡所取代;而后者对民主理论较少创造性而又看似是较可解决的。那是为什么人们喜爱它们。在这些吊诡中,包括民主合法化的吊诡、宪政民主的吊诡(第一章)、法治对人治的吊诡性依赖(第三章)、法律的司法暂停的吊诡(第四章)和有界限的共同体的吊诡(第五章)。

阿伦特对政治的吊诡持非常开放的态度:她不是想逃避它,而是想拥护它。在我的前著《政治理论与政治的易位》中,我说明了她是如何逃避这一吊诡,但在《紧急政治》中,我更能看见她以什么方式培养对它的开放性,尤其是她关注创意性行动不被折回到旧有的因果框架;这一框架可能抵消突然浮现的新形式、新观念、新措施和新制度。因此,我确实相信我的解读在某程度上是对卢梭的一种阿伦特式解读:凸显立法者对

人民(以及他们对他所讲的故事)的依赖,而非人民对立法者带来良好法律的依赖。

这联系到我在《紧急政治》中所认为的其中一项最重要的东西:强调政治行动或政治事件的故事**如何**被讲述。换言之,如果重要的是从阿伦特视角进行一致协调的行动,那么同样重要的是,讲述这种努力的故事,其做法是保存其作为行动的属性(偶然的、自由的、有风险的、亢奋的、原则性的、有效的),启发其他人把自己也置于风险之中(当有要求的时候),并培养接受性的形式(这些形式把这种事件编织为共同生活的罗网)。

在《紧急政治》中,我所讲述的其中一个故事是1919—1920年美国第一次红色恐慌期间劳工部副部长刘易斯·波斯特的故事。由于美国发生多起政治暴力行为,激进政治的仇外恐惧鼓励了像年轻的埃德加·胡佛等人,协助围捕和驱逐外国人,指控他们是支持暴力革命的无政府主义者。刘易斯·波斯特站出来支持这些政治异见人士。他的故事通常被讲述如下:一个有原则的律师支持法治,使用他作为政府行政部门一名成员的权力,允许外国人进入法定诉讼过程,为那些后来被法律承认的权利铺平了道路。这里的关键是,法学史家经常使用的一句话:波 133
斯特是一个有原则的程序主义者(proceduralist),他可以说是已“预见法律”。但在拙著中,我指出在其他时候,波斯特并非程序主义者,例如他在内战后搁置拘捕南卡罗来纳州三K党成员的法定诉讼过程的考虑。此外,我表明颂扬波斯特那一诉求预见法律,在现实上如何抵消了他的能动性,授予法律所有的权力;“预见”的语言告诉我们,那一法律无论如何带给外国人的权力,而波斯特在故事不可避免的展开中扮演一个角色,一个勇敢的角色,但仍是一种支持的角色,而非领头人。

我自己对波斯特的解读使法学家不太自在。波斯特不仅没有捍卫法治,而且他压缩、修订和革新它,诉诸各种可能的技术,释放那些曾被不义地拘留的人。作为行政部门的一员,他所处的位置决定了法律的诠释和应用。他可能试图废除某一形式的自主决策主义(《外国人与煽动叛乱法》),但他的做法是运用他自己的酌情权,而且他做得更多:他也试图动员公众,这是我把他解读为一名民主行动者的关键。面对国会委员会的考察时,波斯特动员美国正义、平等和人道主义的理想,抗衡美国的仇外和民族主义。他是有效的,而公众也因他的诉求而有所动摇。这个故事可悲的反讽是,他赢得战役,却输了战争:这是波斯特其中一项最后的政治行动,因为他在这些事件发生时已 71 岁,他随后被对手有力地边缘化,逐出公共领域,离开巡回演讲。相反,接着在建立 20 世纪全国性安全国家(security state)中,埃德加·胡佛扮演了关键角色。正如迈克尔·欧克肖特不停地在其史学著作中强调的(我肯定“预见”是他最不喜爱的历史学形象),年龄、寿命、政治效率和机会,这些偶然性极为重要。

尽管如此,我承认当我首次撰写波斯特时,其中一个宗旨仅是使他的故事(以任何形式)得到更广泛的流传。也就是说,虽然对我来说,他的故事及其接受提供了一个理想途径,剖析了政治理论的一个重要问题——我们如何以破坏民主政治的方式来(有时候正是把故事的“英雄”颂扬为[比如])驯化人类能动性?一名伟大的美国人、普世主义者或人道主义者为——在我看来,最重要的东西是,这一故事可能教育人民,即
134 使在非常狭窄的紧急性(emergency)框架中,也有民主行动的机会。这甚至可能启发某些人。因为这一理由,拙著把紧急性的概念联系到涌现(emergence)的概念,凸显(即使在一个紧急性的背景中)可能性、能动性和创造性的层面,还有(相反的是)承认政治涌现的时刻(犹如在新权利的情况下,例如自杀的权利)如何可能在长期内变成我们现代解放的叙述的一部分,在短期内使我们心里产生一种不确定感乃至恐慌感。这是我所谓“紧急政治”的组成部分,而我对之广义地界定,以包含涌现的权利问题,例如环境政治、食物和农业的下层建筑、动物权利、自杀权利等领域。

**布朗宁:**在这次访谈中,你已注意到你是如何被吸引到处理文本的

解构手法,因为它们带来读者与作者之间的平等性。你近年对《安提戈涅》的研究是杰出的,它以巧妙的方式涉足《安提戈涅》超载荷的研究之中,同时辨别它正在发生的政治共鸣。你把这部戏剧的诠释视为在某程度上是不可决定的,虽然你决定这一点的手法是谨慎地解读希腊语境和重新解读文本介入(textual interventions)。你是否认为斗争主义是一种结合文本诠释和政治诠释的途径,而做法是辩驳文本和政治不可决定的性质吗?

**霍尼格:**现在令我惊奇的是,在这次访谈的语境中,我研究《安提戈涅》的新著与我在《紧急政治》的宗旨大致相同。在此,我们有了一部戏剧,一部古代希腊的悲剧,而它已变成异议的试金石,激发了反抗主权者权力的灵感。然而这一故事的主流接受使它变得很有启发性,因为它是把故事定位在紧急权力的四周,而非日常维持的、接受的准备的重要工作。此外,启发异议的安提戈涅不是一致协调的行动者,而是一个孤独、有原则性的,也许是疯狂的女人,为她的目标而死。

在我看来,多个世纪以来,已出现大量的研究,摒除了其他可能的解读;我在此书行文中发展了这些观点,认为索福克勒斯的戏剧若被(在历史语境和后代接受的对话中)仔细地解读,就会呈现一个与其妹妹呼应而行动(第四章)、对权力的探寻(第三章)和追求主权(第二章)的安提戈涅。于是,安提戈涅不仅是反国家主义者(正如她的许多欣赏者假设的)。她本人也不是民主主义者(当然!),但她现在都可以为民主理论提供有用的指引。

更重要和更困难:考察她所支撑的致命的人道主义(mortalist human- 135
ism),是绝对必要的。致命的人道主义者当时尝试做波斯特所做的事情,寻找共通性;围绕着这种共通性,动员公众反对主权国家的暴力。然而,波斯特谈论是诸如平等、公平等政治原则,而致命的人道主义者援引我们共同的有限性和必死性,以推动我们跨越(正如安提戈涅所做的)悲哀的敌友界线。但在我看来,民主理论要面对这样的批判,因此当某些像辛迪·希恩之类的哀伤母亲被称为“美国的安提戈涅”时,我们作为民主理论家要做好的,不仅是在合唱中加入自己的声音,还有以这个希腊神话和悲剧的女英雄以什么方式探讨这种超乎政治的普遍主义(哀伤的母亲)之建构。在此,阿伦特又是非常有用的:她拒绝道德,坚持诞生是行动的本体论条件,要求理解行动的方式是根据它所显示的原则,而非可能据说是推动它的共同动机或条件。我们可以减少她颇为严格的区分(正如我在《政治理论与政治的易位》中指出我们应该做的),而在这一点上从她身上学习。

要求我们根据鼓励生育性的信条(而非共同的有限性)而行动的人文主义,是一种斗争性的人文主义。我在研究安提戈涅的书中发展这一观念。在此,我可以说,斗争性人文主义是一种支持减少人—动物的差别的信条,而其他人文主义似乎只是将之再三牢固。我之所以说是“似乎”,因为在我看来,这些差别总是令人担忧的,(例如)希腊悲剧哀悼的妹妹安提戈涅已被迅速母性化,即使黑格尔精准地优先认为她的女性情谊是纯洁和平等的符号性指针。此外,那一种母性化在戏剧中出现,而且由于透过这名女英雄的若干动物化,她在戏剧中对比于一名母鸟在空巢中悲恸的守卫。在此所述的鸟儿,使妹妹的挣扎变得自然,实际上是既有的拟人化的产品,因此人/动物的圈子在此似乎是永恒和有害的,斗争性的人文主义将之尤须警惕。

**布朗宁:**你对《安提戈涅》的解读,有一个方面我觉得真的很有吸引力,就是你如何处理安提戈涅的历史形象、安提戈涅的戏剧特质、索福克勒斯对哀悼政治的戏剧化,以及安提戈涅折射在当代哀悼议题和《安提
136 戈涅》解读中的情形。基于你把悲剧的作用说成介入时间的政治,以及安提戈涅的言论编排的巧妙性,你是否强调索福克勒斯的角色?

**霍尼格:**在《安提戈涅,被阻断的》[①]中,我真正感兴趣的是这个文本

---

① 即 Bonnie Honig, *Antigone, Interrupted*, Cambridge: Cambridge University Press, 2013.——译者注

如何即使经过这么多年(在阅读史中很难有一部得到更多解读的文本?)仍有意义过剩的情况有待解读。这些剩余物既证实了先前接受的不足和坚执,又显示了文本面对挪用和诠释的顽抗性(recalcitrance)。近年有一位同僚问我,有些意义过剩的情况——这是我通过公元前5世纪埋葬政治的语境解读安提戈涅最后谈话(长期被视为不真实的)时发现的——是否最好被视为卡尔·施米特所谓“话剧因历史时间而断裂”(Einbruch der Zeit in das Spiel/the rupture of the play by historical time)的古代例子呢?抑或本杰明视为我们时代——即我们自己的现在时间(Jetztzeit)——的危机/可能性的一例?索福克勒斯不能帮助我们回答这一问题,即使我们可以祈求他;而我不确定我们能否回答它。任何话剧经常被历史时间所洞穿(虽然根本不像施米特在哈姆雷特中所指出的那种断裂),而且任何话剧的诠释肯定因它在自身的现在时间的位置而定位新的洞见。无论我们如何做了它,无论我们如何处理它,换取对《安提戈涅》的新洞见的理由必然有一部分涉及我们作为民主理论家和女性主义理论家,有需要撤销这部话剧正在我们身上的局限:主角已代表自由主义理想的有良心的女英雄,它的另一面是恐怖分子——齐泽克等人已把安提戈涅等同为“赤军派”的安德伦·安司林。然而索福克勒斯的话剧给我们每一个理由,以更民主的方式重新讲述这个故事,焦点不仅是孤立的女英雄或自杀式暴力,还有(尝试)一致行动;不仅是死亡,还有诞生;不仅是危机和反抗,还有对自我管治的主权权力之追求。

在拙著中,我认为还有其他哀悼方式和死亡方式,不是采用公认的安提戈涅的寻常做法;而我也探寻近年凡间的人道主义为什么不转看它们寻求灵感。各种为了回应20世纪80年代艾滋病危机的有限性考验而形成的,酷儿理论涉及哀悼但不能将之化约为哀悼,展示了对权力的 137
追求,不仅是对它的不自在;这是民主理论和实践一个绝对必要的元素。

在结束时,我该补充一下,比起重新解读古代悲剧,目前可能有很多议题在政治上更具迫切性。然而我研究政治理论和文化政治的前提是,认为我们作为政治行动者的选项经常被继承的脚本所塑造和约束。重新研究那些脚本,可以使我们从它们的局限中释放出来,让我们从中找到其他更具解放性的选项。承认我们——在我们经常坚执的解读和旁观实践中——以什么方式窄化了它们的许诺,而非实现它,已在说明斗争性民主理论的诊断性许诺和力量。

**布朗宁:**非常感谢,邦妮! 感谢你这么开放和饶有信息地说明你的思考的发展和性质。

# 第九章　卡罗尔·佩特曼访谈:反思民主参与、《性契约》与权力结构

安兆骥访问

**安兆骥:**佩特曼教授,我们非常热心确保这次跟你的访谈,并讨论你最新的研究。非常感谢你同意这次访谈。开始吧,你与米尔斯·查尔斯合著的《契约与支配》[①],在 2007 年出版。也许,不是每一个人都有机会阅读此书,但可以稳妥地估计,大多数政治理论家,肯定还有那些研究当代政治理论的人,已听闻和阅读过 1988 年面世的《性契约》[②]。《性契约》曾获得"利平科特奖"[③],因为它是"一部自初版后 15 年已被视为重要的作品"。安德鲁·文森特在其专书《政治理论的性质》形容《性契约》是一部"开拓性的作品"[④],有助于我们理解家长制,以及社会契约如何确保它。回看过去 20 年,我想知道你是否可以对《性契约》面世的历

---

① 即 Carole Pateman, and Charles W. Mills, *Contract and Domination*, Cambridge: Polity, 2007. ——译者注

② 即 Carole Pateman, *The Sexual Contract*, Cambridge: Polity Press, 1988. 现有中译本出版:佩特曼:《性契约》,李朝晖译,北京:社会科学文献出版社,2004 年。——译者注

③ 利平科特奖(Lippincott Award),是"美国政治协会"颁发给在世的政治理论家的一项卓越成就奖项,考核标准是其著作自初版发行后经过至少 15 年或以上的时间已被视为重要的,每两年评审一次。——译者注

④ Andrew Vincent, *The Nature of Political Theory*, Oxford: Oxford University Press, 2004, p. 128.

史社会语境提供一个简略的勾勒。比如,你如何对政治理论感兴趣?像那时的政治理论领域是怎么回事?

**佩特曼**:要回答你后一部分的问题,我必须回顾比 20 年更长的时间。《性契约》是我的第三本书,第二本我是写到原始契约的理论。[①] 我的第一部书《参与和民主理论》在 1970 年出版。[②] 今天,它仍在各个课程中得到使用,所以很可能更多的政治理论家(而且我会说肯定更多的政
140 治科学家)读过它,多于阅读《性契约》。然而后者得到其他学科更多的人阅读。

当我在罗斯金书院(牛津为成年学生提供的一所独立书院)发现政治理论时,我就对它产生兴趣。当我在 1963 年来到罗斯金(同年像约翰·普雷斯特,英国前副首相),我以为我将对经济学感兴趣;这是凯恩斯主义的日子,而在此之前,数学和模型(不仅仅是无差异曲线)主宰着这个学科。但在我的第一学年(我的课程是两年制),我被引导到政治理论。那时候,我毫不知道诸如民主、参与、政治义务或同意等课题已在数百年间备受讨论和分析,也未听闻霍布斯、洛克等等。我完全被它迷住了,远多于经济学。那时我是足够幸运,在牛津大学获得一席之地,在玛格丽特夫人学堂(如今我很高兴说,这是发生在这所女子学院开始悲伤地变成男女混合编制很久之前),攻读"哲学、政治学和经济学"学位。那是一切的开端,而且发生在迥异于今天的政治知识语境。20 世纪 60 年代,英国的政治科学不像今天那样是一个专业化的学科,那时非常、非常少书籍和论文。我阅读第一篇政治理论,既远在罗尔斯《正义论》之前,也远在《政治理论》开始出版之前。那仍是钢笔、铅笔、纸张、人工打字机和碳纸的日子。

---

① 即 Carole Pateman, *The Problem of Political Obligation: A Critical Analysis of Liberal Theory*, Toronto: John Wiley & Sons Inc., 1979. ——译者注

② 即 Carole Pateman, *Participation and Democratic Theory*, Cambridge: Cambridge University Press, 1970. ——译者注

我的第一本书反思20世纪60年代末的政治学术氛围，但《参与和民主理论》与《性契约》之间有一个经常未被注意的联结。在前者，我论证支持职场民主（并且提出了经验证据说明它的可行性）和《性契约》的部分论点，但对职业契约的批判分析是一个鲜有注意的部分。我的第二本书《政治义务的问题》（1979年首刊）讨论某些原始契约的经典理论，而当我撰写《性契约》时，我得出自己的诠释。然而，对很多观念和论证必不可少的发展，是20世纪60年代末女性运动之复兴，以及随后女性主义学术著作之涌现，包括女性主义政治理论（我在1985年《政治义务的问题》第二版的《后记》也对之加以反思）。

在政治义务的讨论中，我理所当然地以为社会契约是原始契约的全部，只有从女性主义的视角重新解读经典文本时，我才逐渐明白原始契 141
约不是单一向度的。社会契约（即国家高于公民的权威之证成）仅是单一向度的；另一向度是性契约（即女人被男人管治女人的证成）。最近，我的论证是：原始契约是三面向的。米尔斯·查尔斯在《种族契约》[①]中剖析了第三个向度，而我已在《契约与支配》第二章中做出贡献。当然，对我的观念之形成极其关键的另一个发展，是契约理论随着罗尔斯（1971年出版其大作）的复兴。在那些岁月中，分析性的政治哲学有所扩张，而它和契约理论两者影响着左翼的政治理论，后者也是《性契约》论证其中一部分的知识语境。

**安兆骥**：你已担任“国际政治科学协会”[②]第一位女性会长，那是个什么样的情形？比较你生活过的国家，你对不同的国家和大学制度中如何从事政治和政治理论有何反思？你对不同国家的知识发展有何想法？

---

① 即 Charles W. Mills, *The Racial Contract*, Ithaca: Cornell University Press, 1997. ——译者注

② “国际政治科学协会”（The International Political Science Association, IPSA）是得到“联合国教科文组织”赞助的学术团体，1949年成立，致力于推动全球各地政治科学之发展，建立各国学术交流的一个桥梁，建立一个让所有人都可参与的全球性政治科学共同体。佩特曼是在1991—1994年担任该会会长。——译者注

**佩特曼**:成为像“国际政治科学协会”这种组织的领袖,可能在各方面挑战了置身在那一岗位上的人。“国际政治科学协会”迥异于各国协会,因为它的成员协会来自全球各地,因此也是来自各种不同的知识文化和学术文化。会长必须在某程度上涉足于“国际关系”和“外交”;出乎意料,我发现自己有些才能,也乐在其中。成为第一名女性会长,肯定有些难忘的时刻,虽然(在大多数情况下)我有一班相互扶持而又得力的同事(跟我在协会共事的很多人已在各个岗位上供职多年),但也有一位男性的欧洲政治科学家行事可耻,在 1994 年会议晚宴上公开侮辱我。

我的前任吉列尔莫·奥唐奈已着手开放协会的过程,例如使它更友善地对待女人,而我继续那一方向。然而你必须记着,“国际政治科学协会”在 1949 年成立,而我是在 1991 年当选(会长三年一任),因此在我就职前多年来已巩固了一套男性文化。仅是在 2006 年,卢尔德·索拉才当选为第二名女性会长。迄至 20 世纪 90 年代之初,女性主义政治科学
142 家在协会已很活跃,但各国大多数政治科学协会在很大程度上是男性支配。回顾过去,有些滑稽的时刻:一个男人想和会长讲话,径直走向当时“国际政治科学协会”的秘书长佛朗哥·谢尔贝格面前,感觉意外大吃一惊,才发现他正在跟错误的人讲话。

尤其近二十年前,不同国家的全国性政治科学协会和学科处于非常不同的发展水平。此外,在 20 世纪 90 年代初,柏林围墙倒下不久,苏联也崩溃了,因此区内政治科学家都处于紊乱状态。有些拉美国家及其政治科学协会仍在军事独裁的遗产中恢复过来,而在很多贫穷国家中,政治科学根本难有代表性可言。另一方面,政治科学蓬勃发展,例如在印度和中国台湾。我尝试鼓励来自非洲和阿拉伯国家更多地参与到协会之中,虽然我在非洲方面称为成功,但这个大陆和这片区域仍是严重代表不足。如上所述,在我变成会长前,我已在“国际政治科学协会”各个岗位相当活跃,但自 1994 年以后便不再参与。

**安兆骥**:把你的著作定位在第二波女性主义浪潮之中,你如何比较

你与学术后辈的论证（例如第三波女性主义）？例如，X 世代（例如我自己）成年时已有性别保障和平等权利，这些是第一代和第二代女性主义者（例如你自己）已取得的东西，而 X 世代倾向与女性主义者和肤色学者结盟，在女性主义思想中协商一个空间思考与种族相关的议题和文化导向的问题。你的著作如何处理当前世代的关怀？（当然，除了种族和文化，第三波女性主义学者已考察以下议题：对当前实际的政治课题，例如全球化和职场歧视等的本质主义、具体化、论争和分析。）

**佩特曼：**我不确定我是否完全理解“第三波女性主义”的标签。“第
一波”意指 19 世纪后半叶和 20 世纪初英美两国非常大型的女性运动、
各种各样的政治活动和女性主义社会政治思想。女性主义自 20 世纪 20
至 60 年代期间没有死亡，但政治活动和知识活动较不显眼。“第二波”
意指女性运动作为一个重要的政治组织、某些根本信念和制度的女性主 143
义问题，以及女性主义的小册子和书籍、自觉培养的群体、文化空间、女
性的庇护所和（晚些时候）学术女性主义之发展，自 60 年代起再次涌现。
因此，第一波和第二波的标签是说得通的。然而构成“第三波”的相应事
物是什么呢？不再是大型政治运动之复兴，女性运动已经衰落和变得四
分五裂，但同时女性服从地位的法律支柱已被消除，而女性主义观念（经
常是以非常稀释的方式）现已成为大众政治意识和法团化的大众媒体的
一部分。然而那是否足以说有一轮新的第三波呢？无疑，大概在过去 10
年间，大量有活力的女性运动（许多把女性的人权放在其核心之中）已在
世界各地发展，但我不清楚那是否是“第三波”所指的东西。

如果这一词语之使用，指涉的是女性主义学术作品，而非政治运动，那么我必须承认我是完全掌握最新信息的。尽管如此，你所提及的其中一个课题——本质主义——就是《性契约》出版时的主要议题，而且有些评论家和批判家花更多的时间寻找他们以为是本质主义的东西，而非观察我实际上提出的论证。我不否认本质主义可能是一个问题，但在女性主义自身内部较不成问题，少于某些狂热的本质主义猎人所主张那样。

此外,他们很难首先注意它。在18世纪90年代,玛丽·沃斯通克拉夫特让人注意的事实是,man一词——例如人权(the rights of man)——不是泛称,而非男性的;而她有力反驳的观点是,女人的特征是自然的,是女人的本质属性,而非社会建构的,即等级制度和男人压迫女人的产品。然而,着眼于男人高于女人的权力,有一会儿不甚流行。正如我与米尔斯·查尔斯在《契约与支配》的对话中所评论的,把注意力转移到女人中的差异(第三波的一部分?)带来的谴责是针对我们这些想反驳这些差异是在性权力的结构中存在的,以致我们受到“二分法”的控制,或相信男人和女人在自然上是对抗性的,诸如此类。这是尽管我事实上在《性契约》中费力说明尽管是自然的语言,但从经典契约理论家的时代起,性别的差异已被建构为一项服从和自由的政治差异。

144 你说第三波女性主义观察实际的政治问题,例如职场歧视。然而这如何区分第三波和第二波(或甚至是第一波)?实际的问题(包括女人在职场中的平等渠道和平等性)是逾百年来女性主义一个恒久的关怀。自20世纪60年代起,随着旧式殖民主义的终结、英美两国司法歧视女人的结束、全球化、新自由主义和结构性调整的力量崛起、众多人口大量移位、人民在世界各地大规模的活动,世界已出现剧烈的变化。旧有的男性“养家糊口”的工作已被一扫而空,职场中充斥女人和非白人,后者很多是移民。随着过去20年商品化的快速上升,以及英美文化的商业化和性别化,新的问题也跟着涌现。(我不拥护近年提出的一个观点,即认为卖淫是“逾越性的”,并且为女人充权。)但问题是,存在已久的问题如今是否是过去历史的一部分,即过时的第二波的一部分?当男人大体上仍垄断着职场结构中较高等级、较佳报酬的职位,当这些存在已久的问题,诸如女人的贫穷、对女人的暴力,以及女人作为公民的地位,甚至司法平等仍未普遍(参见我在《契约与支配》对全球问题的讨论),大致仍然伴随我们一起,那就很难说是一个有说服力的立场。

正如《契约与支配》第二章和第五章的说明,我是欢迎近年更多地关注帝国和种族权力。查尔斯和我尝试在此书中做了两件新的事情。在第五章中，我观察“种族”观念与对男性和女性的特殊构想两者相互关连的发展。我援引了英美两国的史料，结合某些当前全球的证据，背弃了我对“契约”的惯常理解，并采用了政治哲学和大部分女性主义的隐喻性用法。我也讨论了对某些范畴的人民的痛难漠不关心，是如何跟我所谓“全球的性别—种族契约”(global sexual-racial contract)相关。在《侨民契约》一章(即我对种族契约的文稿)中，我分析了无主之地(terra nullius)学说对于欧洲向南北新世界扩张，以及在占领土地上建构公民社会(那是现代国家)的证成之重要性。我认为移民缔造(可以说是已经缔 145
造)一项原始契约。这是采用一种(种族的)侨民契约的形式，排除了原住民，虽然他们的生活和土地因而在新国家的管辖范围和疆界内受到它的管治。今天，认为领土是“空置”或“无人”的主张，在政治上和司法上已经破产，但这意味合法性的问题现在潜伏在表层之下(因此跟我的第二本书有所联系)。

**安兆骥：**要形容英国—北美的学术女性主义之发展，可以将之划在“自由主义的”“激进主义的”或“文化的”标签下。可是，你的作品《性契约》横跨这三大流派。我认为这是《性契约》的一个长处，也是为什么《性契约》今天仍被视为重要的。你能否评论为什么我们在当代政治思想中找不到类似的作品，对多于一个受众讲话？今天女性主义是否已变得如此四分五裂和专门化，以致一本像《性契约》的作品不能找到出版商对泛女性主义或跨女性主义的受众感兴趣？

**佩特曼：**第一，我必须对你的学术女性主义之分类提出异议。在我眼中，长期以来，应用在女性主义学术研究的流行标签(例如“自由主义”或“激进主义”)并无益处，而且在思考女性主义政治思想史时，也很有误导性；这与(更概括地说)政治理论所使用的流行范畴一样。以熟悉的标签把所有东西放在箱子里，这些尝试无疑是为什么《性契约》的女性主义评论家很少谈及我对契约主义、聘任契约的批判，以及我对个人财产概念的用法。然而,它们并非孤例;赋予自我所有权观念显著地位的政治哲学家不阅读我的作品,或如果阅读了也不提及。可是,这两个概念是密切相关的;某些自我所有权的支持者像我一样,批判自由至上主义(我在《性契约》称之为契约主义)。2002 年,我在《自我所有权和个人财产:民主化与两个概念的故事》的论文[1]讨论这一点。不仅女性主义的作品已变得四分五裂和专门化,还有(整体上说)政治理论;的确,政治科学这个学科也是如此。每一个人都可以找到利基,不一定必然偏离它太远。出版商(如今大多是大型的联合企业)乃至学术出版社今天全都把优先性给予账本底线,但题材广泛的好书仍有空间。此外,我们现在所有人都被敦促科际整合。

146 **安兆骥:**《性契约》其中一个要旨是,女人被局限在"非政治的"(non-political)、家庭或家庭领域。因为契约是在政治(或公共)层面上制定的,所以女人据定义是要被排除的。这是女性主义想处理的核心主题。这仍是 20 世纪末正义理论(例如罗尔斯《正义论》)的弦外之音。在英美社会中,把女人(和女孩)排除在教育、公职、聘任之外(除了宗教以外),我们在书中有些被法律列为非法的。可是,说免于宗教性别歧视的法律正在维持一丝一毫的家长制,是颇为不正确的,不是吗?你对此有什么看法?也就是说,你对当前自由主义的国家有何看法?它跟过去一样仍是家长制吗?今日的自由主义已摧毁昨日的家长制吗?

**佩特曼:**让我们从原始契约的理论家展开。除了霍布斯的著名特例外,这些理论家都绘画了自然状态的图像;在这些图像中,女人没有要求自由的潜能。因此,女人不能是参与原始契约的一方。但我的论证是,她们总是其他契约(亦即婚姻契约)的一方。这是必需的——如果公民社会作为一个自由社会的政治秩序的全新展示并非从一开始就遭到破

① 即 Carole Pateman, "Self-Ownership and Property in the Person: Democratization and a Tale of Two Concepts," *Journal of Political Philosophy*, Vol. 10, no. 1(2002), pp. 20 - 53. ——译者注

坏的话。因此，女人的自由必然既遭到否定，同时又遭到确认。我的论证也是，现代契约形式的“私人”领域是透过原始契约沿着政治秩序的其他部分而创造的（可以说是有待创造的），透过婚姻契约而复制的（婚姻契约重新创造了支配和服从的关系）；它跟其他部分一样都是政治的。但在政治理论和流行意识形态中，它被视为自然的，或非政治的。其中的想法是，女人应该坚持家庭事务，但实践经常远离理论。

转向自由主义与家长制，主要问题是“自由主义”究竟意指什么。这一词语现已无所不在，用来涵蕴各种各样的理论和论证，在我看来，如今它更多的是妨碍，而非帮助。《性契约》是对契约理论（而非自由主义）的分析，这是另一套不同的论证传统。如我在书中所述，我看见19世纪40年代至20世纪70年代是现代家长制的全盛期。问题是，从那时起大量的变化是否意味将之指涉为家长制不再说得通，是否意味我们如今在一个（例如）“后女性主义”的情境。好的，如上所述，女人仍是赚的比男人少，而女人的贫穷仍是一大问题；男人仍垄断政治、经济、大学、司法机构和军队的主要职务；对女人使用暴力仍是不受惩罚——例如在英国， 147
强奸的定罪率如今比20世纪70年代更低——因此开始谈论女人服从地位之结束，似乎有些言之过早。社会信念也发生变化，但古老态度的遗产仍是可以识别的。古老的家长制信念仍然可以找得到，尤其是在宗教的原教旨主义者当中，无论这些是基督徒、犹太教徒、穆斯林、印度教徒等等。我对宗教没有太大兴趣，但可以感觉的是，在宗教仪式的事情上，（例如）天主教徒应该只主持天主教礼拜，虽然辅助性的活动或事务是另一回事。免受性别歧视的立法也是如此；现在我们有女牧师、女主教、女拉比等例子。我认为我们全都预设在上帝眼中都是平等的。

**安兆骥：**现在回到《契约与支配》。在我看来，你和米尔斯·查尔斯可以说是“在同一道路上工作”：你们二人挑战和修正了我们对社会契约的理解。你和米尔斯之间的共通点是，社会是一个群体支配的体系，由那些假定是自由进入的契约所掩饰。故此，因为家长制，女人被排除在社会契约之外;因为白人霸权,黑人活在支配之下。除了家长制和白人霸权外,你和米尔斯之间还有什么其他差异是重要的?这些差异有什么涵义和现实后果?

**佩特曼:**在我评论我俩的异同之前,我想对我的研究做出一项观察。我不是根据群体来思考它,而是着眼于权力结构、服从和自由。撇除如何界定“群体”的各种复杂问题,男人和女人并非群体(在女人的情况而言,她们也不是少数派,虽然有人经常找到诸如“少数派 x,y,女人和 z”的公式)。反之,性别是人类的两半,而人类是在很多不同的社会文化环境中过着极其不同的生活。此外,我不确定根据群体来思考“种族”是否很有帮助,因为它横跨女人、男人、工人阶级、精英分子、穷人、农民或公民等范畴。

至少大体而言,查尔斯和我对家长制或白人霸权没有差别。我们同样认为,一个关键的政治目标是拆除性权力和种族权力的结构,而这些结构是相互关联的。正如我们在《契约与支配》的导论中所述,我们二人
148 在以前著作中都指出,我们各自的讨论仅是相关故事的一部分。因此我们在合著时开始修正它。例如,在《契约与支配》中,我把性契约和种族契约撮合一起——它们必然撮合在一起,如果我们对现代国家及其服从和自由的形态自 17 世纪至今的发展得到更好的理解——并且说明(例如)我先前对婚姻契约和公民身份的关系之剖析有待修正。我认为一个“丈夫”的权力和特权延伸至第一阶级的公民身份。然而仅是已婚的白人如此。非洲裔美国人的丈夫(连同其妻子)的政治权利和公民权利被长期否定,并且全面的公民身份及其福利在实践上得不到承认,迄至 20 世纪 60 年代。在我的早期作品中,我也考察女人如何被贬抑为像“工人”般的次级地位,而全面的说明也必须考察招聘制度中的种族特权。

查尔斯与我的主要差异(我们在第一章有所讨论)是有关我们对契约理论的理解,还有我们应该以一种调节的罗尔斯式的手法(像查尔斯所利用的)来保存它,抑或废弃它。如他所论,当代的契约理论极有影响

力,因此他想说服它的从业者扩大范围,由理想性理论(ideal theory)的狭窄限制,到顾及种族。其他当代契约理论家是否跟随他的带领,还有待观察。他对补偿的讨论,是“可以做什么”的一个绝佳例子,但我仍不相信这是最好的前进途径。我们之间的差别源于我们对契约理论的迥然不同的构想。我的作品站在当代契约理论的对立面。我想指出,我是在原始契约的经典理论传统中研究的。这些是有关创造和证成现代国家及其权力结构(原始契约的三个向度)的政治理论。当代契约理论(以及查尔斯自己的作品)仅把“契约”当作一个隐喻,而焦点是在道德论证。然而,如果“契约”只不过是一个隐喻,那么我的回应是为什么要使用契约?为什么不更直接地处理问题?

另一个相关的差异是,虽然原始契约是一个故事,一个极其有力的政治虚构,但我在《性契约》中说明这个故事如何反映在个人财产的现实契约(个人每天都会进入这些契约)之中,而且前者有助于塑造后者。我认为,这些是复制现代支配关系的主要机制。我较感兴趣的是进入这些契约的后果,而非条件。也就是说,我的问题是,自愿进入个人财产契约 149
(例如聘任契约)之中,如何声称带来持续再生的服从结构的自由关系。我的问题和我的答案两者经常被忽略。契约理论具有大量的思想包袱,当当代理论家参考他们的经典前辈时,他们很少(如果有的话)提及尴尬的片段;契约理论得以净化,然后被化约为隐喻。这也带来另一问题:如果“契约”仅是隐喻,而所有工作都是透过(例如)人类固有的价值或道德平等性的概念而进行,它的吸引力是什么?我认为,答案在于这样的流行假设:自由与契约是同时共存的。号召契约,就是争取自由的外套。然而契约仅是自愿性的同意可以采取的一项形式——而它也是服从的关键工具。如上所述,自我所有权已在政治哲学变成偏好的术语,经常以非常概括、平和的风格来诠释,指涉个人能动性,因此极难看见个人财产(的虚构)的政治获益和政治嗜好;而在一个司法自由和平等的语境中,为什么这概念是必需的,尽管它最终必然随着契约理论而被放弃,如果自由关系要区别于服从之外。

让我提及另一个原因，说明为什么应该非常谨慎地处理契约。在论证应该放弃契约理论时，我是逆反政治理论的强大潮流而行；而在批判契约时，我是逆反现实世界更猛烈的潮流。契约是一项有价值的商业策略——当它就位之时。问题是，契约一路到底已被视为“美好社会”的一个模式，以及（根据契约愿景）重建社会生活的手段。这一愿景一度是知识的好奇心，但过去30年的发展已显示透过非常有力的尝试（在国内和在国际上）可以造成的浩劫。新自由主义崛起成为全球性强权，见证了商品化、私有化和私人产权大型而极速的扩张；而契约是位于它们的核心，凡举子宫和基因物质，到市政的水供应和社会服务，再到战争（注意：“私人承包商”）。在这一过程中，出现了许多自由的谈论，而随之而来是普选的扩大以及（不同程度的）相关的公民自由和政治自由，但同一时
150 间，富人（大多是白人）与穷人（大多是非白人）之间的缺口大幅度扩展，而女人是穷人中最穷的人。此外，随着经济遭到结构性调整或新自由主义政府的改造，对大多数人（他们拥有很少东西，或一无所有）来说，使司法自由和平等变得有价值的社会支持正在消失。观察这一点的一个途径是契约的非契约性基础正快速地消逝。对契约理论的注意力很少放在以下的论证：契约是寄生在互助、互惠和合作的非契约性的社会基础上，它是透过国库拨款的社会服务而获得制度形式。证据显示，这些不是公民想要的政策；而在拉丁美洲，有些政府正开始反对它们——也许当前由缺乏规管的金融资本主义所引发的全球经济危机使我们集中心思。

**安兆骥：**在政治理论中，尤其在当前的思考中，你在哪儿是否观察当代潮流？更概括地说，英美分析传统与欧陆传统之间是否存在重大的鸿沟？如果有的话，如今哪些政治理论家的作品是你欣赏的？还有，为什么？

**佩特曼：**政治理论如今是一个庞大而正在扩张的领域，拥有各个次

领域。民主理论是一个近年飞快成长而且日趋多元化的领域（也许不令人奇怪，当各个政府、国际机构和非政府组织正在从事民主宣传和输出）。全球化已推动某些理论家把目光放在国家疆界以外，普世性的以及有一些其他新形式的民主正被讨论，但取得最大成功的发展是协商民主，它已接管了这个领域的一大部分，带来大量而快速增长的研究。我不是它其中一个拥护者，虽然我发现协商民主的某些经验层面相当有趣。另一个新领域是重新解读经典文本，从而凸显它们牵涉欧洲扩张、种族和帝国之追求。我也涉足于另一个小角落，即对基本收入的理论剖析，这个问题在网络期刊《基本收入研究》已有长足的增长。对第二个问题，虽然卢梭、康德和黑格尔在英美各所大学得到长期的研究，但如果你观察（例如）一个分析政治哲学家撰写平等主义，相比于（例如）德勒兹和瓜塔里，那就是一个相当大的鸿沟。然而很多欧洲政治理论家现在对英美主流的理论和文本感兴趣，而很多欧洲理论家（诸如哈贝马斯、德里 151
达、海德格尔和无数的其他人）在过去25年间对英美世界产生相当大的影响力。

我要拿你最后一部分的问题作为机会，简略谈谈布莱恩·巴利。有些人得知我是巴利的学生，感到相当惊讶。的确，我是第一位学生（这一头衔是鲍勃·古丁、基思·道丁和我在芝加哥发布《正义与民主》[1]的晚宴时鲍勃提出来）。我在他的指导下撰写《参与和民主理论》。有一段时间，我像是陷入死胡同似的，而巴利建议我应该到纳菲尔德学院图书馆和阅读柯亨的作品。因此我去了；当我读完后，全书的论证也就开始有头绪了。出乎意料的是，当时他建议我把完成的书稿寄到剑桥大学出版社；我变成了一名著者，真是使我极其讶异。我极其欣赏他的学养，他的

① 这是佩特曼与其他同学给巴利所编的庆祝论文集，Keith Dowding，Robert E. Goodin，and Carol Pateman（eds.），*Justice and Democracy*：*Essays for Brian Barry*，Cambridge：Cambridge University Press，2004. ——译者注

文章的清晰性和严谨性,他切中手边问题的核心、并且说明论证是什么的能力,以及他对平等和正义的拥护。他是擅写诙谐措辞和毁灭性书评的大师。他对傻瓜没有耐心——而他保存一张非常好的桌子。自牛津岁月起,我们长期保持友谊,虽然我们很少同时在相同的地方。虽然我吸收了《政治论证》《社会学家》《经济学家和民主》和《自由主义的正义理论》,并且受到他的风格的影响,但我不跟随他的学术足迹,或他对建立机构和办杂志的抱负。但是,我们近年携手相互支持对基本收入的研究。巴利在他的最后一本书《社会主义为什么重要》[①]出版前特意告诉我,而我也喜欢这本书;他是颇为正确的。

**安兆骥:**我们已涵盖许多范围。让我退回来,汲取《性契约》和《契约与支配》对当代背景的某些涵义。某些对性别和种族(广义地界定)感兴趣的学者所进行的某些研究,直接受到你和米尔斯对经典社会契约的修正和挑战的影响。克里斯蒂娜·基廷(Christine Keating)的研究将你和米尔斯的理论运用到新的语境,亦即殖民和后殖民时期的印度。于是在某程度上,人们可以形容基廷的作品是“后殖民的性契约”。基廷和相关的学术研究都立足于和(或)应用你所提出的理论突破,你如何判断它们?

152 **佩特曼:**我在《性契约》中表明,我的论证是关于英美社会的;在这些社会中,契约理论已经蓬勃发展,司法自由和平等已经普遍化,反歧视的立法已颁布,而对男性和女性的古老家长制的理解已失去了大部分(虽然绝非全部)力量。此外,我感兴趣的主要问题是自愿进入个人财产契约的后果。我的论点是有关一段特殊的历史,而且在文化上和社会上都是独特的。

有鉴于此,我很高兴来自世界不同地区、生活在非常不同的社会中

---

① 即 Brian Barry, Why *Social Justice Matters*, Cambridge: Polity, 2005. 此书中译本易名为[英]布莱恩·巴利《社会正义论》,曹海军译,南京:江苏人民出版社,2006 年。

的学者觉得我的著作有用(例如《性契约》已被译为中文和韩文)。我认为它之所以得到英语世界以外的认同,既因为女人的服从是无所不在的,也因为婚姻制度在每个地方都是处于核心位置。此外,“性契约”一语可能随时脱离我在原始契约的经典政治理论所赋予的据点,并且(以一种概括的、比拟的风格)用来概括和凸显女人服从所采取的很多方式,以及它在世界各地所发现的很多语境。

此外,“跨层面性”(intersectionality),例如性服从和种族服从之间的相互关联性——如今是非常流行的,因此《契约与支配》是在一个及时的瞬间中出版。然而你特别提及克里斯蒂娜·基廷的作品,她把我们的论证用在印度的案例上。由我目前阅读所得,她是对一个特别复杂的国家中进行某些非常有趣的研究,提供了各种古今事例说明性别和种族的权力层级。例如,她使用“补偿性的支配”(compensatory domination)的概念阐明英国统治者在殖民时代如何得到支持,做法是赋予印度精英一片他们自己管治的领域,以换取他们作为殖民地臣民的服从;或者,在独立的印度中,尽管存在平等主义的全国性法律,但来自不同宗教共同体的男人如何被允许继续管治婚姻和家庭中的女人行为,以换取他们同意支持全国性的统治者。但我有时想弄明白“后殖民”(post-colonial)一词。当然,“后”(post)在差不多全世界所有角落中都是形式正确的,但我们是不是以新形式来观看旧关系呢?例如,如今对非洲财富新一轮的掠夺,
英国和欧洲(北约)持续侵略伊斯兰教资源丰富的国家(或对运输资源至 153
关重要的国家),或结构性调节的历史,似乎至少对这个词语打上问号。

**安兆骥:**你如今的研究有什么方向?它跟你已生产和贡献于政治理论和政治科学的作品有何关连?

**佩特曼:**我不能谈论一个宏大的新计划;因为各种原因,我不曾着手从事那样的东西。但在近来几个月,我开始思考一个新问题,而(谁知道)它可能变成比一篇演讲或论文更大的问题。2010 年 9 月,我有幸被选为“美国政治科学协会”会长,而在我担任候选会长和就任会长的年

头，我在一两个场合有机会反思我的事业，因此我早年的作品已在我心中。

这些反思加上其他因素，使我相信我可能有些东西再一次谈论参与式民主(participatory democracy)，即我第一本书的课题。我仍认为参与式民主是一个好观念，我希望它的时代仍会来临。这把我带到迥异于我在讨论原始契约时所求索的不同方向。我先前提及协商民主理论的显著崛起，而我在协商民主的研究中偶然发现对参与式民主少许奇怪的观念。协商民主论者的一个趋向，是声称协商民主现已包含参与式民主——这一主张我觉得是非常离谱的。更重要的是，多年来我对参与式预算很感兴趣(虽然没有对此进行任何学术工作)。因此我在着眼于参与式民主时，决定对参与式民主进行另一种观察，这一部分的民主理论长期以来不合时尚。使这问题更加复杂的事实，是近年传播(由诸如世界银行之类的组织支持)的某些称为参与式预算的东西大不相同，但在大多数情况下，它很少或不像是参与式预算(犹如它原初在阿雷格里港[①]中确立的)。也就是说，它很少或不涉及结构性变化或民主化，这些问题多年来都在激活我的研究。

我仍在研究之中，因此我不确定在这一刻它究竟如何产生。我仍对基本收入感兴趣，而我如今编辑(跟马休·穆雷)一本书，那是观察基本
154 收入的现存例子和实践，以及在世界各地的发达国家和发展中国家履行它的某些实践方案。[②] 这不是政治理论，但基于如今世界的状况，我觉得我的注意力要多放在更实际的问题上——当然，我经常尝试结合我的理

① 阿雷格里港(Porto Alegre)，是巴西南部大西洋岸重要港口和圣保罗以南最大的城市，南里奥格兰德州首府。当地公共行政的一个特征是采用大众参与的制度界定公共投资，自1989年展开，1991—2004年进入实质操作阶段，目的是克服居民生活水平不平等的问题。据世界银行一份报告显示，当地的参与式预算带来设施的直接改善，也鼓励了居民的直接参与，在公共行政学界视为“参与式预算”的模范案例。——译者注

② 这方面的成果，可以参见 Carole Pateman, and Matthew C. Murray(ed.), *Basic Income Worldwide: Horizons of Reform*, New York: Palgrave Macmillan, 2012. ——译者注

论工作。

**安兆骥:**佩特曼教授,非常感谢这次访谈,还有讨论了你的思想发展和性质。

鸣谢

我想感谢拉娅·普罗霍尼克适时而大方的编辑指引,她的建议使我跟卡罗尔·佩特曼访谈的某些问题更加明确。

# 第十章　共和主义、自由哲学与观念史：菲利普·佩迪特访谈

玛亚·狄莫娃-库克森访问

**狄莫娃-库克森：**佩迪特教授，非常感谢你同意接受这次访谈。我有很多东西想向您请教，而我在开始时要问的是关于你的自由的共和主义理论。不仅因为这是我的研究兴趣所在，也因为这一理论已对当代政治理论发挥了巨大的影响力。它已使你成了当代自由主义的自由研究的一位主要人物；而你的影响（实际上还有名望）堪比以赛亚·伯林。我的第一个问题是关于你如何把握共和主义自由。你的论文《自由即反权力》在1996年《伦理学》[①]发表，然后专著《共和主义：一种关于自由与政府的理论》[②]在1997年出版。但就我所见，共和主义的主题没有在你先前的著作中发挥显著的作用。

**佩迪特：**我不会评论你过于慷慨的评语，但我会简略谈谈这一问题。我认为三个颇为不同的动力指引我对这个课题的思考。我希望依次检

---

① 原文Ethics一词没有斜体，应是手民之误，现以书名号记之，以示更正。该文英文出处："Freedom as Antipower," *Ethics*, Vol. 106, no. 3 (April 1996), pp. 576-604. ——译者注

② 即Philip Pettit, *Republicanism: A Theory of Freedom and Government*, Oxford: Oxford University Press, 1997. 此书已有中译本出版，即佩迪特：《共和主义：一种关于自由与政府的理论》，刘训练译，南京：江苏人民出版社，2005年。——译者注

验它们是并非无聊的举动。

第一个是,我在20世纪80年代努力写了一本书《人同此心》[①],它在1993年面世;而作为那个课题的一部分,我已开始思考一系列的政治价值,包括自由在内。该书围绕着两个主题论证一套社会本体论。首先是一套支持个人主义的主题,大意是指没有良好的理据认为社会关系或社会力量破坏我们心理的日常运作(正如某些涂尔干式进路或马克思式进路)。其次是一套反原子论的主题,大意是指尽管如此,有很好的理据支持说,人类存在者需要社会关系——并且不仅因为偶然的、因果性的理 156
由而需要它们——以期发展关键的可行能力,尤其是反思、推理和协商的潜能。虽然该书大部分内容是论证(按我的称呼)这种个人主义的整体论(individualistic holism),但最后的第三部分是尝试显示它对社会方法论和政治哲学的涵义。

我认为,基于反原子论的转向,我们应该预期政治理论的主要角色是由本质上属于社会性的价值来扮演——那些价值预设社会生活,不同于类似功效(utility),或"自由即不干涉"(freedom as non-interference)的价值——,而我探讨是否有任何本质上属于社会性的价值,可供这一角色获取。在那一语境中,我开始明白,自由本身可以重新诠释为一项本质上属于社会性的价值。你的自由可以被塑造为你所享有的地位——当你与其他人一起生活,你或多或少防范他们干涉(或至少他们干涉而不受惩罚)你的生活。我发现这种"地位—自由"(status-freedom)的理想本身很有吸引力,而这可能是对我的思考有所影响的第一个考虑。

然而,第二个因素和第三个因素很快增强了我的热忱。第二个是,当我向法律史的一位同事大卫·尼尔[②]描述"地位—自由"的理念,他提

---

① 即 Philip Pettit, *The Common Mind: An Essay on Psychology, Society, and Politics*, Oxford: Oxford University Press, 1993. 此书已有中译本出版,即佩迪特:《人同此心:论心理、社会与政治》,应奇、王华平、张曦译,长春:吉林出版集团,2010年。——译者注

② 大卫·尼尔(David Neale)是佩迪特在澳大利亚国立大学的同事,背景待考。——译者注

及这是类似于昆廷·斯金纳某些新近论文[①]的材料；这些论文剖析了自由如何在约翰·波考克所述的漫长的意大利—大西洋共和主义传统中构想。[②] 我个人认识昆廷，熟悉他的许多作品，但那些论文对我来说是新颖的，阅读它们是一种启示。基于他的特殊诠释，我在他所讨论的各个理论家中找到我先前开始思考的那种“地位—自由”的概念。此外，更有甚者，我在进一步发展那种“地位—自由”的构想时，当然深受那些图像（还有昆廷的诠释）的影响。

当时对我产生重大影响的第三个因素，是在澳大利亚国立大学与约翰·布雷思韦特合写一本研究刑事正义（criminal justice）的书，即《不仅是应得》[③]。在指导该书的课题中，我们的宗旨是剖析和质问崭新的应报主义（retributivism），这已逐渐主宰了法学和犯罪学。当完成自己的想法时，我们认为整合它们的最佳做法是仰赖于“地位—自由”的共和主义构想——在该书中，我们称之为“自由即支配”（freedom as dominion）——而我们其实在副标题上描述该书为“一套刑事正义的共和主义理论”。那一练习使我更加意识到按照这种自由观念来思考政策议题是多么的有益，而这也促使我致力于（如后所述）观察如何在共和主义的基础上探
157 索政治哲学的研究课题。

当说明这三个影响源头（即哲学的、历史的和实践的）对我自己坚持共和主义研究课题的持续冲击时，我不认为我是想入非非。过去十年左

---

① 斯金纳在20世纪90年代完成霍布斯与新古典修辞在政治理论的作用后，转而研究第三种自由，这方面的成果后来结集为《自由主义之前的自由》一书。即 Quentin Skinner, *Liberty Before Liberalism*, Cambridge: Cambridge University Press, 1998. 此书已有中译本面世，即昆廷·斯金纳：《自由主义之前的自由》，李宏图译，上海：上海三联书店，2003年。——译者注

② 即 J. G. A. Pocock, *The Machiavellian Moment: Florentine Political Thought and the Atlantic Republican Tradition*, Princeton: Princeton University Press, 1975. 此书已有中译本面世，即波考克：《马基雅维里时刻：佛罗伦萨政治思想和大西洋共和主义传统》，冯克利、傅乾译，南京：译林出版社，2013年。——译者注

③ 即 John Braithwaite and Philip Pettit, *Not just Deserts: A Republican Theory of Criminal Justice*, Oxford: Clarendon Press, 1990. ——译者注

右，我对这个课题的信念已因我自己在这三方面的研究（更重要的还有其他人的著作）而得以强化。

我透过自己与一些人的合著，已对这个哲学框架有更深刻的理解，尤其与伦敦政治经济学院的克里斯蒂安·利斯特合作，——我们的书《群体能动性》[①]在2011年面世；还有，与伊恩·卡特和马特·克雷默等论敌的交流——参阅2008年塞西尔·拉博德和约翰·梅诺的文集《共和主义与政治理论》[②]。令我鼓舞的历史主张是新共和主义的展开；这里有昆廷·斯金纳和其他学者（包括我的学生）持续的研究，也有（更概括地说）我自己对霍布斯和现代政治思想的研究。[③] 此外，使我激动的是共和主义观念对政策制定和宪法设计的持续发展，这是许多学者帮忙推进的；例如，参阅萨曼莎·贝松和何塞·马蒂2009年的文集《司法共和主义》[④]，丹尼尔·礼顿和斯图尔特·怀特编辑2010年论述共和主义民主的文集《建立公民社会》[⑤]，以及2010年《欧洲政治理论研究》共和主义和国际关系的专号。[⑥] 萨帕特罗政府在2004—2008年对共和主义观念

---

① 即 Christian List and Philip Pettit, *Group Agency: The Possibility, Design, and Status of Corporate Agents*, Oxford: Oxford University Press, 2011. ——译者注

② 即 Cécile Laborde and John Maynor (eds.), *Republicanism and Political Theory*, Malden: Blackwell, 2008. 其中收录 Philip Pettit 的"Republican Freedom: Three Axioms, Four Theorems"、Ian Carter 的"How are Power and Unfreedom Related?"、Matthew H. Kramer 的"Liberty and Domination"三文。——译者注

③ 佩迪特的霍布斯研究是 Philip Pettit, *Made with Words: Hobbes on Language, Mind, and Politics*, Princeton: Princeton University Press, 2008. 此书已有中译本，即佩迪特：《语词的创造：霍布斯论语言、心智与政治》，于明译，北京：北京大学出版社，2010年。——译者注

④ 即 Samantha Besson and José Luis Martí (eds.), *Legal Republicanism: National and International Perspectives*, Oxford: Oxford University Press, 2009. ——译者注

⑤ 即 Stuart White and Daniel Leighton (eds.), *Building a Citizen Society: The Emerging Politics of Republican Democracy*, London: Lawrence & Wishart, 2008. 在出版年份方面，佩迪特略有误忆。——译者注

⑥ 2010年1月，《欧洲政治理论研究》(*European Journal of Political Theory*)第9卷第1期开始了题为"全球正义与共和主义"(Global Justice and Republicanism)，负责编辑的是 Steve Buckler、Richard North、Richard Shorten 三人，撰写导论的是 Duncan Bell，共收入 Lena Halldenius、Duncan Ivison、Cécile Laborde、Philip Pettit、Quentin Skinner 五人的论文。——译者注

的使用也是振奋人心，正如那些观念赞助一些重要的改革：参阅 2010 年与何塞·马蒂的书《公共生活的政治哲学：公民共和主义在萨帕特罗的西班牙》[①]。当然，近年给我信心完成研究计划的承诺的作品，经常是他人所完成的。就在两年前，使我印象深刻的是塞西尔·拉博德 2009 年研究戴头巾争议的书，题为《批判的共和主义》[②]；还有弗兰克·洛维特 2010 年的专书《支配与正义通论》[③]。

**狄莫娃－库克森：**你有另一本研究自由的书《自由理论：由心理学到能动性的政治学》[④]，提供了一套更富哲学性的分析，反对自由的“政治理论”分析。在此书中，“自由即话语控制”（freedom as discursive control）的定义，有别于“自由即不支配”的共和主义理论。如果政治理论家拥有一套“自由即话语控制”的丰富知识，他们是否更能理解共和主义自由？更概括地说，这是一个有关自由的哲学与政治理论之间的联系的问
158 题。政治理论家专注你的共和主义，是否明智呢？

**佩迪特：**2001 年的书开篇是这样的等式，即在两个行动 x 和 y 之间的选择是自由的，等同于（在我们日常实践中）能够负责在它们之间的选择。我感兴趣的事实是，这一等式承诺对于心理领域和社会领域的自由提供一个统一的视角，还有它对于我们应该认为这种统一的（或完备性的）自由需要什么，施加了一个有趣的限制。我认为全面的、完备性的自由需要什么，可以塑造为话语控制，而这种控制具备两个层面。在心理层面上，这意味着能动者完全领会到他或她所拥护的价值，而且具有足

---

① 即 José Luis Martí and Philip Pettit, *A Political Philosophy in Public Life: Civic Republicanism in Zapatero's Spain*, Princeton: Princeton University Press, 2010. ——译者注

② 即 Cécile Laborde, *Critical Republicanism: The Hijab Controversy and Political Philosophy*, Oxford: Oxford University Press, 2008. ——译者注

③ 即 Frank Lovett, *A General Theory of Domination and Justice*, Oxford: Oxford University Press, 2010. ——译者注

④ 即 Philip Pettit, *A Theory of Freedom: From the Psychology to the Politics of Agency*, Oxford: Oxford University Press, 2001. ——译者注

够的信息和理性，让那些价值影响选择。在社会层面上，这意味着能动者与其他人共享某些关系；理想地说，这些关系的影响力是经历了按照“接受它抑或放弃它”（take-it-or-leave-it）的理据而来的理由的考验，或允许魅力、幽默和适应的效应，所以这些关系无论如何不会限制这种以理由为媒介的影响。

如果这是以完备性的含义来思考自由的途径，我们应该如何思考（尤其是）政治自由（亦即就它是国家的正当关怀而言的自由）呢？此书认为，国家应该一方面关注多于话语控制，另一方面少于话语控制。国家应该关注更多，因为它所着眼的不仅是人民在既定的选择机会中是否自由，还要关注他们在多大程度上享有充足的选择机会。此外，国家应该关注少于话语控制，因为在尝试确保其公民的心理自由（他们在心理诠释上的积极自由）上，它很少有事情可做；它应该专注社会自由而已。

这一焦点在实践中意味什么？在此，我回到共和主义的主题，认为国家不足以迎合话语控制的需要，除非它采用共和主义理想的政治自由（亦即自由即不支配）。此书最后一章重申1997年的书《共和主义》某些基本主题。

你问及政治理论家是否最好专注1997年的书而非后一本书。我不是回答那一问题的最佳人选。但在这两本书之间，我认为1997年这部
大体上作为政治性的书本身比较成功。2001年的书较有企图心，而且较 159
富哲学性，尽管我发现具有康德式或黑格尔式的密切关系的人经常鼎力支持，但我觉得它经常是以太短的篇幅涵盖太多的东西。

**狄莫娃-库克森：**你与昆廷·斯金纳是20世纪末共和主义复兴的奠基者。你能否告诉我们多些有关你与斯金纳的学术关系？你已很好地解释你们的理论分歧究竟在哪里：虽然斯金纳相信共和主义自由结合了不支配和不干涉，但你坚持共和主义自由仅涉及不支配，而且它与非专断的干涉很好地共处。你与斯金纳之间还有没有其他差别？昆廷·斯金纳已承认你对他的看法的正面影响：他对你的观念发展有没有正面

影响？

**佩迪特**：我很难高估昆廷·斯金纳对我的思考的影响。按照上述文章的共和主义传统诠释，他所强调的事实是与波考克相反，自由的观念坚持没有任何形式的积极自由：不是心理学形式的积极自由（即需要某些像自主性之类的东西），也不是政治学形式（即意味着在自决共同体中的参与）。正是这一做法，转变了我们再次观察那一传统的可能性，现在很难记得这是怎样的激烈做法；它代表与那些像贡斯当和伯林等人的决裂，后者拒绝积极自由是国家的主要理想，而很多19世纪和20世纪的思想家则拥护那一理想。

虽然昆廷在上述论文中把共和主义自由表述为一种"自由即不干涉"的理念，但在我看来，他的史料和评论给我们另一种解释，即自由需要没有支配，而非没有干涉。我感到我仅在阐明他的著作已蕴含的东西，而我很高兴他在1998年的专著《自由主义之前的自由》[1]中采用这样的说法。

你提及他在那一本书中提出干涉和支配是不利于共和主义自由，而我已论证仅有支配填入那一位置。也许我可以在这一点上进一步论述，使用昆廷也经常使用的等式。这等式把支配等同于服从他人的意志。这是特别有趣的，因为它极其清晰地表明干涉自身不一定对自由不利。

160 在一个选择（或一系列的选择）中，服从他人的意志，就是依赖那一意志能够如你希望的进行选择。最戏剧性的依赖，是发生在另一个人现实上干涉你，积极地向你强加外来的意志。他们可能取消你其中一个选项，以一个惩罚性的选项来取代它，欺骗或操纵你，使你不能正当地推理该选择什么。然而，把支配等同服从他人意志的等式，好处是它绝对清

① Quentin Skinner, *Liberty before Liberalism*, Cambridge: Cambridge University Press, 1998. 此书已有中译本，即斯金纳：《自由主义之前的自由》，李宏图译，上海：上海三联书店，2003年。——译者注

晰地表明你如何被支配,而不遭到这种积极的干涉;而且另一方面,你如何被积极干涉,却不遭到支配。

支配的发生,可能没有干涉,因为你可能服从那一个人的意志,仅是由于自己正在另一个人的干涉权力之下。假设我在一系列的选择中有权力干涉你,而又具有足够的善意让你如你所想的选择。你在那些选择面前仍服从我的意志(服从多少将仰赖于我的权力的幅度),因为你是仰赖于我剩下的善意(为了能够如你所想的进行选择);你如你所想的选择,仅是因为(实际上)我让你这样做。我没有干涉你,但我监督你的选择,因此使你服从我的意志。除了透过监督来支配你,我也透过恫吓来支配你。如果你相信(无论对错)我正在监督你,以致当我应该反对你时,我已准备干涉,那么你可能预计我的想法,或尝试使我欢心,让我的意志在你的选择中统治,而我不一定做任何事情以强加我的意志。

然而,不仅支配可能在没有干涉下(亦即透过监督和恫吓)发生,而且干涉也可能在没有支配下发生。再者,服从他人意志的等式使之显然。假设你觉得你在傍晚喝得太多,而且为了应付你的弱点,你已给我酒柜的钥匙,带着的指令是在 24 小时的告示下我应你的要求让你拥有它。某一个特定的傍晚,在拒绝给你钥匙时,我肯定在干涉你。但这样做的时候,我不是在施加一个外来的意志,仅是你自己更具反思性的意志。因此,那一种干涉(以你自己的方式进行干涉,这种干涉在那一含意上是“非任意的”)并不构成支配,因为它没有使你服从他人的意志。

正如卡托信函[1]在 18 世纪所说,要自由,就是“按照自己的方式来生
活”;要支配,就是“活在纯粹他人的怜悯之中”。应该极其清楚的是,如 161
果我以这里想象的方式来干涉你喝什么,而我是按照你的方式(而非我

① 卡托信函(Cato’s Letters)是英国作家特伦查德(John Trenchard)和戈登(Thomas Gordon)化名西泽大帝死敌卡托所写的 144 篇文章,1720—1723 年首刊于《伦理学刊》,后刊于《不列颠学刊》,宗旨是呼吁言论自由,宏扬共和主义的政治思想。这些书信后来结集出版为《论自由:公民的与宗教的》一书,对后来美洲革命影响极大。——译者注

的方式)来干涉你,那么我就没有做任何事情拿走你的自由。你可能服从那一干涉,但仍享有阿尔吉蒙·西德尼在20世纪所述的“独立于他人意志之上”。

**狄莫娃-库克森:**对政治理论与政治思想的区分,你有什么想法?你是否认为它反映了观念研究的哲学进路与历史进路之间持续存在的重大张力?这一问题与你的共和主义理论有些关联。一方面,你的共和主义理论援引过去的特定传统,但另一方面,它也与规范性诉求有所交锋,这些诉求的证成很少涉及古典共和主义的历史语境。对共和主义的历史模式与理论模式之间的互动,你有什么想法?

**佩迪特:**政治思想史有别于政治思想自身,有别于思考国家是什么,以及国家应该如何行事(既涉及它与其成员的关系,又涉及它与其他国家的关系)的学科(分析的、规范的或制度的)。但在任何时候探索那一学科,我相信极其重要的是,研究者仍要保持接触其课题的历史。另一方面,我认为同样重要的是,那些处理政治思想史的人,以自己的方式积极思考政治理论自身的问题。

为什么历史学家需要理论或哲学(我在此不予区分)的理由,是方法论的。如果你自己对那一做法毫无体验,要理解古人思考什么,几近不可能;正如假若你不察觉他们行事的语境和压力,就不可能理解他们想什么。我自己唯一完成的大型历史研究是2008年的霍布斯研究《语词的创造》。我不认为我可以开始很好地理解霍布斯坚持的许多东西,却不熟稔地解决他面对的那种问题。

然而为什么政治理论家或政治哲学家需要历史的理由,是实质性的,而非方法论的。在发展任何范围广泛的政治视角时,必须涵盖各种各样的课题。几乎无法想象某人可以发展一套严肃的有趣视角,而不展
162 现过去伟大心灵思考这些课题的影响。自我否决政治思想史的认识,而又尝试研究政治理论或政治哲学,将是故意拒绝潜在的洞见。像昆廷·斯金纳和约翰·邓恩等人发起的语境主义的一个教训,使政治哲学不像

科学。如果政治思想时而在某一独特的语境中研究，时而在另一语境中研究，就不可能有任何东西类似公认结果的逐渐累积。于是，由于语境主义的原因，任何当代政治理论家应该对这学科的历史怀有积极的兴趣，因为如果你自己想尽量熟悉先前发生了什么，就需要历史研究。你不能指望最好的东西已保存在流行的智慧之中，像科学最好的东西可能保存在当代实践的假设之中（尽管有了库恩的学说）。

从这一想法阐述，我不认为我可以对"自由即不支配"的理想的价值或可行性怀有任何信心，而不用发现它在政治思想（和政治实践）史非常不同的语境中的重要性。此外，我不认为我已鉴别它与"自由即不干涉"的对比，而不理解另一选项在知识反传统主义者（像霍布斯）或功利主义改革家（像边沁）的著作中所扮演的角色。

为了着眼于这个较古老的理想的一个重要方面，这对我自己的思想提供了不可或缺的动力，以理解"自由即不干涉"经常被塑造为独立选择的理想，而"自由即不支配"基本上被理解为一个人（或一个公民）的理想。在我们现存的思考方式中，正是自由选择排在第一位，其次才是自由的人。在较古老的思考方式中，事情正好颠倒过来。承认这样的情况，迫使我（我认为有益的）反思对一个公民来说，自由究竟可能是什么意思。

在思考那一问题时，我被引导到这样的观点，即认为我们应该把自由公民表述为某个得到保护免受支配的人，其中的共同理据是他们跟社会上其他人一样（具体地说，都在共同的法律和规范的基础上），而且都有相同的选择范围——然而肯定在基本自由的范围内，它们最能在本土文化中得到诠释。在本质上，那是传统共和主义者如何按照当时男权主义、精英主义把自己描述的人构想为自由人：拉丁文法律的 liber〔自由人〕，是过着 sui juris〔自决〕——亦即根据他自己方式——的生活。

但再谈一点吧，你也问及从过去语境中获取观念，将之应用在当代
世界中，在多大程度上是有用的。我最佳的回应可能是继续集中在公民 163

自由(civic freedom)——即公民的自由(freedom of the citizen)——这个观念。在所有前现代的语境中,公民都是男性、有产的,任何想援引这一公民自由理想——公民自由即不支配——的人所做出的主流倾向和主要修改,是延伸公民身份或成员资格的范畴,使之具有恰当的包容性;什么是具有恰当的包容性?我暂且不谈。那一种修改是否完全不当呢?我完全看不见为什么应该如此。如果存在制度可能性得以实现或接近这一意义上的平等的公民自由,那么宣称这是我们应该退缩的东西,将是彻底的教条主义:公民自由的理想是独特的过去语境的属性,不能延伸在它们的边界以外。

为什么"平等的公民自由即不支配"的理想在当代世界出现?第一,这个理想是植根于公认的理想之中,是在那些观念具吸引性且有先例可援的基础上阐明,因此它有一些机会在广阔的领域中得到拥护。第二,这个理想是一个正当的政治益品(或公共益品),在市场或公民社会中得不到充分供给,虽然它对这两者施加了限制;它要求一个只有国家才能提供的保护制度。第三,它要求国家超出守夜人体制的最低限度保障之外,认为一套充权制度具备很多元素:不偏倚的法律和规范的统治,规管良好且可以持续的经济,普遍的教育、信息和法律渠道的体制,针对疾病、无家可归、失业等社会保障,在独特关系中(比如说,在家庭或职场内)免受支配的保护和其他选项,对法人团体(例如公司和教会)运作的限制,从而保障避免它们支配个别的人类存在者。第四,它不强迫我们拥护资源平等化的(或多或少)乌托邦要求,即使它注定要求相当数量的再分配。还有第五,它提供了一个基础,以新颖的方式思考旧问题(或甚至新问题):在那一意义上,它是一个有活力的研究课题。在阐明最后一个主题上,我可以评论说,它从人民不受支配的理想,提供了一个新颖的途径重新反思民主——我对此的评论是回应后一问题——重新概念化国际关系。在那一问题上,参阅上述《欧洲政治理论研究》近年专号,或像史提芬·斯劳特(Steven Slaughter)和吉姆·博曼(Jim Bohman)的书。

**狄莫娃－库克森：**你的学术研究遍及道德哲学、政治哲学、社会科学哲学、心灵及行动哲学、形而上学的不同领域。你认为哪些研究领域最重要？还有，为什么？过去和现在，谁是你的哲学英雄？ 164

**佩迪特：**我有相当宽泛的研究背景。早年我在爱尔兰从事胡塞尔、萨特、梅洛－庞蒂和利柯尔等人的研究工作，然后在剑桥三一学院担任研究学者时发展了更具分析性的兴趣。德里达其中一个论点（在早期著作《声音与现象》[1]中）使我确信欧陆传统较不注意语言塑造我们心灵和思想的角色；讽刺的是，这引导我研究更具分析性的人物，例如维特根斯坦、莱尔和奥斯汀。我在《人同此心》中捍卫了个人主义的整体论，尝试发展维特根斯坦对跟随规则（rule-following）的思考；当然，他也必是我其中一位大英雄。然而我没有附和他对理论的反感，还有他认为哲学只能提供治疗的见解。在此，吸引我的总是在大油画布上绘画的理想，发展一套可以严格地编排和重塑事物图像的观念框架，而这个图像是编制在我们日常实践之中，以及我们言说和思想未经考察的用语之中。我承认我仍保留少年时所体验的某些兴奋，当时我阅读萨特的文学和哲学作品，惊叹它的新奇性和范围。它可能不是完全有说服力的（无疑，它不是非常精确地抽出来说），但我的天哪，它令人铭记难忘。

我认为哲学的宗旨应是它经常在分析作品中实现的鲜明焦点，而不背弃提供全幅愿景的企图心，这种愿景是欧陆理论（除了后现代主义外）试图提供的。虽然我认为尤尔根·哈贝马斯的作品有时失去焦点的鲜明性，但我的其中一位英雄肯定是他。他高踞在大多数当代思想家之上，他所论证的一套思想框架，一方面包含语言哲学和心灵哲学，另一方面包含法哲学和政治哲学。

---

① 即 Jacques Derrida, *Voice and Phenomenon: Introduction to the Problem of the Sign in Husserl's Phenomenology*, trans. Leonard Lawlor, Evanston: Northwestern University Press, 2011. 此书已有中英译本，德里达：《声音与现象：胡塞尔现象学中的符号问题导论》，杜小真译，北京：商务印书馆，1999 年。——译者注

因此,除了维特根斯坦和哈贝马斯外,还有谁是我的哲学英雄呢?这里奇怪的是,我经常在过去著作中辨别的共和主义观念,是呈现在波利比乌斯、西塞罗、马基雅维利、哈灵顿、西德尼、孟德斯鸠和美国建国者等人的作品之中;他们从任何尺度上看都不是伟大的哲学家。我使用他们的作品,支持我在他们身上找到以下特定题目的洞见,像自由的性质、
165 混合宪法的可行性、公民在公共生活中的角色,或在制度设计时依赖杰夫·布伦南和我2004年专书所描述的“尊敬的经济学”[①]的可能性。

那些过去我视为伟大的思想家,还有让我阅读时得到最大快乐的人,我在许多问题上与他们有所分歧。无疑,他们包括康德和休谟。此外,他们也包括卢梭,虽然我从他以法兰西—日耳曼式的共和主义取代意大利—大西洋式的共和国主义退缩回来。在这一改变的共和主义中,自由仍是不支配(至少在卢梭和康德身上如此做法),但传统混合宪法的制度理想(结合论辩的、监督法律的公民)已被转化为一种浪漫的、很有问题的理想,即一套集会的人民具有参与和立法的角色。我认为他所促进的法兰西—日耳曼的发展,使更传统的共和主义黯然失色,创造了在相同地方上只有两套演示的幻觉:浪漫主义卢梭式的演示,还有功利主义者和古典自由主义者更现实的、现代主义的演示。

但在转到你的下一个问题前,我必须说我的知识大英雄其中一位是霍布斯,他对政治及相关问题的观点是我相当憎恶的。在《语词的创造》书中,我尝试说明在早期现代哲学家当中,他是唯一确立了人类潜能的形象,承诺一套完备性的、自然主义的愿景,涉及自然领域和心理领域、社会领域和政治领域。他的指导观念是,人类存在者在其他动物以外之所以变得独特,不是因为更高水平的自然潜能(借用现代措辞来说,只有3%明显的遗传差别),而是因为我们足够幸运发明了语言。正是语言,

---

① 即 Geoffrey Brennan and Philip Pettit, *The Economy of Esteem*: *An Essay on Civil and Political Society*, Oxford: Oxford University Press, 2004. ——译者注

解释了我们以概括方式来思考(避免此时此地的牢笼),并且(更具体地说)在命题之间推理我们的思路,让我们的词语接触他人的词语,在单一声音背后跟他人一起聚集为一个群体能动者。哎呀!也正是语言,把我们引领到所有人对抗所有人的战争(war of all against all)当中,因为它导致欲望之形成延伸到遥远的未来,鼓励我们与他人比较想要争第一名,或名列前茅。然而这是霍布斯政治理论突显之处,语言提供了资源使我们有可能从它所导致的困境中自我拯救。我们可以结合为一个共同体(commonwealth),仅当我们愿意承认主权者的单一声音是不可挑战的权威。这个结论可能不是很动人,而且只能透过某些灵巧而可疑的做法才 166
能获得。然而这一构想的延伸是巨大的。它在知识上(但不是在道德上和政治上)使我陶醉。

**狄莫娃-库克森:**我看到你在剑桥大学出版社出版了《按照人民的观点:共和主义的民主理论》[①]一书。这与共和主义的自由理论有何差异?该书挑战了什么其他的民主理论吗?

**佩迪特:**正义理论有三个领域:国内正义、全球正义和民主正义。我早前指出,我认为共和主义理论在国内正义和全球正义的问题上指示了哪儿。然而它在民主正义上引领到哪儿呢?那是此书要谈的问题。这本书是根据2010年4月我在剑桥大学所做“西利讲座”[②]而成书的。

民主正义(至少在国内语境中)的问题是这样的。什么是正义要求人民与政府之间的关系?一个政府可能兑现国内正义,有些政策促进人民当中“平等的公民自由即不支配”,但在民主上并非不义的;它甚至可能是仁慈的专制主义。因此,民主正义需要什么呢?共和主义理论提供

---

① 即 Philip Pettit, *On the People's Terms: A Republican Theory and Model of Democracy*, Cambridge: Cambridge University Press, 2012. ——译者注

② 西利讲座(Seeley Lectures)是剑桥大学“政治思想中心”举办,自1994年起,每两年一次,邀请知名学者就政治思想及其历史做出专题演讲,而这些讲座得到剑桥大学出版社的支持,随后出版成书。——译者注

一个清晰的答案。国家及其人民之间的关系应该是(目前尽可能)管治者没有支配被管治者的关系。当然,政府总是干涉人民的生活,因为它必须为了自身的运作而征税,强加强制性法律和制裁那些违法的人。然而,共和主义理论说明,这种干涉不一定是支配的,如果它是被那些被干涉的人的意志所控制。因此,它坚持了民主正义的理想:政府应该由其人民所控制,以致它的法律可以被社会成员合理地视为他们授权的强加。

这个想法认为,成员可以把法律当作像是(在先前例子中)你要我拒绝给你酒柜的钥匙。觉得某些法律或统治特别麻烦(甚至可能是不义)的公民,可以合乎情理地认为这种法律或统治预设那一形式,仅是运气不好,它不是源于这制度毫无差别地关注他或她的主张或原则。同样地(也再次是理想地),那些违法和受累于强加制裁的人,可以认为那是他们经常知道在犯法事件中他们要面临什么,而这法律自身并不代表一个完全异己的意志之强加。

167 我总是相信,对共和主义理论最大的挑战是,能够展现一幅民主制度的图像,使这个理想得以实现或接近。在拙著中,我从一些论点展开,而这些论点对于应付那种挑战是相当重要的。第一,必须是在一个国家中生活,哪怕它是多么美好,也不意味你是被支配的;这是因为活在囿于国家的世界的命运,不是任何人对你强加外来意志的结果。第二,必须在法律下生活,不是把你当成是独特的,给你一项否决权,或给你一系列的特权,这不意味着你是被支配;这是规范必然性的产物,而在国家中生活是历史的产物。还有第三,你不是被国家支配,而国家是被整体人民所控制,国家是平等对待你,在运用这种控制时,给你相同的份额和相同的风险。

有了那些观点,我们就可以开始探讨我们应该如何思考谁人在控制政府,我们需要控制的是什么,还有我们如何可以组织事物,以致人民真的可以在那一控制中预期享有相同的份额和风险。那些是我在此书中处理的问题。我相信,结果是一套思考民主的方式(一套值得被形容为民主的制度的设计规定),是共和主义独有的,而在制度上是新颖的。它之所以是共和主义独有的,因为民主国家的理想不仅是致力于减少私人支配(正如国内正义所要求的),它也被组织起来,使它在干涉人民的生活时,不是进行公共支配;它是按照人民自己的观点来操作,而它的干涉不致使他们服从于外来的意志。这个理想在制度上是新颖的,认为对政府的民主控制需要超出集体的争议性控制(这是公开定期的选举可以确保的)之外。

选举安排肯定是制度要求的东西,但它自身不足以促进共和主义理想。所以我认为,必要的全面安排肯定是:跨越很多场合而促进相关的公共讨论;辨别公共政策争论的观点,而这些观点在讨论各方中得到接受作为相关的考虑;帮助确保没有与那些观点不一致的政策可以保留供给政府作为选项;还有帮助确保在那些不同政策(它们与那些观点同样是一致的)之间的选择,应该根据本身得到这些观点支持的过程而制定。当然,这样说就是要走到较低的描述层面,形容共和主义民主的设计规 168
定,而不是描述制度可能做的事情。但那明显是我在此所能提供的一切。

**狄莫娃-库克森:**作为一个保加利亚人,我不禁要问你,你是否认为冷战结束对道德政治哲学有所影响?我们现在是否讨论不同的课题?我们是否询问不同的问题?当我们在2008年温哥华的"以赛亚·伯林工作坊"晤面时,你告诉我作为一名游客和第15届"世界哲学会议"的代表在20世纪70年代到访共产主义的保加利亚的故事。你的故事是有关你(作为西方游客)从本地官员得到的苛待。我们现在生活在不同的世界之中:如果你现在要到保加利亚(或者其他东欧国家)游览,你将在当地得到非常不同的待遇。你是否认为道德政治哲学的研究已受到这些变化的影响?

**佩迪特:**让我仅以简单的评论来回应这些问题。冷战的结束意味着自由世界和共产世界、民主世界与独裁世界之间的二分法的结束。因此，过去它把注意力鲜明地聚焦在敌对的民主愿景之上。在那一焦点中，两个纯粹的对立尤其显眼。一方面是社会民主主义的立场，这是寻求富裕的保障性国家和规管性市场；另一方面，一个最低限度或自由放任的民主立场，支持守夜人国家和自由的、相对不规管的市场。在这些纯粹模式之间存在知识的、理想化的冲突，我经常感到自由放任论者做得更好，虽然没有国家被视为是以完整的方式来体现它。虽然它拥有一个单一的理想（实际上是“自由即不支配”）可供借助，但社会民主主义似乎拥护一套大杂烩式的“迫切需要物”（desiderata），而非任何单一的愿景。相对简化的、罗尔斯式的社会民主理想的愿景，还有自由的理想（一套最大程度的“平等自由即不干涉”）以及颇为精致的差别原则。

共和主义理论之所以在20世纪90年代初对我有吸引力（而且如今对我仍有吸引力）的一个理由，是它为社会民主理想提供了一个简单而统一的愿景，在一套可行的单一自由理想中，支持一些恰当的保障性或充权性的政策。但另一方面，它做得更好。因为，自由放任主义（或者其实是社会民主主义）不曾表明民主特别需要什么（或什么使它有吸引
169 力），而（如我所见）共和主义理论对民主提供了一个合理的澄清，以及指引它的制度实现的设计规定。然而我最好还是停下来。我正在开始说得太像一个宣传员，不大像是政治哲学家；对我来说，共和主义仍是一个进步性（而且不断进步）的研究课题，而不一定是圣物[1]。

**狄莫娃-库克森：**佩迪特教授，非常感谢参与这次访谈和分享你的著作和思考的这些洞见。

---

① 圣物（Holy Grail）是英国阿瑟王文学其中的一个重要元素，它可以是一只碟、一个盆子、一块石头或一个杯子，根据古老的传说，它具有独特的法力，可以提供幸福、永生和无限的食物。——译者注

# 第十一章　采取更广阔的人性观：阿马蒂亚·森访谈[①]

丰娜·福尔曼－巴尔齐莱访问

**福尔曼－巴尔齐莱**：阿马蒂亚·森是托马斯·W. 拉蒙特大学教授、哈佛大学经济学和哲学教授、剑桥三一学院研究员和前院长。他过去50年的著作遍及经济学和哲学的各种课题，包括福利经济学、公共卫生、性别研究、道德政治哲学、和平和战争的经济学；其中最为人所知的，是社会选择理论和发展经济学的研究。他是其中一个罕见的知识分子，同时影响学术文化与现实生活，以打破范式的方式推进学术话语的边界，同时实际地提高人类生活的条件。他研究饥荒的著作已拯救了不胜细说、数以百万计的性命。他对发展评估的"可行能力进路"（capabilities approach）的推动，确实改变了我们所有人现在思考全球发展目标的方式。他的职业生涯阐释了社会科学在全球正义的领域中可能拥有的影响。

森的著作已被译为超过30种语言，包括《集体选择与社会福利》《论经济不平等》《贫穷与饥荒》《选择、福利与衡量》《论伦理学与经济学》《不平等再考察》《以自由看待发展》《理性与自由》《惯于争鸣的印度人》

① 本章由黎汉基、张雪帆、史舒合译。——译者注

《认同与暴力:命运的幻觉》和《正义的理念》[①]。

森已在“计算经济学会”“印度经济学会”“美国经济学会”和“国际经济学会”担任会长。他曾是“乐施会”的会长,如今是它的荣誉顾问。现在,他是“美国艺术与科学学院”的外国荣誉成员。

171 最近,我与阿马蒂亚·森坐下来,询问他的卓越事业的演变,以及他对政治和政治思考的想法。

你对政治和政治思考的兴趣,何时首次出现?在你个人传记中有什么特别重要的事件或时段,首次塑造了你的政治愿景?

**森:**我早年着迷于社会的组织。我的幼年是在我的家乡达卡(现在孟加拉的首都),我的父亲在大学教授化学。我也到过缅甸的曼德勒,我

---

① 森的著作的中英版本如下:

(1) Amartya Sen, *Collective Choice and Social Welfare*, San Francisco: Holden-Day, 1970. 森:《集体选择与社会福利》,胡的的、胡毓达译,上海:上海科学技术出版社,2004 年。

(2) Amartya Sen, *On Economic Inequality*, Oxford: Clarendon Press, 1973. 森:《论经济不平等、不平等之再考察》,王利文、于占杰译,北京:社会科学文献出版社,2006 年。

(3) Amartya Sen, *Poverty and Famines: An Essay on Entitlement and Deprivation*, Oxford: Clarendon Press, 1981. 森:《贫困与饥荒:论权利与剥夺》,王宇、王文玉译,北京:商务印书馆,2001 年。

(4) Amartya Sen, *Choice, Welfare, and Measurement*, Cambridge, Mass.: MIT Press, 1982.

(5) Amartya Sen, *On Ethics and Economics*, Oxford: Blackwell, 1987. 森:《伦理学与经济学》,王宇、王文玉译,北京:商务印书馆,2000 年。

(6) Amartya Sen, *Inequality Reexamined*, New York: Russell Sage Foundation, 1992. 中译本见上述第(2)项。

(7) Amartya Sen, *Development as Freedom*, New York: Alfred A. Knopf, 1999. 森:《以自由看待发展》,任赜、于真译,北京:中国人民大学出版社,2012 年。

(8) Amartya Sen, *Rationality and Freedom*, Cambridge, Mass.: Belknap Press, 2002. 森:《理性与自由》,李凤华译,北京:中国人民大学出版社,2012 年。

(9) Amartya Sen, *The Argumentative Indian: Writings on Indian History, Culture, and Identity*, New York: Farrar, Straus and Giroux, 2005. 森:《惯于争鸣的印度人:印度人的历史、文化与身份论集》,刘建译,上海:上海三联书店,2007 年。

(10) Amartya Sen, *Identity and Violence: The Illustion of Destiny*, New York: W. W. Norton, 2006. 森:《认同与暴力:命运的幻象》,李凤华、陈昌升、袁德良译,北京:中国人民大学出版社,2009 年。

(11) Amartya Sen, *The Idea of Justice*, Cambridge, Mass.: Belknap Press, 2009. 森:《正义的理念》,王磊、李航译,北京:中国人民大学出版社,2012 年。

的父亲到那里做了3年的访问教授——我的缅甸岁月是由3岁到6岁。我最早的记忆包括巨大对比的记忆，不仅是自然环境的对比（尘土飞扬和极其干旱的曼德勒，迥异于湿润和甘美翠绿的达卡），还有社会的差别。在我的亲戚关系中有很多政治活动家，所以我所聆听的成人对话中经常出现社会与政治的关联，在早年已使我感兴趣。

其中一个难以忽略的对比，是缅甸妇女积极而强大的角色。在我人生中很久以后，孟加拉妇女变得愈来愈积极和坦率，她们有一部分被政治所领导，也有被经济活动（孟加拉富有创意的非政府组织很大程度上促进于此）所领导，我记得自己相当满意地认为，孟加拉妇女开始赶得上我早年觉得很有启发性的缅甸妇女。印度妇女也有相当大的进步，虽然印度有些地方出现少许疑难，但其他地方仍有大量领域有待涵盖。

另一对比是组织性政治（organized politics）在孟加拉社会中的角色。把社会联系到政治问题，当时大为风行。我的一些亲戚关系（包括我的舅舅）在临终时也被英国统治者以所谓“预防性拘留”囚禁，而我早年很大部分的生活是与我的父母或祖父母在各个监狱中探访他们。显然，英国人害怕很多东西，他们可能是正确的，因为英国统治最后10年在未分裂的印度的每个角落中充满反叛思想。相信坚决的政治行动可以结束暴政，这一信念在我心中是非常强烈的。那些早年思想在我一生中伴随着我。

我看到身边的灾难，诸如1943年孟加拉的大饥荒，或20世纪40年 172
代印度教徒与穆斯林之间突然爆发的社会骚乱，也时时刻刻把我的思想带到政治之中。我的信念逐渐认为，大型社会悲剧也是政治的失败。如何防止这些（还有其他）可怕的社会灾祸，从早年便吸引了我，即使我不清楚我能否相称地找到什么答案。

**福尔曼－巴尔齐莱：**谁是最早在知识上影响你的人？回头看，在你的职业生涯中，哪三四个人是最有影响力？

**森：**我是一个坚定的读者。孟加拉语是我的母语，我曾经大量阅读那些数量浩瀚的文献,后来我也学了梵语。我的外祖父在圣迪尼克坦教授梵语,一所拉宾德拉纳特·泰戈尔的新型学校,我从 8 岁到 17 岁在那儿学习。偶然地,泰戈尔成为我早年学习恒久的知识伴侣(这是透过他的著作,当我在现实上定期见到他时,我还是太过年轻——我的家庭与他非常亲密,而他甚至为我取名)。

梵语为我开启大门,不仅通向伟大的诗歌和剧作(我记得初读 5 世纪诗人和剧作家迦梨陀娑《云使》时感到陶醉)和伟大史诗(后来,我为"陶土梵语书系"[①]的《罗摩衍那》写了英语导读),它也引领我通向梵语中极具影响力(至少对我来说)的论辩文章和话语。这一切也使我对哲学异端学派的著作深感兴趣,由唯物主义(和无神论)的"顺世派",到乔达摩佛陀的知识宗教性。

我求学时期有好一会儿着迷于佛陀和佛教,而那一兴趣也使我决定到访比哈尔那烂陀古代佛教大学的废墟——距离于现在巴特那东南 55 英里。据说,这是世界上最古老的大学,5 世纪初建立,曾兴旺发展了数百年。在高峰期,这所寄宿大学有 1 万名学生,这些学生不只来自全印度,还来自中国、日本、韩国、泰国、印度尼西亚等地。即使那烂陀是由佛教基金营运,它也教授世俗课题,包括公共医疗和医学、语言和语言学、
173 天文学和逻辑、建筑学和城市规划。在东亚峰会(包括中国、日本、印度、新加坡、韩国、泰国和其他国家在内)的共同亚洲倡议下,现正建设一所新大学,邻近古老的那烂陀——跟那时古老的那烂陀一样的"现代";而我有幸在重建团体中担任主席。目前,这花了我很多的时间,但这在很大程度上让我找回了儿时的梦想。

的确,佛教传统的知识基础对我是一个巨大的启发。一个好例子

① "陶土梵语书系"(Clay Sanskrit Library)是纽约大学出版社出版的一套丛书,每部作品左页都有梵语原文,右页是英语译文。这套丛书头 15 册都在 2005 年出版,接着在 2006—2009 年再出版 41 册,超出原来计划的 50 册,收入各种梵语作品。森导读的 5 册《罗摩衍那》是在 2005—2006 年发行。——译者注

是:佛陀的观点认为你不一定要相信上帝——佛陀自己还是不可知论者——以区分好与坏,细察什么是该做的正确事情。我不像我其他人文学者同僚那样,基本上对宗教没有任何巨大的敌意。然而即使宗教某些做法(从宗教法庭和过去其他宗教暴行,到今天的宗教恐怖主义)肯定是可怕的,而且我们提高警惕停止它们,但这跟敌视任何形式的宗教并非同一回事。不过,我在生活中并无特殊的宗教需要。我认为我这样对待宗教的态度,跟我早年阅读佛陀对话有关——虽然这似乎令人惊讶(因为佛陀在其后世信徒眼中已是这样一个神灵);佛陀带给我的,正是丰富的知识考察研究的结果。

掌握了英语(我学习到流利程度晚于梵语),我享受阅读莎士比亚作品(它对我的思想具有持续的影响)和大量英国文学(更不用说翻译作品,从托尔斯泰到大仲马)的乐趣。如果打动我的是小说作品的观念,那么改变我的当然不仅[①]是非小说作品的阅读——经常来自国外,不仅来自印度:亚里士多德和亚当·斯密,卡尔·马克思和约翰·斯图亚特·密尔,以及许多其他人。我很难明确挑出到底是谁对我的影响最大,因为他们所有人已变成我心灵的思想资源。其中绝大部分的影响都是细微到难以被察觉:亚里士多德不像是探照灯般耀眼炫目,却如日光般整合为我自己恒常的愿景。然而实际上,当我思考哲学问题时,我时常回想起莎士比亚作品的字里行间,这一事实说明我自己的哲学进路,多于那一学科的性质。

**福尔曼-巴尔齐莱:**这一进路无疑是由一套比"经济人"模型更复杂
的人类动机观点所指引的,而"经济人"模型今天已经支配社会科学的全 174
部领域。在你的个人经历和知识经历中,有什么指引你从更广阔的视角来审视人类存在者的本性呢?

**森:**知识分子各怀不同观点,看待人类存在者的自我中心性质,在世

---

① 此处英语原著作"not b0079",该是乱码;玩味上下文的语意,疑作 not only。——译者注

上(在世界的不同角落中)已有一段漫长的历史……有关人类心灵的范围的论辩不能一劳永逸地解决。那一观点——认为人类推理必须局限于智能的追求私利——在过去得到拥护,而在未来也有很多人拥护它。对于我们那些认为这一观点大概低估了人性与人类推理能力的人来说,知识挑战在未来也会继续存在。在此有些东西需要讨论,我们对之可以加以反驳;而且有可能折服很多在直觉上不相信人类心灵的范围的人:他们不可能思考所有相关的论证。重要的议题是,阐明以下事实:人类也可以出色而有力地推理,而不用接受唯一算是可以接受的推理是源于自利的推理。

我不认为我在采取更广阔的人性观时有何独特之处。即使在经济学专业中,亚当·斯密、约翰·穆勒、瓦尔拉斯、维克塞尔等人也是如此。然而我同意在现代经济学领域中,理性选择理论家变得比过去更具有支配地位。不过,这一立场现正瓦解。例如,实验经济学属于一个非常不同的传统领域,不用对人类贪财的本性怀着任何强烈的偏见。我会说,目前理性选择理论的立场在特定学派的法学家("法律与经济"在有限形式上有很多追随者)和某一特定类型的政治理论家(有些甚至被称作"理性选择政治理论家")当中更为强势,尤过于普遍的经济学家。

**福尔曼-巴尔齐莱:**过去几十年中,你的研究遍及各种各样的专业,横跨人文学科和社会科学。你首要的研究领域是什么?使你的兴趣往新方向延伸的过程是什么?

**森:**在学生时代,我喜欢的学科是数学与梵文。我也沉浸于哲学问题之中,但为了专注于当时印度标准课程的宗教哲学,我不得不放弃在
175 大学中研究它的想法。于是,我在完成学校教育后才开始研究物理学与数学,不久转向经济学与数学。我对政治兴趣极浓,那使我更容易选择经济学多于物理学,因为当我思考政治问题时,经常闯进经济学的问题中。不久变得清晰的是,要严肃地研究经济学,我不仅必须懂得相关类型的数学,还有大量有关社会研究的东西。社会学的课题后来带着各种

荣誉在我心中浮现,但我也从人类学、历史学、政治学和思路广阔的经济学(例如斯密、马克思和穆勒)中获得了一些帮助。

我对教育学怀有浓厚的兴趣。正是拉宾德拉纳特·泰戈尔最先使我想到,我们大多数的匮乏(从某种方面来说)来自教育的缺失。然而我对教育的核心性的信念,是随着我年龄增加而提升。在圣迪尼克坦求学时,我与几个同学一起经营一所夜校(与一位极有启发性的老师拉利德·马宗达一起,他年届九十仍非常活跃)。在我们校园四周有些无法入学的农村学生;以后,当我在 1998 年幸运地拿到了诺贝尔奖金后,我找到资源开办两个小型基金,分别在印度与孟加拉,致力于基础教育,还有基本卫生和性别平等。因此我的兴趣不大是随着时间而扩大,而是它随着我的成长而以不同方式成形。

**福尔曼 - 巴尔齐莱:**具体地说,一个经济学家怎样对哲学——尤其是道德和政治哲学(就这里的宗旨而言)——产生兴趣呢?

**森:**这不大是一位经济学家后来对哲学产生了兴趣,而是一个从儿时就对哲学问题怀有浓厚兴趣的年轻人在大学决定研究经济学,同时又保留了他对哲学的兴趣。我的第一篇哲学论文——研究决定论与自由的兼容性——在我拿到经济学博士学位前已出版。这不是一篇伟大的论文——但我认为它具有足够的说服力——而且,它获得比它所应得的更大的名气,因为以赛亚·伯林不同意我的结论,在他实至名归的《自由四论》导论中不下四次(非常友善地)提及它,给它巨大的知名度。[①] 作为一个年青学子进行研究的头十年间,我虽然为经济学期刊撰文,但在
哲学期刊(诸如《心灵》《哲学季刊》《哲学》等)仍有发表。所以哲学并非 176
任何类型的"七年之痒"。

**福尔曼 - 巴尔齐莱:**可是,在你的职业生涯中后来出现了一种迈向

① 伯林这方面的批判意见,参阅伯林:《自由论》,胡传胜译,南京:译林出版社,2003 年,第 3 ~ 61 页。——译者注

伦理学的举动。

**森**:是的,发生变化的是我主要的哲学兴趣由认识论和逻辑学转移到伦理学和政治哲学。我在三十多岁时,在德里大学讲授数理逻辑和认识论(而非道德哲学与政治哲学,这些是我在哈佛大学教授哲学的内容)。那是一项转变,但它的发生经历多年,而它有一部分涉及约翰·罗尔斯对我的思考的巨大影响;还有希拉里·普特南的影响,他使我明白了认识论与伦理学之间的界限,比我先前设想的要模糊得多。我在数理逻辑的兴趣对我在社会选择理论的研究提供了极大的帮助,使我耗时约二十年——从20世纪60年代中期至80年代中期。在我的其他研究上,社会选择理论——由肯尼斯·阿罗以现代形式奠立——也是影响至深。

**福尔曼-巴尔齐莱**:你的近著《正义的理念》被誉为21世纪研究正义的第一部巨著。你的观点与其他道德政治哲学家的观点最大的差别是什么?

**森**:我十分怀疑拙著根本上是否能被誉为巨著,但我确实很高兴有机会把我对正义理论的某些想法(这个想法已困扰我很久)展现给哲学家和社会大众。像现代世界很多其他人一样,我所获取的诸多灵感,是来自从欧洲启蒙运动,以及世界其他地方(从印度、中国、日本、韩国,到中东和非洲)同样立足于理性(以不同程度的阐明方式)的知识传统。然而只有欧洲启蒙运动中某一部分勃兴的政治理论,似乎对当代政治哲学具有支配性的地位。这是"社会契约论"的传统。在可被视为两群与启蒙时代激进思想相关的主要哲学家当中,有两种关于正义的不同推理线索,其中存在一项实质的二分法,尚未得到足够的注意。

其中一种进路专注于确定完美正义的社会安排,并把"正义制度"的
177 定性视为正义理论的主要(而且经常是唯一得到确认的)任务。这种观察正义的手法以不同的方式围绕着"社会契约"(一个主权国家的人民皆被想象为参与其中的假设性契约)的观念而编排。按照这一思考线索而做出的主要贡献是17世纪托马斯·霍布斯,后来还有约翰·洛克、让·

雅克－卢梭和伊曼努尔·康德等人。当代政治哲学主要的正义理论——(在很大程度上)包括约翰·罗尔斯“作为公平的正义”的理论(还有罗纳德·德沃金和罗伯特·诺齐克等人的理论)——在某种程度上援引社会契约进路,在其他方面上呈现分歧之余,又专注于求索理想性的社会制度。这种社会契约传统可以对照于另一条推理线索,即专注于增加世上的正义(尤其透过减少可诊断的不义),努力改善人民的生活,透过不同背景的人之间开放的公共推理而加以评估。18 世纪的亚当·斯密、孔多塞侯爵、玛丽·沃斯通克拉夫特可被广义地视为属于那一“社会选择”的传统。我研究正义理论的书大致是在这一传统之中。

这种社会契约追求正义的进路有三个不同的特征;在我看来,它们各有问题。第一,它把注意力集中于什么可被接受为**完美的正义**(perfect justice),而非确认世上显著的不义情况的途径和方法,并把注意力放在清除它们之上。第二,在追求完美之时,这种契约主义进路主要专注于弄清楚制度和安排,而非直接面对最终出现的社会和这些社会的人民的生活。由任何特定的制度而来的社会,它的性质当然必定也取决于非制度性的特征,例如人民的实际行为及其社会互动。

社会契约进路的第三个特征,涉及正义推论中被当作在政治上优先考虑的声音。在社会契约传统中,必须得到关注的观点必须来自那些被视为参与社会契约的当事人。基于社会契约以国家和民族为单位的结构(它被托马斯·霍布斯有力地确认,并在当代主流政治哲学中求索),契约主义传统倾向于把讨论局限在某一政体内的成员,尤其是每个国家的公民,而这些公民是为了那一特殊的主权国家而参与理想性制度及其相应价值的决定。全球正义的议题是难以(实际上不可能)在这个有限 178
的框架内处理。在这个国家内部,公平对待不同公民的不偏倚性的需要,得到接受和歌颂,但在这种正义协商的规划中,没有任何在政治上必须的场所,需要超出某一特定国家的公民以外。这种颇为“封闭”的进路与亚当·斯密(在他的《道德情操论》《国富论》和《法理学》中)坚持从远处和近处注意人民的观点背道而驰。这可以称为“开放的不偏倚性”(open impartiality)。斯密认为,不偏倚的考虑对于稳固的道德与理解正义要求是必不可少的,这就要求我们超越每个国家的疆界以外,超越其成员资格近乎狭隘的视角以外。

拙著是属于第二个传统之中,它的兴趣是所有人(而非某一国家的公民)的推理,它的关怀是人们的生活如何进行(不仅是制度如何是“正当”的),它致力于让世界变得更好,即使缺乏任何类型的完美(而非主要是确认某些“完美正义”的世界,它可能远非可行的,即使在一个国家之内也没有共识可言)。

**福尔曼-巴尔齐莱:**从《正义的理念》中得到的一个非常实际的教益,似乎是超验模式的全球正义太过抽象,无法应对现实世界解决问题的迫切性。你认为哲学在处理人类匮乏之上的角色是什么呢?或略微换个说法,理论与实践的恰当关系是什么?

**森:**我不大看见那里有何矛盾。正是理论的性质,将有些抽象脱离于现实之外,使系统性的结论变成可能。我并不相信直接“跃进”实践,而不用对各种与实践议题相关的理论问题进行理论检查和多方面的考察。

当然,我从罗尔斯身上获益良多(我大概把他和肯·阿罗视为我的“导师”),而且我自己的哲学观念受到罗尔斯启迪匪浅。我不同意罗尔斯之处,不在于(在很多情况下)理想跟当前实践保持若干距离的需要;反之,在于我们需要理论化的类型。

这不仅仅是罗尔斯“正义原则”处理了那些“完全正当”的事情,而是这种诊断(即使它可以实行并且得到全体一致的采纳)不会产生对各个不完美的情境予以任何排序的方式。罗尔斯可能会说,“自由”具有词
179 序上的优先性(lexical priority),高于生活机会平等的所有考虑,但正如他反驳赫伯特·哈特时显示,罗尔斯不坚持自由最微小的增益会摧毁平等的巨大损失——饥饿、疾病为患的生活,等等。这套理论必须从排序

开始(通常是不完整的排序),还有可能产生某一超验的最佳(transcendental best)的运气。与之形成对比的是仅寻求超验的最佳(或超验的正当),而不讲述如何评估各种对完美的违反。这是着眼于社会选择的排序具有深刻的分析优势之所在。这一优势不是来自实践的直接需求,而是跟理论自身的稳固性有关。

当然,我确实不相信透过消除自利本性和亚当·斯密所谓“自爱”(self-love)的作用,可以使人类的分歧完全消失。罗尔斯的“原初状态”尝试那样做,但即使这种“自爱”的表现已隐藏起来,我们对不同原则仍可能有所分歧——在(如最后一例所示)我们想对自由高于平等和匮乏的关怀的优先性赋予各自的重要性之间。然而即使我们对“什么在超验上是理想的”存在分歧,但我们也可以对消除某些形式的不义肯定有很多共识。在着眼于这一视角时——该依赖数学的“偏序”[①]的需要——我并非论证实践高于理论的优先性,而是寻求一种更为清晰的理论形式。

**福尔曼-巴尔齐莱:**在理论与实践的关系上,许多社会科学家与哲学家对世界学术隔阂、无法处理艰难的社会问题,愈来愈感到沮丧。一些学术团体现正出现,以处理这一脱节,例如“学界抗贫阵线”[②]“全球正

---

① “偏序”(partial ordering)是一个数学概念;在数学中,一套“部分排序”的集或偏序集(poset)形式化和概括化一套排序、定序(或某一集的元素的安排)的直觉性概念。偏序集包含一套显示某些元素先于其他元素在集中的二元关系。这一关系之所以称为“偏序”,其中反映的事实是不是每一对元素都需要有所关连:对某些元素而言,可能在偏序集中没有元素先于其他元素。因此,偏序概括了更熟悉的总序(total orders),即规定每一对元素都有所关联。——译者注

② “学界抗贫阵线”(Academics Stand Against Poverty,ASAP)是一个国际性组织,成员包括六个国家的九个学术团体(包括耶鲁大学、伯明翰大学、奥斯陆大学、德里大学等名校)的学者、教师和学生,得到来自“英国文化委员会”和加拿大“社会科学及人类学科研究委员会”等组织的拨款资助,2012 年开始业务运作,宗旨是联系学术界和社运人士,动员学术界的资源以减少贫穷。——译者注

义网络”①、法兰克福歌德大学的“正义协进会”②和我在加利福尼亚大学圣地亚哥分校共同主持的“全球正义中心”③。我们学者可以做些什么让这个世界变得更好呢?

**森:**我认为在追求正义的语境中,社会科学家的主要工作是把更多的清晰性带到公共讨论之中。混淆的概念实际上会导致极端不义之的延续和新式越轨的出现。种族主义者或性别歧视者并不缺乏他们自身的理由,只可惜那些理由通常是不大好的,而且也不能彻底解决那些可能被问及的探索性问题和可能要显现的检察。同样,认为每一个人必然
180 具有一个独一无二的身份认同,而这一认同压倒其他身份认同,这种隐默(而且完全不必要)的假设可能为世上很多灾难(包括与公民身份分割相关国际战争,像20世纪初期那样,如第一次世界大战)及共同体之间的斗争(立足于宗教所宣称的独特优先性,像今天立足于信仰的暴力和恐怖主义)负责。这些不过是一些问题的例证,说明观念的清晰是极其重要的。

**福尔曼-巴尔齐莱:**你对印度、欧洲和美国文明的熟悉,是否影响你对“开放的不偏倚性”的思想呢?是否在某一方式上给了你对公共话语与考察的可能性自信心呢?

---

① “全球正义网络”(The Global Justice Network)是一个国际性原告人委员会,自2005年起负责提供法律渠道,成员遍及44个国家的律师,针对侵权诉讼、财务欺诈、消费维权、环境讼案、反托拉斯和竞争问题、社会媒体以及诽谤和严肃的人身伤害等司法案件,提供法律援助,以保护受害者和促进正义。——译者注

② “正义协进会”(Justicia Amplificata)是法兰克福歌德大学高等研究中心,由“德国研究基金”拨款资助,宗旨是为政治理论家、政治哲学家和对规范问题感兴趣的经验性社会科学家提供一个跨学科的平台,结合政治理论的不同进路的理论视角和方法论视角深化正义的理论思考,并且考察经验研究如何影响正义理论化的做法。——译者注

③ “全球正义中心”(the Center on Global Justice)是加利福尼亚大学圣地亚哥分校新成立的组织,宗旨是促进不同学科、不同团体、不同组织的学者进行合作研究,以实现更好、更有效、更具持续性的人类生活,无论是在局部区域乃至全球范围。该中心的活动是以某一特定问题(例如贫穷、匮乏等等)为中心,联系学术界和社会运动人士,致力思考解决或缓解问题的进路。——译者注

**森:**我总是发现基本的知识追求在世界各地的共同性——即使当人们因眼前的社会信念与政治(或甚至是宗教)信条而分裂。这不是说没有东西可以讨论——所有人都会立即同意他们马上视为"良好"的观念。情形并非那样的。反之,这里的主张是有可能相互聆听和争议,然后得出让大多数人觉得合乎情理的东西,其中涉及在世上追求正义和减少不正的做法。需要的并非不用讨论的共识,而是公共讨论——这些讨论甚至是跨越疆界和地域界限,以严肃、开放而互动的方式来进行。我的其中一个重大主张便是这种讨论是可能的。

**福尔曼-巴尔齐莱:**非常感谢你为我们分享你的想法和阐明你的研究。

# 第十二章　历史地研究政治理论:昆廷·斯金纳访谈[①]

拉娅·普罗霍尼克访问

**普罗霍尼克:**你能不能告诉我们你个人的职业生涯如何?在知识上,你是从哪里开展的?当你开展时,哪些政治理论家对你影响最大?

**斯金纳:**1962年,从剑桥历史系毕业之际,我几乎同时开始研究托马斯·霍布斯的政治哲学。在那些岁月中,我们所有人必须思考的霍布斯研究著作是霍华德·沃伦德对霍布斯政治义务理论的研究,这本著作在1957年出版[②]。后来弥补它的是胡德的著作《托马斯·霍布斯的神圣政治》[③],该书以类似方式尝试说明,对霍布斯而言,我们服从自然法的义务是源于其作为上帝命令的性质。同时,麦克弗森的著作《占有性个人主义的政治理论》[④]在1962年面世,一本从霍布斯到洛克期间的英国政治理论的马克思主义分析。这些都是开启我的研究,而我首篇政治理论的

---

① 本章初稿曾在《政治思想史》发表,得到该刊编辑惠赐若干意见,特此申谢。——译者注

② 即 Howard Warrender, *The Political Philosophy of Hobbes: His Theory of Obligation*, Oxford: Clarendon Press, 1957. ——译者注

③ 即 F. C. Hood, *The Divine Politics of Thomas Hobbes: An Interpretation of Leviathan*, Oxford: Clarendon Press, 1964. ——译者注

④ 即 C. B. Macpherson, *The Political Theory of Possessive Individualism: Hobbes to Locke*, Oxford: Oxford University Press, 1962. ——译者注

出版著作是 1964 年《历史杂志》的评论文章[①];在文中,我尝试对他们作出批判考察。

你问当时哪些政治理论家影响我最大。有两位政治理论史家,约翰·波考克和彼得·拉斯莱特,他们的著作在我还是本科生时已留下深刻的印象。1957 年,波考克出版了他的经典研究——《古代宪法与封建法》[②]。我仍记得我当时觉得他介绍他所讨论的法政学者(包括像爱德华·柯克和詹姆士·哈灵顿等大人物)的方式是多么有启发性。在那时的政治理论教科书中,哈灵顿往往要么算作托马斯·莫尔模式的乌托邦 182
作家,要么就是一个原始马克思主义(proto-Marxist)论者,怀着权力总是跟随所有权的信念——这一诠释是麦克弗森所恢复的。反之,波考克把哈灵顿呈现为一个深入参与其时代某些特定司法宪政辩论的思想家,尤其涉及封建制的特征和专制君主制的性质。对我来说,这是一个启示:它提供这样一个可信的论述,这说明了推动哈灵顿撰写《大洋国》的可能是什么,还有他的著作为何具有独特的形态和特征。

同样给我深刻印象的,是拉斯莱特成功陈述了政治和知识的语境,从而理解洛克《政府二论》的方案[③]。拉斯莱特说明,该书在 17 世纪 80 年代初撰写,不是颂扬 1688 年革命,它的构思是要对排除查理二世后嗣登位的可能性的辩论做出贡献。拉斯莱特不是像当时教科书所说的那样把洛克呈现为自由主义创立者,或透过同意而进行管治(government by consent)的发明人,而是把他放在历史背景之中,有力地解释他为何这样

---

① 即 Quentin Skinner,"*Hobbes's Leviathan*,"*Historical Journal*,Vol. 7(1964),pp. 321 – 333. ——译者注

② 此书已重新再版,即 J. G. A. Pocock,*The Ancient Constitution and the Feudal Law:A Study of English Historical Thought in the Seventeenth Century:A Reissue with a Retrospect*,Cambridge:Cambridge University Press,1987. 现有中译本,即波考克:《古代宪法与封建法:英格兰 17 世纪历史思想研究》,翟小波译,南京:译林出版社,2014 年。——译者注

③ 拉斯莱特对《政府二论》的导论收入 John Locke,*Two Treatises of Government:A Critical Edition*,Cambridge:Cambridge University Press,1967. 现有中译本,即拉斯莱特:《洛克〈政府论〉导论》,冯克利译,北京:生活·读书·新知三联书店,2007 年。——译者注

论述自由、共识和专断权力(arbitrary power)。

带着这些洞见,我发现自己在1964年的文章中严厉批判了麦克弗森、沃伦德和胡德。我对麦克弗森进路感到困恼;在他的进路中,政治理论仅被当作真实的历史过程中的附带现象,但我没能正确地指出我认为它犯错的地方。我着力于严厉地批判沃伦德(尤其是胡德)撇开当时政治问题而考察霍布斯的义务理论。我认为,虽然他们的诠释可能在文义上是可以证成的,但由于其历史的非似真性(historical implausibility),它们该被拒斥。

拉斯莱特和波考克的著作给我一种先验(a priori)的信心,一些当前的语境必然同样有助于解释霍布斯如何获得独特的政治义务理论。正是霍布斯的论战,使我们在政治上有义务,当且仅当(if and only if)我们得到保护;他在《霍布斯》结尾中宣称,他写这本书"并无其他计划";有之,不过是确立保护与服从之间的相互关系。但是是什么促使他如此强调这个特殊的概念和这样分析它的特殊途径呢? 我觉得,这些问题不曾在批判文献中得到它们应得的注意,我便开始修补这一漏洞。我这样
183 做,得到了约翰·华莱士论述所谓"约定论战"很大的助力,这场论战是出现在1649年英格兰联邦成立之后的,争论的是服从一个篡夺政体是否合法。我的解读结果是,我在1965年至1969年间发表了第一批研究成果;在这一系列的论文中,我认为霍布斯《利维坦》政治义务理论最好被理解为对论辩的贡献;这些辩论涉及主权的篡夺,以及征服与共识之间的关系,在当时风靡一时。

**普罗霍尼克:**你一开始不仅研究霍布斯,还有对意义和诠释开拓性的方法论著作。你能不能说说你这两个方案是如何发生关联的? 对当时你的哲学著作最大的影响是什么?

**斯金纳:**当思考霍布斯的批判研究时,我拿定主意,认为以更普遍的术语来撰写某些有关诠释观念的东西,可能是值得的,这仅是为了辨别在我看来研究政治哲学及其历史的流行进路有什么错处。在这一阶段,

我深受我的同辈约翰·邓恩的影响,他在1968年发表启发了我灵感的文章——《观念史的身份认同》[1];还有翌年论述约翰·洛克的经典专著[2],书中前言捍卫了以更具历史感的风格研究政治理论。

我也深受两大哲学家的影响;大约在这个时候,我密集地去研究他们的观点。一位是科林伍德,我在求学期间开始研究他,他的著作带有洞察力,深深打动了我。我从他的《自传》中接受以下建议,即我们应该把所有文本视为对问题的答案,把诠释任务视为试图辨别特定文本尝试解决的问题。对我产生另一巨大影响的是维特根斯坦的《哲学研究》[3],还有1962年面世的奥斯汀《如何以言行事》[4]。我把维特根斯坦当作一个意义的理论家,一个告诉我们不要追问词语所宣称的意思(alleged meanings),而是考察它们是如何以不同方式被使用的。我把奥斯汀的著作当作维特根斯坦的附录。后者要求我们着眼于言词可以进行什么事情,而前者详尽地接着询问把言词的使用当作一种社会行动可能意指什么。我尤其接受奥斯汀意义与言说行为(speech acts)之间的区别,以此当作两个独立的语言面貌。在我看来,他确切说明某一种类似于科林伍德问答逻辑的学说:理解任何言辞必然涉及的不仅是"什么被说"(what 184
is said)的辨别,也涉及使用者说出来的时候它所意指的是什么。

语言哲学的这些发展鼓励我提出这样的基本主张:研究哲学史的文本时,我们应该不要将之当作信念的陈述,而是对其时代的知识争论的

---

① 这篇文章现载于 John Dunn, "The Identity of the History of Ideas", *Political Obligation in its Historical Context: Essays in Political Theory*, Cambridge: Cambridge University Press, 1980, pp. 13-28. ——译者注

② 即 John Dunn, *The Political Thought of John Locke: An Historical Account of the Argument of the "Two Treatises of Government"*, Cambridge: Cambridge University Press, 1969. ——译者注

③ 即 Ludwig Wittgenstein, *Philosophical Investigations*, *trans. G. E. M. Anscombe*, Oxford: Blackwell, 1953. 此书已有中译本面世,即维特根斯坦:《哲学研究》,韩林合译,北京:商务印书馆,2015年。——译者注

④ 即 J. L. Austin, *How to Do Things with Words*, Oxford: Oxford University Press, 1962. 此书已有中译本面世,即奥斯汀:《如何以言行事》,杨玉成、赵京超译,北京:商务印书馆,2012年。——译者注

干预。换句话说,我们应该尝试恢复它们的作者提出其论证时正在做什么,他们尝试做哪一类型的干预。这促成了我第二批著作的出版。20 世纪 60 年代末至 70 年代初,我出产了一些论述诠释和言说行动的论文。有些是登载在哲学期刊的详细讨论,而我也尝试在 1969 年发表的《观念史的意义与理解》中概括我的论证,用它来批判撰写哲学史的流行方式。[①] 也许有些丢脸的是,我的这些少作如今仍是我出版的著作被征引得最多的部分。

**普罗霍尼克:**你说使你困恼的,不仅是政治哲学能够不参照其写作语境而被诠释的预设,还有这些文本仅是"所谓"更真实的历史过程的附带现象的信念。你现在所勾勒的另一进路是否解决了第二个疑问,以及第一个疑问呢?

**斯金纳:**不,它没有。我的论文《意义与理解》对这两个立场提出了批判,但我对第二个疑问的讨论是混乱的。我想辩驳的特定原则,我认为政治理论是**事后合理化**(ex post facto rationalizations),因此在政治变化的解释中没有独立的角色。这一据称是头脑清晰的观点,在当时非常突出:它被纳米尔学派[②]的政治史家和像麦克弗森之类的马克思主义者所拥护。当我开始从社会科学哲学史中更广泛地进行解读时看到应如何回应它。我非常接受马克斯·韦伯论述合法化(legitimation)的著作,但我受到斯图尔特·汉普希尔、阿拉斯戴尔·麦金太尔等人的影响更深,他们在当时努力把一些维特根斯坦式的洞见应用在社会解释的方案

① 这篇文章现载于 Quentin Skinner, "Meaning and Understanding in the History of Ideas", *Visions of Politics*, *vol.* 1: *Regarding Method*, Cambridge: Cambridge University Press, 2002, pp. 57 - 89.——译者注

② 纳米尔学派(Namierite school)是指英国历史学名宿刘易士·纳米尔(Sir Lewis Namier, 1888—1960)的学术宗派。纳米尔最著名的学术成就是英国议会史的研究,尤其是自 18 世纪 60 年代以后的一段,他的结论是当时不存在权威主义对英国议会制度的威胁,透过对各种历史人物的仔细考察,他颠覆了原来立足于政党制度的说法,代表作计有《乔治三世登基时的政治结构》《美洲革命时代的英格兰》还有他与布鲁克(John Brooke)编辑的《议会史》系列。——译者注

之中。

我接着发展的论证是基于维特根斯坦式的预设，即我们不仅做我们能够描述的事情，而且在规范性辩论中，我们往往只能做我们能够合法 185 化的事情。但正如我所强调的，我们能够希望对我们所做的事情使用的词汇据以合法化，那些总是（而且必然是）由社会所确定的词汇。情况就是这样，掌握我们所要做而又合法化我们所做的能力，基本上仰赖于我们把自己所做的事情带到某些广泛接受的规范性描述之下的能力。但这转而意味，我们被迫以符合流行的道德词汇的方式制定我们的方案，而这些词汇也许真的能够被用来描述它们。

总言之，我所论证的是合法化的要求对社会变化设定了限制。这转而意味，当我们想解释为何采取某些做法时，我们的预期必然指示那些声称已被采用的原则，即使那些原则没有形成行动所牵涉的任何动机。最后，我是在 20 世纪 70 年代初所写的某些文章中发表了这一立场。我所得到的结论是，政治史远不能脱离政治理论史，它可以更好地被视为仅是实践中的政治理论。

**普罗霍尼克：**从你的视角来看，自这些早期著作起，你思想发展的逻辑是什么？

**斯金纳：**迄至 20 世纪 70 年代初，我已获得我现在所描述的信条；就在那时，我决定尝试写一本书阐述我的哲学立场（如果我可以夸耀它的话）。我一直在剑桥课堂上试写各篇草稿，但只有我在 1974 年来到普林斯顿高级研究所后，才能安心工作。我在那里待了 4 年，我得以毫无干扰地撰写文稿，并在 1978 年出版了《近代政治思想的基础》①。

拙著分为两卷，第一卷着眼于文艺复兴的政治理论。按照我的判

① 即 Quentin Skinner, *The Foundations of Modern Political Thought*, Cambridge: Cambridge University Press, 1978. 此书已有中译本，即斯金纳：《近代政治思想的基础》，奚瑞森、亚方译，南京：译林出版社，2011 年。——译者注

断,在这个领域做了最有趣的研究学者的是菲利克斯·吉尔伯特、波考克和尼古莱·鲁宾斯坦,他们的研究强调共和自治和积极公民身份的经典理想在文艺复兴政治思想中的重要性。我大体上跟随他们的论证线索,但我也开始更细致地考察这些观念所嵌入的修辞文化。无疑,我是受到当时后现代主义方法的影响,但我对文艺复兴作为公共对话的政治愿景(vision of politics)变得特别感兴趣;在这些对话之中,总是有可能在
186 任何案例的双方中进行论辩。拙著第二卷着眼于宗教改革时代,还有专制主义与宪政主义的政府形式之间的斗争。基于这些斗争,我按照韦伯式风格进行论证,认为当时凝聚了国家的现代概念,而我结果叙述时讨论了国家作为主权的场所,有别于统治者与被统治者的场所。

**普罗霍尼克:**这部著作如何转而支持你随后对自由和国家的研究?此外,在这些兴趣与你下一部出版的大型著作《霍布斯哲学思想中的理性和修辞》①之间有什么关联?

**斯金纳:**拙著《近代政治思想的基础》为我提供了一个持续逾二十年的研究计划。我被国家的概念牵绊着;如上所述,对国家的阐释是该书论述的高潮。我忽然感到,我先前没有正确地掌握这个概念,之后我便又写了几篇文章,尝试扩大和澄清我的论点。其中一个问题是,我不曾正确地理解霍布斯式论争的涵义,即认为国家是独特人格(person)的名义,而这个人格能够行动,(虽然是纯粹的虚构)结果是自然人格能被批准作为代表以其名义而行动。我得到大卫·朗西曼的帮助,从而提炼和阐释了这一部分的论证。朗西曼在20世纪90年代开始撰写了相同的课题;我与他一起发表关于辩论国家人格的性质的研究成果。我觉得我这一论点输了,促使我再次回到这个课题上。

① 即 Quentin Skinner, *Reason and Rhetoric in the Philosophy of Hobbes*, Cambridge: Cambridge University Press, 1996. 此书已有中译本,即斯金纳:《霍布斯哲学思想中的理性和修辞》,王加丰、郑崧译,上海:华东师范大学出版社,2005年。——译者注

我原初案例的另一个弱点，是我以韦伯式风格寻找现代国家的概念，而且一直寻找它在什么时刻出现在政治舞台。这里，因为与雷蒙·戈伊斯很多讨论的结果，我设法改善我的论证；戈伊斯论述谱系（genealogy）概念的著作帮助我看到考察我们谈论国家的最佳进路，仰赖于承认不曾出现这个词所指涉的任何公认的概念。[1] 在我的专著《近代国家的谱系》（2008年不列颠学院出版）[2]中，我终于设法尽我所能希望的清晰地掌握这些问题；自此以后，我最终不再被这个麻烦的幽灵所折腾。

然而我随后的研究主要源于《基础》第一卷，而非第二卷。我撰写更多有关与意大利城邦相关的共和主义，首先是我研究马基雅维利的书[3]， 187
1981年面世；然后是某些论述早期文艺复兴政治画的论文，我最后出版成书。我在1984年哈佛大学坦纳讲座[4]和一些相关的论文中，尤其着眼于与文艺复兴城邦相关的政治自由的愿景，以及貌似吊诡的诉求，即我们自由的保存仰赖于我们愿意从事公共服务的积极生活。但是我特别尝试深化我对文艺复兴人文主义的修辞文化的理解。我想理解得更多的是，在本质上是对话性质的道德政治论证的构想，以及这一预设是如何被政治科学的理想所取代的；而政治科学的目的是要奠定原则，使得辩驳成为非理性的。如你所说，这一研究的结果正是拙著《霍布斯哲学思想中的理性和修辞》。在书中，我对比了两种矛盾的政治论证，尝试说明第二种如何压倒第一种。总发生在我身上的是，这一研究耗费较长时

---

① 戈伊斯对谱系学的观察，参阅 Raymond Geuss，"Nietzsche and Genealogy"，*Morality*，*Culture*，*and History*：*Essays on German Philosophy*，Cambridge：Cambridge University Press，1999，pp. 1－28. ——译者注

② 即 Quentin Skinner. "A Genealogy of the Modern State"，*Proceedings of the British. Academy*，Vol. 162（2008），pp. 325－370. ——译者注

③ 即 Quentin Skinner，*Machiavelli*，Oxford：Oxford University Press，1981. 此书已有中译本，即斯金纳：《马基雅维利》，王锐生、张阳译，北京：中国社会科学出版社，1992年。——译者注

④ 坦纳人类价值讲座（Tanner Lectures on Human Values）是由美国学者坦纳（Obert Clark Tanner）在1978年7月1日成立的学术讲座，宗旨是促进人类的道德生活，更好地理解人类行为及价值，定期在包括剑桥大学、柏克莱大学等9所学府邀请国际知名学者进行定期讲演。——译者注

间才搞清楚我所预期的问题,而本书迄至1996年才能面世。

**普罗霍尼克**:你如何设法着眼于共和主义自由的问题?

**斯金纳**:在完成《理性与修辞》一书后,我计划进一步研究文艺复兴修辞文化。然而由于1994年我与菲利普·佩迪特在澳大利亚国立大学教授研讨班,我被激发重新思考我的计划。菲利普在那时开始撰写拓荒性著作《共和主义:自由与管治理论》,该书在1997年首度出版。他说服我,虽然我在20世纪80年代对自由的研究已是沿着正确的线索前进,但我不能以足够的自觉标示两种不同的消极自由概念的分别:自由主义观点认为自由基本上包含没有干预,而菲利普想称之为"共和主义"的观点,认为自由更根本地包含没有支配,不拥有一个主人。

这一洞见使我重申我在先前著作中跌跌撞撞地剖析的区别。重新解读史料,我终于叙述了有别于菲利普的区别。我更强调的是不自由作为依赖他人意志的事情这一想法,对比这种从属状态与"自由人"(*liber*
188 *homo* or freeman)状态;而我们是在罗马法的《摘要》开篇之中,以及在大宪章之中遇见了后者。像法理学家一样,我把自由的观念更多地视为某一状况的名词,而非行动的谓语(predicate)。然而菲利普卓越感知的著作无疑重新指引我对个人自由理论的关注,而我也接着在这个课题上出版一系列的论文,以及1998年拙著《自由主义前的自由》。

正如我对文艺复兴修辞文化的研究,我也变得有兴趣尝试确定这种自由的共和主义理解何时被成功地挑战和废弃。我设法把霍布斯视为其中一个最可怕的敌人,尤其是他在《利维坦》中坚持自由不能意味仅是对活动没有外部障碍。它使我花了比预期更多的时间了解这故事的状况,但我最终在2008年出版的《霍布斯与共和主义自由》[①]中这样做了。

---

① 即 Quentin Skinner, *Hobbes and Republican Liberty*, Cambridge: Cambridge University Press, 2008. 此书已有中译本,即斯金纳:《霍布斯与共和主义自由》,曾可秾译,上海:上海三联书店,2011年。——译者注

该书的面世同样仰赖一个长期萦绕在我心头的问题。

**普罗霍尼克:**你是否有计划更进一步发展论述自由的研究?你在多大程度上感兴趣于“共和主义”自由观的当代意义和历史意义?

**斯金纳:**不,我不预期对这一课题写得更多。如我所说,它不再萦绕在我心头。此外,当我撰文给塞西尔·拉博德和约翰·梅诺尔编辑的文集《共和主义与政治理论》(顺便一提,在我看来,这是目前对这个课题的最佳导引)时,我觉得我已陷入自我重复的危险之中。但是对于共和主义自由的问题,尤其是它们的当代反响,我仍是很有兴趣的。我愈是观察劳动市场在“去工会化”(de-unionized)条件下的操作,我愈是解读我们社会国内暴力的幅度,在我看来,我们愈有需要更加强调共和主义洞见:活在依赖他人意志之下,就会摧毁我们的自由。我也相信,如果我们在英国严肃地对待这一主张,我们就会设法查看我们当前的宪政安排是急迫需要改革。

因为你问及共和主义自由观的当代意义,让我扩大后一观点。根据共和主义的观点,如果你的行动不是处于你自己意志的控制之下,那么你就丧失了自由。但是如果你现在思考(比如说)与首相一职相关的控制性权力,你就可能看到以自由之名对宪政变迁的需要是多么迫切。现 189
在,对谁成为首相,没有民主的控制:成功做到这工作,仍是可能而已。对首相组成政府,也没有任何民主的控制:人民的民选代表在任何阶段的部长委任上毫无发言权。此外,首相作为行政部门的首脑,掌管皇室特权,这包含从前民主时代遗留下来的很多酌情权。这些是源于皇室保卫其领土边界的责任。它们如今包含批准和扣留护照、驱逐外国国民、防止他们进入国家、裁定国家是否处于紧急状态的权力。其他权力是源于皇室规管它与其他国家的关系的权力。这些包括运用武装、批准条约款项的权力;迄至近年,还有宣战和议和的权力。自由的共和主义理论告诉我们的是,就我们在这些领域中缺乏民主控制而言,我们缺乏政治自由。但是每一个人都同意,维护我们的自由,是民主政府其中一项主要义务。如果我们严肃地对待这一原则,我们的宪法必须大幅改变。

**普罗霍尼克:**你能不能确认你写作过的最快乐的一篇作品是什么?

**斯金纳:**我是不懈地在补充我所写的东西,如果我被要求重新发表任何东西,我总是觉得自己要更改和修订它。因此我的著作只有少数篇幅是以立即使我满意的形式出现。但也许有一篇例外。如我所述,我仍面对早期著作其中一个论点(而我也以不连贯的敌对感觉面对它),即政治理论很少发挥任何多于事后合理化的功能,因此在解释社会变化上也没有独立角色可以扮演。我最快乐地写作的作品是,我最终使我满意的文章是解读这种意识形态理论我认为犯错的地方。我的文章考察了宣称的原则与政治实践之间互动的特殊情况,并且尝试说明,即使原则不充当动机,若我们不能参照特殊的行为线索,就不能指望解释它们。我所参照的文章首刊于 1974 年,但我在 2002 年《政治的愿景》第二卷收入修改版本,而按照那一形式,我近来带着一些快乐重读了它。我应该补
190 充说,基本上我不确定重读任何我已发表的任何东西的想法,因此对我来说,这是有意义的特例。

**普罗霍尼克:**你近期在研究什么呢? 你如何将之与先前所做的研究联系起来?

**斯金纳:**我尝试扩写第三部研究文艺复兴修辞文化的著作。如上所述,在任何问题的双方之间进行论辩总是可能的想法,当我在 20 世纪 70 年代撰写论述文艺复兴政治理论的书时,首次呈现了我的关注点;而在 1996 年《理性与修辞》一书中我再次详尽地研究它。我发现有一种道德政治推理的案例,阐明古典修辞学家所介绍的说服和重述的修辞技巧,与霍布斯尝试制作指示性(demonstrative)道德科学形成对比。现在,我想揭示文艺复兴文学中对话的角色,尤其是论辩风格的推理。戏剧显然属于这一类型,对道德政治问题的敌对视角是最经常需要考察的,经常没有任何结果,而这一现象在这些后现代岁月中已得到许多讨论。但是较少被研究的是,古典修辞传统以什么特定方式支持和改变这些辩论,

尤其是在莎士比亚时代。古典修辞在文艺复兴戏剧演出中的角色,是我现在想揭示的。

任何反对的人会说(正如我有些同事所说的),对于一个毕生研究政治理论及其历史的人来说,这似乎是种奇怪的背离;对此,我只能提出两个借口。其中一个借口是这样全神贯注于论证的敌对风格,在我的研究中无时无刻地沸腾。另一借口是,自从2008年离开剑桥大学,在伦敦大学玛丽女王人文学院担任讲座教授后,我感到从坚持政治思想史家的专业身份的需要解脱出来。我有时觉得,这一身份在过去是有限制的,我决定在无疑(就现实而言)将是我最后阶段的研究中,不让它抑制我跟随自己的爱好。

**普罗霍尼克:**你觉得当代政治理论在哪里着手,尤其就英美分析传统、欧陆传统与政治思想史之间的分合而言?

**斯金纳:**我没有太大信心回答不同知识传统之间的关系的问题,虽
然我承认询问是重要的。但是我肯定想说的是政治思想史作为当代政 191
治理论的分支(sub-discipline)的位置。你问及这种研究的前景,而它们在我看来是光明的。我继续担任剑桥大学出版社系列“语境中的观念”[①]编辑委员会的成员,自20世纪80年代中叶,它已成为政治思想史研究的主要平台。固然,历史课题和哲学课题的专著出版,在今天陷入日益上升的困难,但我仍可乐观地报告,出版社将继续给予这一系列全心全意的支持。我们将在2011年间出版该系列的第100本书。

**普罗霍尼克:**对于世界上政治理论化分歧而多元的传统日渐出现的意识和敏感,你是否认为是否一个可喜的信号?或者,这一趋向是否代表迈向相对主义、文化知识差异的确立和固定,以及停止在不同理论传

① 语境中的观念(*Ideas in Context*),是剑桥大学出版社著名的丛书系列,由埃克森教育基金资助,被选入这套丛书的都是讨论知识传统出现的作品,尤其是剖析各种观念在不同语境出现的情况,自1984年首刊以来,迄至2015年已有逾111本书发行,绝大部分都是观念史的作品,而斯金纳、邓恩等“剑桥学派”的宗师都是这套丛书的编委。——译者注

统之间建立共享原则(自由?平等?)的计划的危险举动?

**斯金纳:**无论你所辨认的趋向是可喜的抑或危险的,它不过是这样一个事实:我们生活在很多文化的世界,我们大多数人活在近年变得多元文化的共同体之中。我们已获得这样一个观点:敏锐地关注我们身边不同的价值和文化传统,是纯属礼貌而已。

众所周知,在坚持这种思想开放与确保公民司法权利得到平等的尊重和落实之间,我看到严重的张力。在文化传统挑战这些权利时,即使对于最自由的国家而言,要裁定其所导致的撞击经常是非常艰难的。但是,我看不见宣称的相对主义有太多害怕之处。接受外来传统的道德政治思想是可以理性地证成,不就是成为一名相对主义者。相对主义是有关真理性质的主题,这一主题认为在某一生活方式中除了合理的可接受性(rational acceptability)外没有其他真理可言。但是那些要求对外来的社会政治信念采取某一宽容措施的人,根本不一定拥护这一立场[①]。他们不是说,这些信念应该予以宽容,因为对于拥护它们的人来说,它们是真的,即使它们对我们来说可能不是真的。他们根本不一定是谈及真理。他们只可能说,每一套信念系统都有可能理性地可辩护的。这种人
192 要求对话,要求持续辩论而非结束辩论;在像詹姆士·塔利般的哲学家手中,这一信念甚至可能向我们提供公共哲学新的锁匙(借用塔利新著的书名)[②]。

**普罗霍尼克:**你是不是认为政治理论家在过去几年对国际关系付出较大的关注,是一个有价值的趋向?抑或政治理论家是不是倾向于走进独立的领域,而不用理解它的特殊预设?他们是不是以道德问题(而非政治问题)使国际理论殖民化?

---

① 指相对主义的立场。——译者注

② 即 James Tully, *Public Philosophy in a New Key*, Cambridge: Cambridge University Press, 2008.——译者注

**斯金纳**:是的,我认为这是一个有价值的趋向,而我自己也加入其中。我最近的著作,是我与亨特·卡尔莫[1]一起编辑,2010 年由剑桥大学出版社出版的一书,名为《割裂的主权》[2]。我们提出的其中一个问题是,你自己在近年著作《主权》[3]所讨论的:主权概念在多大程度上仍是有用的?它在多大程度上与国家理论分离?随着像欧盟之类的半封建结构的崛起,还有国际合作的持续上升(亦即透过设定投资和聘任的条件,能够挑战个别国家的权力),这些问题的重要性肯定持续上升,而看到它们被如此广泛地处理,乃是美事。

如果我对这一发展有所担忧的话,这就是你间接提及的问题。无疑,这种与现代自由国家建立相关的政治理论,可能被过分热心地应用到国际领域。例如,自由国家传统地扎根的自然权利概念,近年以这一方式扩张,对那些被宣称为暴虐的国家进行武力干预予以合法化。这一抱负可能是高尚的,但太易于看似以更富吸引力的现代外衣装饰的帝国主义。

我也担心政治理论日益强调国际面貌,可能鼓励我视为危险的天真的趋向,即低估个别国家持续凸显性的趋向。我们近年再三断言民族国家正在末期的衰落之中;借用某一位知名权威的说法,国家的确切概念现正消失殆尽。有关全球化的宣称涵义的这一观点,对我的冲击是片面支持漫不经心的要点。世上各大民族国家仍是国际舞台上主要的行动者,于是必然这样借助于人道干预的理想,以挑战大型国家的主权。此
外,个别民族国家目前仍是其领土内最重要的政治行动者。它们最近变 193

---

① 亨特·卡尔莫(Hent Kalmo),哈佛法学院法学硕士,法国巴黎第十大学法学院博士生。——译者注

② 即 Hent Kalmo and Quentin Skinner(eds.),*Sovereignty in Fragments:The Past,Present and Future of a Contested Concept*,Cambridge:Cambridge University Press,2010. ——译者注

③ 即 Raia Prokhovnik,*Sovereignties:Contemporary Theory and Practice*,New York:Palgrave Macmillan,2007. 翌年,访问者还有另一同类专著出版,即 Raia Prokhovnik,*Sovereignty:History and Theory*,Exeter:Imprint Academic,2008. ——译者注

得更积极地以更多的关注来巡查其边界，对其公民维持空前水平的监管。同时，它们仍在印发钞票（愈来愈多的钞票）、征税、执行契约、参与战争、关押和惩罚出格的公民，以空前的复杂性进行立法。我的观点不仅是个别国家仍以这些方式行动；需要强调的是，除了这些国家外，世上没有其他实体以这些方式行动。

简言之，在我看来，现代民族国家很难在不久时间内消失殆尽。其实，正是我们（各大资本主义国家的居民）可能不仅消失殆尽，而且消逝化为像是霍布斯的自然状态，如果个别民族国家的政府在 2008 年最后几个月并不曾以少许迟疑出面承担责任作为最后贷款者的贷方行动。正是美国政府坚持银行开门继续在美国营运，而英国政府也在英国这样做。我有时觉得，很多政治理论家和政治评论家几乎像银行家同样缓慢地注意这个事实的巨大重要性，还有它告诉我们个别民族国家的持续性权力如何塑造我们生活的好坏。同时，如果不变成一个独立的民族国家，南苏丹人民想要什么？此外，当科索沃人民在 2008 年宣布独立时，如果不是相同东西的话，他们想要什么？

**普罗霍尼克：**有什么当代政治的热点问题，使你觉得政治理论家应该/正在/不是正在处理的？

**斯金纳：**从字义而言，最靠近政治理论的热点问题，是面对气候变化我们应该做什么的问题，而我觉得振奋的是，这么多哲学家现正考察的相关问题涉及公司的责任、未来世代在我们当前计算中的位置，以及全球正义的首要理想。

在需要更多关注的隐喻地热点问题当中，我挑选女性主义理论的问题，在我看来，它在令人惊讶的程度上丧失声望。无疑，我们所有人已努力内化为个人的（personal）想法是政治的（political）的基本观念，但我们很难在那一点上离开故事。我们社会的结构已令人惊讶地证明对机会
194 平等和待遇平等的具体要求毫无反应；我不明白为什么这不是需要更多评论和批判的课题。

我不禁补充说,共和主义自由的研究在我看来,是一个值得比现已得到的更多关注和研究的课题。就我努力所知,这个课题的研究过程到目前为止已经历两个无益的阶段。首先,共和主义自由的捍卫者被告知,他们所说的不过是错误的。随后他们被告知,也许共和主义自由从根本上不是错误,只是因为他们所说的已是自由主义理解的自由的一部分。现在,已被广泛承认的是,共和主义理论构成了一个独特的思想传统,值得好好重新思考,是时候设法建立在基本的共和主义洞见之上,以致限制自由的不仅是干预行为,而且更根本的是支配和依赖的关系。如果是这样的话,如果这一更确切的自由理解是要被调适的话,需要建立什么制度?如果我们拥护以自由之名限制,这不仅是个人的依赖,还有国家的依赖,那么需要对我们的国际关系制度作出什么改变?这些是重要的大问题,我非常希望对它们给予更多的关注。

**普罗霍尼克:**当你回头看政治理论、政治哲学和政治思想史在过去60年的发展时,你感到的是惊讶、开心或失望?

**斯金纳:**我尝试不感到失望:然而这样是无用的。但是对于政治理论及其历史仍被广泛地被指责为“精英主义”的课题(尤其在美国),我承认我感到有些恼怒。我们那些专攻政治理论史(更基本地说,还有思想史)的人容易被某一种特别庸俗的批判所攻击。我们总是被要求说出有多少人阅读我们所研究的书,如果我们让步说(比如说)很少人认真研究柏拉图、霍布斯或卢梭,更少的人很好地理解他们,我们就要承受被搁置为精英主义的痛苦。但是如果一部哲学著作的价值仰赖它的通俗性,这就是一个批判;但肯定没有人相信那一点。精英主义的攻击往往被呈现为民主的,但当它进入到有什么值得教导我们的学生的问题时,它有时看似是屈尊了。我们的学生经常是最容易被这些想法所激怒的,而我们必须不让自己被威吓,而使他们气馁。

你问我使我惊讶的东西有什么,而对于现代社会是世俗化和不抱幻 195
想的地方的预设,我必须承认我不会预测对它日益上升的挑战是什么。

政治要求再次以宗教忏悔之名提出来,像阿拉斯戴尔·麦金太尔、查尔斯·泰勒等哲学家哀叹,精神价值随着宗教在现代生活的衰落而丧失。虽然我尝试成为一个多元主义者,但我不假装我对这一发展感到高兴。无疑,我们需要尊重那些以宗教信念支撑其研究社会哲学的人,并且要与他们探讨。但是当我被要求接受拥护宗教信念等同于跟随某一精神生活方式时,我就会觉得这是唐突的。我认识具有真诚灵性、打动了我的无神论者,也认识根本缺乏任何灵性的宗教信徒。

让我以令人愉快的说明结束吧。当我反思有什么改变超越过去60年政治理论的研究,我可以对你的问题回答,正是那些使我感到高兴的东西。这一时段开始时宣称这一学科的死亡,但我们设法看见意识形态不曾结束,那些撰写意识形态结束的人也在参与意识形态的辩论。我感到高兴的是,如今这一代人作出了更大的努力,把分析哲学的技术带到道德政治问题的分析之中。另外,使我高兴的是,把政治理论视为不过是道德哲学的分支的趋向,最近已被有效地挑战。总言之,我感到高兴的是,政治理论的历史研究已上升到声望更大得多的位置。在我看来,本来应该如此,因为过去的研究给我们提供了不可替代的手段,使我熟习思考熟悉的概念的不熟悉途径,同时向我们介绍不熟悉但理解它可能是有用的概念。

**普罗霍尼克:**非常感谢分享你作为政治理论家的生活和著作,这些都是富有启发性的反思。

# 第十三章　界限的政治理论与政治理论的界限：沃克访谈[①]

拉娅·普罗霍尼克访问

**普罗霍尼克：**你可否告诉我们，你最初是如何对政治理论产生兴趣的？你在知识上从哪儿起步？还有，当你起步时，哪些政治理论家影响你最大？

**沃克：**你一开始便抛出了一个我觉得很棘手的问题。我无法说我有一个直截了当的答案。显然，这大多取决于人们所指的政治理论是什么意思。这反过来取决于政治被当作什么和在哪里，还有如何确认政治与其他事物之间的区别。我应坦白承认，虽然政治理论的确是一个让我感到最自在的学术范畴（尤其因为它号称是一个非常荣耀的志业），但我也对在其名下所做的许多研究感到不安。的确，我的许多工作已变为批判最具影响力的当代政治理论之狭隘性和局限性。我也会说，我更感兴趣的是过去如何以流行的形式促进、认可和应用政治理论，而非捍卫任何特定的传统。

无论如何，我以后见之明做出的回应，无疑是迥异于过去我选择某一方向（而非其他方向）时可能想到的东西。我确实很容易受到生活中

---

① 本章由黄佩璇、龙涌霖合译，黎汉基校正。——译者注

偶然事件的影响。我记得自己察觉奥克肖特、维特根斯坦乃至年轻的昆廷·斯金纳，是塑造我最初在斯旺西开设正式的政治理论课程的主要原
197 因。但整体上说，我是能够探索问题和研究文献，而不用太过顾虑那些我本该正式拥护的传统、领域、学科或方法。

当我还在求学之时，我已相当清楚自己被政治和理论所吸引。那时学校既非收费的，亦非精英管理，这使我有大量空闲探索自己的疑问，尤其是在一间正规的二手书店，那是一个重要的资源和灵感来源之处。我的政治见解部分源自英国20世纪60年代初一些貌似戏剧性的事件，尤其是围绕着核武的动员。由于我在雷丁成长，当地相距阿尔德马斯顿市的原子武器研究机构路程少于一天，所以我很早就感受到邻近地方性与潜在全球性之间的密切关联，以及可以被划为左派或改革派的不同立场。它有一部分也来自于一门富有创意（而我认为其短命）的社会与经济史课程。在其他课程以外，这门课给了我一个终身的想法，即认为所有政治分析家都有政治经济学与社会再生产机制的基本背景。

我亦成长在一个特殊的社会世界中，体验了激烈文化断裂的前景与爱德华式（甚至维多利亚式）生活方式的延续追求；与南威尔士矿工社群的家庭联系也使我感受到阶级政治和殖民关系的实时性。塑造我对政治的理解，主要是这种历史感，以及各种带有争议的史著涉及的重大利益的感受。相反，塑造我对政治空间性的关注（在我的著作中较为明晰）可能主要是我在加拿大的经验；我二十多岁到了那儿，以逃避感觉更像是停业的境况。

理论是源于文学、文化和音乐的资源，特别是这些资源正透过像马歇尔·杜尚等人而重新改造。尽管它们可能是难以理解的，但我仍会说这些资源对我的影响比任何一个在形式上可资识别的政治理论传统更大。的确，当我进入而立之年开始担任终身教授来讲解政治理论时，我唯有自我调整到这种特殊的身份上；而这并没有维持很久，之后我协助创办了“文化、社会和政治思想”的跨学科研究生课程，以期拓宽学生们

超出美国化政治科学的制度要求的视野。虽然我先前承认我从事政治理论研究感觉自在,但我同样强烈地感觉政治理论可以在很多背景中去 198
探索。倘若加上一点命运的转折,我可能会成为一名社会学家、文化理论家、地理学家或(当我不在教学状态时偶尔设想)国际关系理论家来探索它。

然而说了这些后,对你问题的另一个回应是直接提及霍布斯的名字。当我还作为本科生来听格林利夫的课时,我读到了他的文章,那时我便震惊于何人能够如此有系统地论述政治,从那时起我就对霍布斯既着迷又惊骇。我从不拿任何一套标准的政治理论来解读他,除了将其当作从事严谨而富有历史信息的学术研究意味什么的一个异质性例子。我对发现他的思考方式是从何而来的更感兴趣(什么使他**那样**说),但其做法有别于斯金纳,而且更富哲学性。正是它在我来到加拿大后几年间较严肃地培养和塑造了我对历史和科学哲学的兴趣。这种兴趣的培养是由于我尝试对各种系统理论[①]主张的政治研究得到某些历史的、哲学的视角。这是聆听大卫·伊斯顿、阿拉斯泰尔·泰勒讲课的结果,他们二人是完全不同的思想家,把系统当作思考政治的一种途径,一者是狭义的经济学途径,另一者是(我更偏爱)广义的史学与形而上学的途径。科学思想与政治思想之间的关系,占据了我大部分的研究院工作。虽然我更偏好撰写其他东西,但它自始塑造了我所做的大多数研究的基本内容和程序。

即便当我如饥似渴地大量阅读历史和现代早期科学哲学的文献时,我同时也尝试掌握当代的事件及其转变的过程。我已相信,使霍布斯及

① 系统理论(systems theory)基本上是对系统的跨学科研究。"系统"一词并无现成而准确的意义,源于生物学家贝塔朗菲(Ludwig Von Bertalanffy)的一般系统论,后来应用在其他领域,例如帕森斯(Talcott Parsons)的行动理论和卢曼(Niklas Luhmann)的社会制度理论等等。系统理论的核心课题是自我规管的系统,目标是阐明那些适用于所有类型的系统的原则。——译者注

其后学执迷的思想资源与可能，对于思考我身边的世界没有特别的用处。在我看来，真正的难题正在于国际关系的学术管辖范围，而不幸的是，这一管辖范围很少容忍对冷战正统学说的逾越，而且日益强烈喜好绝对化的陈腔滥调绝对化和更富教条性的社会科学方法论。考虑到大多数政治理论家过去和现今都是绝对的国家主义者，那时只有很少人跟随这一方向，虽然我在国际法与和平研究中确实得到了沃尔特·加利、
199 赫德利·布尔、约翰·文森特等人和少数有趣的人的鼓励。我最终明白，康德带着某一特定的时空框架而论述认识论问题的说法已变成社会科学哲学最终扬弃的核心，但他有效地识别了国际关系，从一些仍有挑衅性的途径上看仍是一个问题。正是透过康德，我找到一个途径把我较富哲学理论性的关怀，联系到我思考国际关系（仿佛它可以是研究政治理论的一个场所）时一些沮丧的尝试。恩斯特·卡西勒也许在这方面是我的基本指南，尽管我在政治上更倾向于黑格尔式、韦伯式和马克思式思潮（它们塑造了20世纪70年代初最有趣的知识生活），后来还有早期的福柯、德里达、德勒兹的作品，它们使我重新反思黑格尔化的康德（我是透过卡西勒而认识的）。

我没有研习政治理论某一特定学派的经历，既有劣势也有巨大的优势。主要的优势是我可以独自按我的嗅觉追溯早期欧洲关于信仰、理性、语言、空间和时间的论争，其中包括现代性起源与延续的论战（主要是法国与德国）。比如说，我对福柯的亲近感来自其早期作品影响下的人物，如巴什拉、康吉莱姆、皮埃尔－马克西姆·舒尔。的确，对我影响更多的可能是法国科学史学家，如迪昂、柯瓦雷和（以另一种方式）米歇尔·塞尔，而非现在已被神话化的巴黎1968年一代；可能是福柯、德里达、德勒兹的早期作品体现着这一遗产的思想，而非他们的后期作品。说得客气些，劣势大多来自政治理论家认为我其实是一个国际关系理论家，而国际关系理论家倾向于认为我更像一个政治理论家。无论如何，我承认我长期沉迷于霍布斯和康德，但回想起来，我很高兴我努力抗拒

政治理论家的标签，迄至我已阅读了大量思想史与历史地理学，并且学会怀疑各种有关思想史和自然化(naturalized)的地理学的主张。

**普罗霍尼克：**当你申述“国家”与“国际”(作为政治范围)之间的建
构性界限的性质与影响时，有几位经典的政治理论家(也许尤其是霍布
斯和康德)强势地出现了。这些理论家给你的思考提供了什么特别的东
西？这是否涉及他们有关现代性观念的立场对当前理论和实践的持续 200
相关性？

**沃克：**我已渐渐学会“不应和一个傻瓜争论”这句格言的智慧。霍布斯和康德肯定不是傻瓜。如你所言，康德对我之所以重要，因为他是一个有限制与界限的思想家。我更愿意将霍布斯当作一个起源的思想家，然而这是一个途径说明他有许多东西讲述我们如何塑造某一种有界限的政治。这二人在我们思考现代性时(无论是确认抑或批判)仍保留巨大的在场感。我认为，评估这种在场感的巨大力量，是非常重要的，主要因为我认为如果我们所做的事情大多是重复进步政治乏味而日趋不可信的陈腔滥调，这就是一股需要予以抗拒的力量。

如上所述，当我还是一个本科生时就对霍布斯感到惊讶。我一直跟踪各种政治勃兴的“新左派”与理论“前卫”的组合，而且是我宁愿称其为“现代方案”(而不仅是“现代国家”)的坚定维护者。我不真的认为他对“内—外”或“国家—国际”的问题对我具有特别的重要性；在我看来，这个荣耀最好归于康德。我确实认为，霍布斯为单一的政治权限建构了一个时空的外部性，为国际设定了推论的可能性条件，这无疑使他成为当代思考某种世界政治的可能性的核心人物。但在这个语境中，霍布斯所谈论的优先问题恰恰来自于我们以什么方式想象自己与世界的关系，而这个世界只能透过“语言”而非本质来认识。他在(现代)文化世界**内**建构起“自然”的世界，把任何这样的世界置于人类接触范围以外。他在这方面表述了一种共同的模式，而这一模式后来在康德对本体与现象之区分中得以形式化；而我不认为尝试着眼于霍布斯对国家或国际可能说

了什么，却不观察他如何建构人们在受到伽利略、笛卡尔等人思想影响之后所进行思考必然依据什么条件，是非常有益的。

我特别喜欢霍布斯的是，他意识到必须以某一种容易拆解的方式把东西放在一起。抛开《利维坦》前半部的十几章，其他部分的许多内容就失去了说服力，或者至少它对必要性的诉求。可以将他解读为他自己最
201 佳的批评者。这诉诸我对批判的内在性的（康德式）想法，但这也驱使我质疑我是否真的抗拒那些先前的章节。也许不止这些，霍布斯提出了一些（即使不是以他的说法）有待回应的问题，同时设定了思考这些难以抗拒的问题（因为仍未得到充分评估的原因）的途径。因此相比于我们今天的许多趋向，霍布斯对平等原则之确认（无论它可能是什么资格）似乎是具有积极的启蒙力量的。然而，我们仍认为主权是绝对主义在场抑或缺席的事情，这一思考方式涉及我们继续复制“之前/之后”（before/after）和“理性/荒谬”（reason/nonsense）的二分法，而他借此设定了主权必然是什么的主权叙事。

在拙著《全球之后，世界之前》[①]中，我明确地指出，虽然霍布斯阐明现代国际的时空可能性的条件，但正是康德最清楚现代国际牵涉什么东西。康德常常被当作某种解决（假设是以霍布斯式术语来理解）现代国际问题的方法，但我认为康德将国际界定为没有可行的解决方案的问题。很多当代思想家仍希望相信康德能为现代国际问题提供积极的处方，但我认为他只是澄清了这些问题是什么。他这么做，是因为他尝试在现代主体中想象一个普遍化的目的并由此展开，同时又承认个人化的现代主体取决于主权国家所提供的外部条件，而这些国家的潜在自主性反过来取决于国家体系（system of states）提供的可能性的外部条件。很多（如果不是大多数的话）康德政治著作的评论家倾向于这三个政治主体性场所的其中一个，因此不知道康德注意到它们各自之间必然存在的

① 即 R. B. J. Walker, *After the Globe, Before the World*, London: Routledge, 2010. ——译者注

疑难关系。

因此康德提供了对失去的矛盾进行分析——这些矛盾之失去，是当现代政治分析已分裂为国家主义政治理论与国际理论，附带还有一套个人化的自我伦理学（不论是自决抑或普世主义的）。现在，很多思想家建议对疑难关系予以更多关注，但康德的做法是要掌握这些关系如何在一个从小到大的标量次序内如何运作，同时又确定自由原则与平等原则。所以对我来说，康德提供了一条非常传统的途径处理制度化的二元论，迫使我们回避一些由于主权位置难以定性而来的难题——主权的诉求是以“个体化的人民”“集体化国家主义的人民”和“集体化（或个体化） 202
的诸人民（或人民）”的名义而提出的。

虽然康德通常被用来确认民族自决，或某些国际的、超国家的或普遍化秩序的原则（这些术语之间的重大差异，在现行研究中常常变得模糊），但我会说他指出的不可能性已包含在通常塑造选项的方式之中。虽然哈贝马斯似乎认为汉斯·凯尔森提供了对卡尔·施米特的一项有效回应，但我会说康德可能会见于施米特和凯尔森之中；正是他们作为很多当代论战的界限的标志（连同瓦尔特·本杰明诉诸于“神圣的暴力”）的共同存在，界定了我们应该涉足的许多问题。虽然康德有时被当作其中一项指标性尝试，以整合共和主义选项到流行的自由主义之中，但我会说康德极其敏锐地察觉到有需要思考现代政治形式（无论是自由主义的、共和主义的，抑或其他东西）的国际语境。虽然这么多政治理论家愿意相信我们面对的，是在一个诸如此类有关人性的普遍化主张与一个国家主义权限内的公民身份的特殊化诉求之间的抉择，但康德确认了人类诉求与公民身份诉求之间的基本对抗的持续力量；至少自马基雅维利的时代起，这股力量塑造了欧洲的（或西方的）政治理论。因此我把康德视为对许多当代政治理论的一个有力的批评家，尤其是有某些形式的理论声称正在求索康德式原则，以阐明更进步的选项。

但更令人担忧的是，虽然康德确实具有歌颂某一种普遍化的人性政治的可能性,但他的人性观却存在致命的限制。跟霍布斯一样,我最终发现康德的有趣之处在于,他论述了一种包容(inclusion)与排斥(exclusion)的条件性,以期阐明一个包容与排斥的形式化结构中固有的必要性与可能性。在这一语境中,同时霍布斯一样,我会说接受康德对人类有限性关注的效应是非常重要的:这种有限性可以解释为有别于数学和神学构想的无限性。对霍布斯和康德二人来说,普遍性是在人类有限性的世界**内**进行设想的,并未排除“有些东西必然超出普遍有限的人类所能实现的范围之外”的可能性。我会说,这种特殊的遗产(这或许可以追溯
203 到芝诺,特别是欧几里得)不仅仅是对我们的思考方式(不仅是有关康德哲学意义上的“限制”,而且有关法学、地理学、社会文化意义上的“边界”与“界限”)产生了巨大的影响。由于我不将边界和界限视为正在消失的过程,或者永久固定的,所以我觉得有用的是,把霍布斯和康德想成很好地把握了思想资源,鼓励我们承认界限必然是要么消失,要么正是某一种巴门尼德式永久性。同时,虽然我看不见我们是如何抛弃了诸如边界、限制、批判或主权的概念,但我也看不见我们能否恢复“这些概念必然意指什么”的霍布斯式或者康德式的诠释。

**普罗霍尼克:**从你的视角来看,你思想发展的逻辑是什么?你是否试图透过“国际关系”与“全球发展”(而非“国家”)来研究政治理论?你是如何聚焦到这个进路?

**沃克:**我认为,“所有学术工作不知怎的都是自传”的主张有些道理。在我的情况而言,我写了大量关于二元论、二元性、疑难等内容的文章,而我一直意识到这样做有两种主要形态,即直觉的和逻辑的。我不擅长经验研究,除非作为一只汲汲于珍宝的喜鹊:典型事例,或者新事物的某些朦胧形态。

当我仍是一个年轻人时,已确信“有限/无限”关系的重要性及其对现代时间性的构想的重要性。我不知道为什么。我也没能识别这种直觉,我持续以各种形式回味它,迄至我开始研究生学习。我最初是在音

乐术语中捕捉到这种直觉，我从这些术语中明白了音阶的政治（politics of scale），并且质疑诉诸某一音量层级作为恒定的办法，以此解决空间扩展的问题。直到我接触一系列关于空间概念的历史，从卡西勒、怀特海、马克思·金密尔展开，还有某些我在地理哲学上的教学，我才开始弄清楚它。这渐渐成为一个大观念，让我的思维驰骋，把许多事物提炼为结构化的逻辑（而我也知道它们必须予以历史化与社会学化）。这些逻辑往往涉及我们所谓主体性、主权、认识论、国家、国际以及（可能最重要的）发展。我的大多数作品尝试理解这些逻辑具体关系的形成，并且从中演绎出哪些经济主张可能是有趣的（或不有趣）。

我也非常幸运维持了一班伙伴。虽然我仍执迷于少数有关界限与 204
时空性观点的（或多或少）哲学主题，但我也同时从事及写作一些我觉得有趣、又有待某种明智的研究和写作的材料。机会出现了，我就遵从了我的嗅觉。

我对国际关系的特别关注由来已久，而我对军事战略与安全、体制转化的模式与国际法等实质问题怀有强烈的兴趣。但最吸引我的是国际关系的形成，作为一组关于世界的主张，特别是作为一个努力确认某些特殊的规范性主张的制度性学科。是的，我知道它的现实主义主张较有名气，但这些主张仅当表述了一套特殊的理解，说明“现代政治生活的形式结构**必然**是什么”时方能说得通。把这个学科解读为一项确认现代主权的形式主张为一项理想（无论是国家主义的抑或系统论的），我发现有可能涉足于各种论战之中，开始寻找这个学科中的某些据点。

我花了很长一段时间来理解以下一个直觉，即这个学科必须反过来理解，因而主流传统应该被理解为理想主义而非现实主义。更富批判性的思想家如此经常重复相反的立场，以致不这样思考似乎有悖常理；但真的这样，反而有悖常理。如果有人确认对国家的规范性拥护（例如，甚至是一个认为这些流行信念已被制造出来的经验性主张），那么他可以从据说是现实主义的方式评估它们的后果。如果有人开展的前提是现实主义是开展的场所,仿佛几乎总是一成不变这样的情形,那么他可能最终是回答了错误的问题。

我最初以我族中心主义的思想来构想这个问题,在这一个明显而或多或少不被提及的方式中,现代国际源自世界的某一部分,但又被阐述为(诸如此类)人性的容器。即使这不是很多人严肃对待的一个问题,但我还是有幸跟一帮非常有趣的学者对此涉足其中,尤其是赫德利・布尔、约翰・文森特、理查德・福尔克、阿希斯・南迪、拉尼・柯达里、德鲁拜・谢思、穆罕默德・锡德－艾哈迈德、莱斯特・儒兹及李约瑟等人。
205 正是从这些活动,以及回应爱德华・赛义德批评东方学、人类学的殖民遗产及新兴的女性主义后殖民活动的各种争论,我得出结论:我们最好考察现代西方之外的世界是如何被理解为现代西方中的他异性(alterities),并且避免尝试从不同的文化传统来孤立地考察思考世界政治的不同方式。这又是保持着我对批判的内在性的感受。

也就是在这个时候,我得出结论:虽然国际关系总是明显地被塑造为一个空间的问题意识,一个多元力量分布在领土空间的问题,但它致于确认一套特定的(现代化的)历史哲学。我仍认为这是一个重要的议题。在它的标准形式中,国际关系理论确认了一套现代化与发展的论述;这两者之所以是无可避免的,不仅因为它像一套正在开展的目的论,而且是一个已经如愿以偿的条件。由此,把理想主义(它产生现实主义)和空间形式(根据非政治化的政治理论家马克斯・韦伯的宿命,它确认了特定的空间过程的必然性)联系起来,是相当简单的做法。从那里,评估各种后结构性的批判之重要性,也是一项容易的做法;而这些批判最终提供了一些方便的锤子,在现已变成一个极富教条味道的学术堡垒上凿破少许的孔洞。我仍自豪于我与理查德・阿什利、迈克尔・夏皮罗、迈克尔・狄龙和这个语境中的其他人所创造的开端,虽然我从此被封为原型的"邮递员—国际关系理论家"的做法真的没有益处。

尽管如此,国际关系远非我进行研究的唯一场所。透过理解加拿大西部边陲地区的政治，形成了我的许多思想；在这一个场所中，理想性的国家主义政治理论没有什么说服力。大多数想法的形成是透过教授一门非常传统的本科课程而实现的，这门课介绍了经典学者，涉及原始文本的深入阅读。在这两种语境中，我极其幸运地能够与沃伦·马格努森共事多年。他是一个城市规划专家和政治理论家，也是一位出色的教师，长于剖析某些貌似经典的预设与各种新颖性和历史—结构变迁的诉求之间的对立。最近，吉姆·塔利、亚瑟·克洛克加入了我们，而维多利亚大学现在蒸蒸日上的政治理论研究生团体已提供了一个异常有支持性与挑战性的场所，以创新而跨学科的方式思考政治理论。

我同时有幸参与不同地区的许多工作坊和会议，与很多塑造影响深 206
远的概念（全球化、新社会运动、全球公民社会等等）的人。这是我最初如何负责《选项》（*Alternatives*）杂志的想法，我将之视为政治理论与发展和国际关系的批评理论汇聚的一个场所。

在这一切语境中，尽管有许多差异，我开始同情美国政治理论某些流派，涉及谢尔顿·沃林、威廉·康诺利、温迪·布朗，还有诸如科尼利厄斯·卡斯托里亚迪斯、克劳德·勒福特和珍－路·南希等法国学者，还有非常独立而逻辑缜密的思想家如巴里·海因斯。另一方面，我永远不能产生急切的欲望，跟罗尔斯和哈贝马斯等人塑造的自由主义交锋。即使在某些语境下富有成效，但我已得知政治理论不会自动地一帆风顺，那些逃避现实政治的政治理论（正如这种自由主义所做的）尤其荆棘满途，付出各种代价。

因此我不会明确地透过国际关系与发展（从某处运用概念到另一处的意义上说）来研究政治理论。反之，我认为国际关系和发展已成为某些政治形态和政治理论得以可能的条件，大多数政治理论却故意遗忘这些条件性。因为这些制约性显示更多重大变迁的迹象，政治理论家难以继续不予理会。

**普罗霍尼克:**在《内部/外部:作为政治理论的国际关系》[1]一书里,你发展了一种有力的分析,对20世纪国际关系理论进行及时的批判,揭露了它们在意识形态上受惠于现代国家,并且说明它们的操作如何表达(而非解释)了当代的国际政治。你这样做,挑战了人工建构的界限、疆界之自然化,以及对个人主体、政体及国际的限制。这是否公平的总结?

**沃克:**我真希望我的论证就如你说的那么清晰!是的,我确实把大多数当代国际关系理论解读为表达了"政治生活应该如何组织"的国家主义理解。在这个幌子下,它们可能很有启发性,尽管作为解释性的主张而言,它们提供了一个大杂烩。而且是的,我正尝试挑战人工建构的疆界之自然化,尽管我的思考更多是放在国家的疆界,而非个人主体或
207 国际的界限(后者更明确地是我的新著的焦点)。我也在剖析历史与结构的论证,有一部分是为了掌握在"政治现实主义"标签下正在做了许多不同的东西,有一部分是为了颠覆"所有哲学问题和政治学问题都可以化约为认识论(最好的情况)或者是方法论(再三再四)的主张"的伪装,也有一部分是为了推动那些默认空间化的结构主义预设的理论化工作,以面对马基雅维利对时间的敏感性——他毕竟已被认为是这个行当的创立者。此书也是我想到主权不能按照标准故事将之理解为中央集权(或是最高形式)的权威,因而必须更直接地重新关注霍布斯和康德,将之当作起源与界限的理论家。

可能值得一提,若把此书考虑在内,我高度意识到卡尔·施米特的重要性。这是他的名字开始到处出现很久以前的事情,我也不知道如何明确地把他放在这个图像中。我确实草拟了一章讨论韦伯,反过来我希望我已包含的内容可以使我的结论更加尖锐得多。尽管如此,虽然我很理解为什么韦伯和施米特的关联对我正尝试做什么非常重要,但这一理

---

① 即R. B. J. Walker, *Inside/Outside: International Relations as Political Theory*, Cambridge: Cambridge University Press, 1993.——译者注

解的是直觉多于已经完成,而我已发现从英美社会学家正在恢复韦伯的努力已经够多了。

《内部/外部》最终成为一本颇有影响力的书,但我仍不清楚它的影响如何。首先,征引它的,至少将之作为寻找分析两套不同话语(有关政治理论与国际关系)的场所。然而,我想我正在说明这些是同一套论述的两个瞬间,这或多或少是根据施米特对规范和例外两者相互建构的关系(而非敌友之间本质性的差异)之理解。因此疆界与限制的去自然化(denaturalization),是的!但还有企图说明在那些疆界上展现的政治,如何影响远在边界以外的措施之各种尝试。

**普罗霍尼克:**在我看来,你的著作基本上都有一种强烈而别具风格的特色,就是你的讨论范围非常广泛,还有你所作的联系是如此有力和有益的——在国家和国际领域之间的政治,以及它们之间的变化;深刻地批判诸如包容和排斥之类的政治范畴;横跨主流哲学与激进哲学,以及政治理论与社会理论的巨大光谱;包含现代政治中的时空性的范围; 208
对现代形式的主体性与主权之间的关系加以重新概念化;并且,重新思考社会科学中的意义和解释。这样广泛的范围使你的著作独具启发性,让人兴奋。你的思考在风格上是否一直都是这样触类旁通?

**沃克:**是的,我对福斯特"唯有联结"(Only connect)的格言感悟良多。并且像米歇尔·塞尔一样,我喜欢诸神的信使和疆界的跨越者赫尔墨斯①。如上所示,我一直游弋于非常广阔的范围,并且安于研究非常难懂的抽象概念,但经常围绕着相对有限的核心问题。这可能有一部分是气质的问题,也有一部分是在我的职业生涯中好运与自觉决定的问题。我在取得终身教职前为了糊口,教授了国际关系、加拿大政治、社会学、

① 赫尔墨斯(Hermes)是希腊神话中的商业之神、旅者之神,主要是众神的使者、希腊奥林匹斯十二主神之一。当奥林匹斯统一后,他成为畜牧之神,是宙斯的传旨者和信使。他也被视为行路者的保护神、商人的庇护神、雄辩之神。传说他发明了尺、数和字母。他聪明狡猾,又被视为欺骗之术的创造者,他把诈骗术传给了自己的儿子。——译者注

社会心理学、地理学和文化研究的课程。我曾有一个艰难的时光，顶着压力在重现学科权限的地方中工作。我也钦佩制图学的权威；而在某程度上，我承认自己是某种意义上的制图师。当然，缺点在于过度概括的趋向，把特殊性化解为不具形体的抽象概念。我经常担心这一点。于是，我越来越钦佩抽象与概括可能带有的力量——另一种霍布斯式或柏拉图式的课题。

**普罗霍尼克：**你在2010年出版了《全球之后，世界之前》。在书中，你进一步剖析按照本质性差别而思考的非法性，并且挑战了诉诸一个外在于或超越国际的政治世界的诱惑。你在该书所表达的核心观念或问题是什么？你是否有计划进一步发展这个研究？

**沃克：**《全球之后》目前是我所做的最有企图心和可能最有风险的事情。它尝试把对建构性范畴的批判放在国家主义对主权的诉求与对国家制度对主权的诉求之间的疑难关系中，后一诉求使任何国家提出的主权诉求都涉及现代乃是一个时空独有、基于主体性诉求（因此是人与世界之间不可化解的缺口）的文化论争。或者，以更费解的说法来讲，它试图提出一个框架，说明我们可以如何不落窠臼地思考我们对公民身份的诉求与对人性的诉求之间的关系，而我们被告知这些诉求已在国家制度的诸国内部一个既有领土性又有标量性的秩序（territorial and yet scalar order）中得以解决，同时又妥协于那种启动人类和公民的现代构想的
209 “人—世界”对立。或更直率地说，它试图追问如果我们严肃地从事有关这种人性诉求（或涉及明显处于某些危险中的星球）的政治理论时究竟涉及什么。

至于后一问题，它的回应是说明大多数有关普世主义、全球正义等标准故事极少可说的东西，因为它们完全忽略了国际，因此持续复制国家与普世/全球之间毫无意义的对立。这一分析的批判矛头直指多种政治理论和政治实践，后者只是预设我们需要从狭隘的特殊主义转移到世界性的普遍主义，忘记了现代政治是安排在特殊与普遍**之间**的，而对普

遍性的流行理解已塑造了可以说是很有问题的狭隘特殊性。政治理论家面对一些令人相当气馁的问题,但他们太多人在回应时仅仅满足于从国家到全球的需要的简单化理解,或有关国家永远发展下去的同样简单化理解。我试图说明这些太过耳熟能详的选项没有一个能够严肃地予以接受;它们是使我们不能有益地思考其他选项的阻碍。相反,本书呼吁更多地关注主权与界限的时空重述,做法是反抗标准的霍布斯式或康德式的故事,但可能在霍布斯和康德二人某些可以恢复的东西(还有很多其他东西和其他类型的政治分析)上做出有益的建设。

把各种不同的课题连在一起的主要观念是,国际关系可以同时被理解为世界政治的同义词和反义词;结果,我们经常表达了一种欲望的政治,以期超越国际,进入一种注定变为确认国家主义/国际—国家主义权威的政治。从某一方式来解读,它可能是一项令人抑郁的分析——如果某人接受那些标准的陈腔滥调。国际关系常常是一个令人抑郁的课题,除非某人喜爱战争与大型暴力,或感受不到霸权性强权的傲慢,但至少他可以选择理想主义而非现实主义。但照我的解读,理想主义(以及某种特定形式的普遍主义之理想化)恰恰正是问题所在,因此毫无慰藉作用。这一切听来有点像是韦伯的“铁笼”(iron cage)。但不像韦伯,我不想坚守自由民族主义,或者半路德式的存在主义,更不用说单一路径的 210
现代化叙事;这些叙事在国际秩序的诉求(以及其他全球化选项的诉求)中仍然发挥作用。无论如何,我认为这个核心观念可以具有的特征是以下的诉求:我们需要非常谨慎地思考国际和发展的界限;而这些界限以多半复制这些限制的方式塑造了某些程度;透过这些程度,现代政治生活确认、复制和鼓励我们超越自己政治界限。然而,当我们被告知我们需要更具创意地思考世界(或单一人性)的政治时,这也可以说是理解正在提出什么类型的问题的一种尝试。

我现正尝试结集一本论文集[①];在书中,我设法比《全球之后》更透彻地剖析某些课题。它尤其着眼于我们如何把某些基本的政治实践理解为边界内复杂的时空性,而非自然地安排在界限的其中一边。这也阐明了我以什么方式解读主权,即根据那些产生事物的起点和终点,随后产生貌似中间立场的诉求和实践。像《全球之后》一样,它尝试抵制欧几里得点、线、面的拓扑学,并且鼓励“在无法容忍的极端之间没有简单的中间立场”的想法。是的,我确实计划进一步发展这些分析,更强调时间性而非空间性,但我仍在思考如何做法,或我在何时有时间去做这些。

**普罗霍尼克:**你能不能指出一篇作品是你最满意的?

**沃克:**请让我举出两篇作为一篇。在这两篇关系密切的论文中,我设法识别并勾勒出某些基本的轮廓,说明我如今仍认为是重要的课题,而且指引我此后所做的许多研究。一篇是《世界政治与西方理性》[②];在文中,我坚持国际关系理论的我族中心主义的性质,以及回应这一套我族中心主义的大多数尝试的东方主义性质。另外一篇是《领土国家与格列佛的主题》[③],随后收进《内部/外部》;在文中,我指出当诸般诉求成为层级的空间性解释(以回应空间转变的诉求)而出现的矛盾。前者刊于1981年,后者刊于1984年,但两者皆在20世纪70年代中期草拟。它们
211 不过是草图,但对我来说,这些都是特别丰想象力的草图。就更持续的篇章而言,重谈这两篇关系密切的作品,我对《内部/外部》很少可修改之处,除了使韦伯—施米特的关联更加明确;而且,虽然我觉得很迟才找到

---

① 即R. B. J. Walker, *Out of Line: Essays on the Politice of Boundaries and the Limits of Moderr Politics*, London: Routledge, 2016.

② 即R. B. J. Walker, “World Politics and Western Reason: Universalism, Pluralism, Hegemony”, *World Order Models Project Working Paper No. 19* (New York: Institute for World Order, 1982). 另刊于 *Alternatives*, Vol. 7, no. 2, 1981. 后收录在 *Culture, Ideology, and World Order*, ed. R. B. J. Walker, Boulder: Westview Press, 1984, pp. 192-216. ——译者注

③ 即R. B. J. Walker, “The Territorial State and the Theme of Gulliver”, *International Journal*, Vol. 39, no. 3 (1984), pp. 529-552. 后收录在 *Inside/Outside: International Relations as Political Theory*, Cambridge: Cambridge University Press, 1993, pp. 125-140. ——译者注

受众,但我仍非常喜欢《全球之后》提出问题的方式,即避免大量乏味(即便是抚慰性)的陈腔滥调。

**普罗霍尼克:**你认为当代政治理论在哪儿会有更远大的发展——尤其是就英美分析传统、欧陆传统和政治思想史之间的分合而言?

**沃克:**我真的没有任何想法,但有四点可能值得一提。第一,现在不缺乏非常聪明的人以这样或那样的方式研究政治理论;比我所能读到的,还有更多优秀的政治理论正在出版中。但总的来说,许多对学术研究的攻击(这是源于新自由主义对市场合理性的颂扬,而英国正是带领着这一路向)似乎特别强化了许多对政治理论的价值之偏见。

第二(部分是第一点的结果),许多非常优秀的政治理论家日益被迫明确地研究其他领域。过去有一段时间,这是一项专业必要性的事情。比如,在美国政治学或国际关系的学术职位比政治理论更多,而大多数年轻学者非常擅于使用必需的生存技巧来协调学术成功与学术诚信。教授和研究其他领域是有潜在的好处,而政治理论家涉足的相关问题的范围也变得更广阔。尽管如此,不难想象政治理论所享有的制度优势(即作为合法批判和规范性的场所)将会逐渐难以维持。

第三,我想说你对政治理论的进路或风格的三分法,是因应英国独有的语境而说的,即使它在别处确实也有共鸣。美国的状况更加复杂;比如,我不确定有人可以说阿伦特式或施特劳斯式遗产仅是“欧陆”的。加拿大又是不同的,这主要涉及政治经济学的独特传统和对多元文化主义与原住民政治的焦点。如果我思考其他我曾有某些体验的社会(例如印度和最近的巴西),那么你提及的三个传统是可以确认的,但有点不恰当。事实上,我们需要问的是,我们是否具有任何清晰的想法,知道在不同社会中研究政治理论意味着什么。我肯定不认为我们继续假定欧洲 212
和北美是探索政治理论的首要场所,或那些科班出身的政治理论家可以垄断政治理论的做法。但即使沿用你的三分法,还是值得记着,每个范畴命名了极其不同的可能性,有些我感兴趣,有些不是。

最后,在所有这些语境中,你的问题指出有需要某些政治知识社会学,以理解当处理你看成不同时空背景的学术选项的范畴时涉及什么东西。

**普罗霍尼克:**你是否认为政治理论家近年对国际关系更大的关注是一个有价值的趋势?这是否意味这些学者现正处理国内政治与国际政治之间的关系?抑或,政治理论家是否倾向走到一个不相关的领域,却不理解它的特殊预设和特征?他们是否正在以道德问题(而非政治问题)殖民化国际关系理论?

**沃克:**正如你的问题似乎暗示的那样,我认为这些记录是形形色色的。的确,政治理论家已开始考察国际政治与国内政治。国际关系的政治理论已变成像是次要产业,在20年前它肯定还未发展起来,除了作为应用伦理学的分支。然而现在显然有许多问题。正因为政治理论之建构常常忽略却又预设其可能性的国际条件,所以尝试将之运用到国际政治便有困难。相关的问题也出现在把政治理论运用到其他语境之中——这些语境同时排除却又包含在其中,尤其是涉及城市、生态与性别。

这是一个原因,说明在这种研究中有这样一个强烈的趋向,想从国家上升到世界的级别,做法是忘却普遍性诉求与单一的统治权(imperium)之间的差别;针对后者,诸多现代形式的政治是在一个国家制度中建构的。放大这种趋向的,是恢复旧有的把戏,把伦理学(按照道德哲学家,而非政治学家的理解)应用到政治之中,将之扩张到假定是全球性的地方。此外,有许多有趣的尝试,运用我们时代许多紧迫的挑战,以此来
213 试图思考人性诉求与公民诉求的其它方式,而不需确认标准的民族主义叙事和国际主义叙事,或尽快躲避政治。所以说到底,是的!它可能是

一个有价值的趋向;但良好的意图、伦理学的良好训练、忠于辉格式目的论[①]的信念、鼓吹某种民主的普遍性的空洞主张,以及以为我们已有某种能力在政治上这样谈论人性的假设,皆不足成为应对相关挑战的资源。

**普罗霍尼克:**你认为,更多地察觉不同政治理论传统的文化特殊性,尝试注意跨文化的知识差异,并试图提出不同传统之间的论争,是否是值得欢迎的迹象呢? 它们是否(或能否)成为真正的后殖民主义? 抑或,这些趋向是否代表一种危险的做法,即迈向相对主义的,确立和固定文化上的知识差异,并在不同理论传统之间的共同原则(自由? 平等? 正义?)建立一个徒劳无用而又错误构想的方案? 抑或,这些趋向是否占有支配地位的普遍化的西方传统扩大殖民野心的掩饰而已?

**沃克:**我会讨论上述所有问题,除了相对主义的形式——它被视为否定某些预定(但其实是特殊)的普遍主义。是的! 更多的关注值得表扬,但这不容易。本质主义总是一个可能性。承认跟多元主义一样,总是可能变成新形式的支配与排斥。诸如此类。我们在此谈的是政治,而非一套从高处开展的哲学。正如马基雅维利可能说的,这取决于环境。正如韦伯可能说的,要谨防良好意图的意外后果。正如颇多历史学家说的,要警惕以下的预设——以为有一个只来自西方的而普遍化的传统,而大多数的"西方"则是从四方八面输入的。像塞缪尔·亨廷顿这些人物散布的潜在迷信正好说明如何不思考这一类型的问题。

但也要记住,即使作为一项原属"西方"(尽管我偏好"现代")的成就,国际关系已告诉我们应该如何处理跨文化的差异:所有国家必须接受现代主权的形式,以及随之而来的许多东西,但所有国家都可以用可

① 辉格党是18和19世纪致力于社会改革和政治改革的英国政党。该党的精神在英国史学中影响深远,所谓辉格式史学,就是一种自由主义的形式,把历史视为人类不可避免迈向进步的历程,并相信人类理性塑造或改善社会的力量,不管过去历史传统如何。大体地说,辉格式史家都强调宪政、个人自由和科学进步之崛起,而这种目的论的思路正是沃克所抗拒的。——译者注

能是现代的,或可能是不现代的文化实质内容来装满这个形式。于是,形式与实质在多大程度上应该保持一致,就成为一个开放的问题;比如,
214 现代民主的形式主义理解能够在多大程度上强加在传统形式的国内权威之上?这是“民族国家”这个极有问题却又有效地自然化的术语中包含的遗产。

同样也要记住,尽管国际关系最流行的论述已被强调各国家间根本差异的极端主义诉求(如施米特式的例外主义已转变为一套正常化的美国社会科学)所塑造,但也有其他论述强调了外交谈判和相对自主性的复杂政治,使得现代政治正好被组织在以下两者之间的关系中:一边是某些哪怕是最低限度的共同普遍性,另一边是对各种存在差别和甚至不可兼容的原则之信念。这远非是一个支持任何可持续的未来的完美模型,但它应该制止某些坚持展开启蒙及其选项的非历史性诉求。在这个语境中,颇为引人注目的是,政治理论家作为政治地解读文本的专家,几乎对《联合国宪章》无话可说,而这份宪章乃是现代政治原则深刻矛盾的特征及调解矛盾的可能性之关键表述。

我肯定觉得共享原则的协商必然(并且现已)是重要的。这方面最大的困难不是来自任何抽象的相对主义,而是民族自决的(康德式?)原则仍使得大国拒绝协商,或仅是相信自己帝国主义的优势;显现唯我论,仍是许多当代政治理论的隐默理据。

**普罗霍尼克:**是否有些紧迫的当代政治问题是你认为政治理论家应该/正在/没有/处理的?

**沃克:**好吧!显然有很多紧迫的问题。我们可以将之列为国际的、都市的、气候的及生态的问题,具见于许多不同类型的难民,或崭新的生物技术的许诺和危害,诸如此类。大多似乎现正吸引了政治理论家的兴趣——至少在“它意味什么”的广义理解上。现在有太多问题需要跟进。尽管如此,我的感觉是有两个课题(就像两头大象在房间里)应该吸引得到更持续得多的关注。

一个关注是,现在我们应以什么方式思考主权权威(sovereignty au-
thority)与主权(sovereignty)的类型:前者我们将之联系到国家制度内的
国家,而后者我们将之联系到资本厘定价格为终极政治价值的能力。按
照资本的关系而使用“主权”一词,现在看起来是奇怪的。但举一个眼前 215
的例子,使用“主权”一词时参照希腊,而不是强迫希腊采取艰难的紧急
措施的财经势力,看起来更是奇怪。可能有很多理由说明为什么政治理
论家放弃涉足政治经济学,但结果并非正面的。

另一个关注是,包容与排斥的模式(以及公民诉求与人性诉求之间的关系)在多大程度上得以重新阐述,而不用遵从诸国在国家制度内的预期。政治理论要么假定那些预期,要么提出某些普遍化原则优先考虑人性诉求。然而,如果浮现的包容与排斥模式变得越来越像一个大都市的组织,里面贫富悬殊,跟随着一个横跨大多数社会、可概括化的模式(而非国家主义的公民在一个人群分散的制度中的敌友模式),那么政治理论就很少东西可谈。过去谈论的大多是我们(作为相同的人类)应该如何一起行动(容我补充:我是欢迎这种企图心,即使似乎不是处理此事的方式),很少谈及我们貌似容忍以下区别的意愿:一边是可以参与共同人性的人类,另一边是那些具有愈来愈少资源这样做的人。这一区别已被康德和我们时代的社会达尔文主义者所表述,说这一区别比国际制度内的敌我区分更加紧迫,并非不可想象的事情。

**普罗霍尼克:**当回顾过去60年政治理论、政治哲学和政治思想史如何发展,你是否感到惊讶/高兴/沮丧?

**沃克:**我期望感到惊讶,而且有时候我确实如此,但很少大的惊讶。因此当我事前错过了显现内情的迹象时,我只感到少许的懊恼。

我或许感到最惊讶与愤怒的是,这么多政治理论家仍然如何一厢情
愿地复制民粹主义的理念,其中涉及“他们所做的事情”无关痛痒的象牙
塔性质,而非坚持他们如何把握判断(它们位于所有形式的政治权力的
中心)的认可。就我感到高兴或失望而言,我不知道如何照此配置政治 216

理论的责任,而非促使和限制“政治理论家可以做什么事情”的更大动力。我或许最感到喜悦的是,我最有可能在欧陆资源和英美资源上有所建树;但最失望的是,这么多欧陆和英美理论家仍然一厢情愿,笼统地谈论人性和世界。这种趋向使普世主义声名狼藉,当现在更清楚的是政治理论需要询问普世主义究竟意味着什么——基于国际是没有可持续性的、帝国主义是不可欲的,而合法化崭新而非常可疑的区别(一边是可以接受的人类,另一边是不可接受的人类)的压力正在变得如此无处不在。

**普罗霍尼克:**非常感谢,罗伯!感谢你对你的思想提出这种广博的洞见。

# 相关人物介绍[①]（按照原文出现顺序排列）

## 第一章　导论

1. 彼得·拉斯莱特（Peter Laslett,1915—2001），英国历史学家，剑桥大学政治学及社会结构史讲座教授。1948 年编辑菲尔默政治著作，而他对洛克的研究也启发后来“剑桥学派”之诞生，代表作计有《洛克〈政府论〉导论》《我们失去的世界:工业革命前的英格兰》《过去世代的家庭生活及非法的爱情》《历史社会结构的统计研究》等。

2. 赫伯特·马尔库塞（Herbert Marcuse,1898—1979），美籍德裔哲学家，法兰克福学派主要代表人物之一。纳粹上台后移居美国。在理论创见上，他猛烈抨击实证主义，致把弗洛伊德主义和马克思主义结合起来。在他看来，现代工业社会技术进步给人提供的自由条件越多，给人的种

① 原著中出现了大量的外国学者，有些学者在国内学界知名度并不高，考虑到读者的知识层面不同，译者将书中出现的大多数学者进行简单的介绍，以丰富读者相关知识背景。——译者注

种强制也就越多，这种社会造就了只有物质生活，没有精神生活，没有创造性的麻木不仁的单面人。代表作计有《理性与革命》《爱欲与文明》《单向度的人》《论解放》《审美之维》等。

3. 麦克弗森（C. B. Macpherson，1911—1987），加拿大政治科学家，前多伦多大学政治理论教授。他努力建立一套自由主民主理论，声言借鉴于马克思，使政治变得更民主和拯救已被自由主义视为等同资本主义市场关系的那些观点，遭到左翼和右翼两方面的抨击。他最为人熟悉的是《占有性个人主义的政治理论》，其中指出个人被构想为其技术的惟一所有者，对社会无所亏欠的想法。其他代表作还有《埃布尔达的民主》《民主的现实世界》《民主理论》《自由民主制的生命与时代》《经济正义的兴衰》等。

4. 恩斯特·布洛赫（Ernst Bloch，1885—1977），德国哲学家，深受黑格尔和马克思，以及闵采尔（Thomas Müntzer）等宗教思想家的影响，也是卢卡奇、本雅明和阿多诺的战友。他的著作强调要清除压迫和剥削，就必须拥有一股真正的革命力量。代表作计有《乌托邦精神》《踪迹》《这个时代的遗产》《自由与秩序》《希望的原则》（三卷）、《自然法与人类尊严》等。

5. 西奥多·阿多诺（Theodor W. Adorno，1903—1969），德国哲学家、社会学家、音乐家，他也是法兰克福学派的创始成员，致力批判法西斯主义和他所谓的“文化产业”，对欧洲新左翼影响极大。代表作计有《启蒙辩证法》《新音乐哲学》《多棱镜：文化批判与社会》《否定的辩证法》《美学理论》等。

6. 尤尔根·哈贝马斯（Jürgen Habermas，1929—），德国当代最重要的哲学家之一，法兰克福学派第二代的中坚人物，由于思想庞杂而深刻，体系宏大而完备，哈贝马斯被推许为“当代最有影响力的思想家”，不仅在西方学术界占有举足轻重的地位，在汉语学术界也有极高的知名度。代表作计有《理论与实践》《走向合理的社会》《交往的理论》《合法化危机》等。

7. 马丁·海德格尔(Martin Heidegger,1889—1976),德国哲学家,早年师从胡塞尔,1927 年出版《存在与时间》,此书被视为现代存在主义哲学的重要著作,因此声名鹊起。纳粹上台后因担任弗赖堡大学校长和公开宣誓支持希特勒,后来遭受各种政治指责。二战后,恢复授课迄至退休。其他代表作还有《康德与形而上学的问题》《荷尔德林诗的阐释》《对哲学的贡献》《林中路》《什么被称为思考?》《理性的原则》《通向语言的道路》《社会与反省》《克服形而上学》《路标》等。

8. 汉娜·阿伦特(Hannah Arendt,1906—1975),德国政治理论家。她像许多犹太裔德国人一样,因纳粹上台而流亡美国,虽然她常被冠以哲学家的称号,但她不愿接受这一标签,因为她认为哲学关怀的是单数的人(man),而她的自我定位是一个政治理论家,因为她的作品是研究权力、权威等政治问题,关心的是众数的人(men),活生生居住在这个世界的众人。代表作计有《极权主义的起源》《人的状况》《在过去与未来之间》《论革命》等。

9. 弗朗茨·法农(Frantz Fanon,1925—1961),生于马提尼克岛,法国非洲裔革命家。他最大的思想贡献是剖析殖民主义的精神病理学,而他在政治上深受马克思主义的影响,是典型的政治激进主义者和人道主义者,支持阿尔及利亚反法战争,是"阿尔及利亚民族解放阵线"的一员,他的革命思想和斗争实践启发了巴勒斯坦、斯里兰卡、南非等地的民族解放运动。代表作计有《黑皮肤、白面具》《全世界受苦的人》《为了非洲革命》《殖民战争和精神失常》等。

10. 西蒙娜·德·波伏娃(Simone de Beauvoir,1908—1986),法国女权运动作家,毕业于巴黎高等师范学院,和萨特同时获得哲学教师资格,萨特的终身伴侣。虽然她不自认为是哲学家,但她对女性主义存在主义和女性主义理论影响深远,1949 年面世的《第二性》详细叙述女性被压迫的问题,现已成为西方女权运动的经典作品。其他代表作计《女客》

《他人的血》《人总是要死的》《名士风流》《一个循规蹈矩的少女回忆》《年富力强》《时势的力量》《了结一切》等。

11. 卡尔·波普尔爵士(Sir Karl Popper,1902—1994),奥地利裔英国哲学家,20 世纪最伟大的科学哲学家之一。他是批判理性主义的创始人,认为可证伪性是科学的不可缺少的特征,科学的增长是通过猜想和反驳发展的,理论不能被证实,只能被证伪,因而其理论又被称为证伪主义。在政治领域上,他以捍卫自由民主制闻名于世,强调社会批判的原则是发展"开放社会"的重要元素。著有《历史决定论的贫困》《开放社会及其敌人》《科学发现的逻辑》《猜想与反驳》等。

12. 弗里德里奇·哈耶克(Friedrich A. Hayek,1899—1992),奥地利经济学家,在学术思想上,他努力捍卫他心目中的古典自由主义,强调价格变化反映信息沟通,使个人得以协调自己的规划,抗拒任何形式的中央集权和统筹规划,而这方面的理念也使他在 1974 年获得诺贝尔经济学奖。代表作计有《个人主义与经济秩序》《致命的自负》《自由秩序原理》《通往奴役之路》《法律、立法与自由》等。

13. 以赛亚·伯林(Isaiah Berlin,1909—1997),英国哲学家和政治理论家,他的理论贡献主要表现在消极自由和积极自由之划分,以及将价值多元主义当作道德生活的独特描述;他的观念启发了自由多元主义的反思和深化。代表作计有《卡尔·马克思》《概念与范畴》《自由四论》《俄国思想家》《反潮流》《个人印象》《扭曲的人性之材》《现实感》等。

14. 迈克尔·奥克肖特(Michael Oakeshott,1901—1990),英国著名哲学家,剑桥大学史学出身,1951 年接替哈罗德·拉斯基(Harold Laski)在伦敦经济学院的政治学讲座教授一职,后担任该学院政府系主任,直到 1968 年荣休。他是保守主义政治哲学的著名代表,也是《剑桥杂志》创办人。他对霍布斯《利维坦》的评论和阐述,直接促成了 1946 年《利维坦》最后定版。代表作有《经验及其模式》《政治中的理性主义》《论人的行为》等。

15. 约翰·罗尔斯(John Rawls,1921—2002),美国政治哲学家、伦理学家,普林斯顿大学哲学博士,哈佛大学教授,写过《正义论》《政治自由主义》《作为公平的正义:正义新论》《万民法》等名著,公认为20世纪英语世界最重要的政治哲学家。他的《正义论》既被誉为二战后最重要的道德哲学著作,也被视为政治哲学在20世纪70年代以后复兴的一个重要指标。本书许多政治理论家都对罗尔斯所奠立的理论范式提出各种批判性的思考。

16. 约翰·波考克(John Pocock,1924—),英国政治思想史家,美国约翰霍普金斯大学终身教授,研究领域遍及现代早期的共和主义、英国普通法的历史、对爱德华·吉朋及其他英国史家的考察,他和斯金纳、邓恩等人同属"剑桥学派"的奠立者,鼓吹语境主义的研究进路。代表作计有《古代宪法与封建法》《政治、语言与时间》《德行、商业和历史》《马基雅维里时刻》《野蛮与宗教》(五卷)、《政治思想与历史》等。

17. 科里尼(Stefan Collini,1947—),英国文艺评论家,剑桥大学英国文学与思想史教授。代表作计有《公共道德主义者》《马修·阿诺德:批判的肖象》《英格兰往昔》《缺席的心灵》等。

18. 米歇尔·福柯(Michel Foucault,1926—1984),法国哲学家、社会思想家。他的著作处理权力与知识的关系,说明知识如何被用作一种透过社会制度而进行控制的方式。虽然福柯被视是一个后现代主义者和后结构主义者,但他拒绝这些标签,宁愿强调自己的研究不过是现代性的批判史。代表作计有《疯癫与文明》《规训与惩罚》《性史》等。

19. 列奥·施特劳斯(Leo Strauss,1899—1973),美国德裔政治哲学家。他对经典文本的细致阅读与阐释方法,构成了20世纪解释学的一个重要发展:他的全部政治哲学研究致力于检讨西方文明的总体进程,强调重新开启古人与今人的争执,并由此审视当代思想的种种潮流。在里根、老布什、小布什执政时期,执政的共和党政府与施特劳斯的弟子关系密切,充满争议。代表作计有《政治哲学史》《希伯来智慧新释》《关于马基雅维利的思考》《苏格拉底问题与现代性》《柏拉图式政治哲学研究》《古今自由主义》《自然权利与历史》《迫害与写作艺术》《什么是政治哲学》《信仰与政治哲学》《哲学与律法》等。

20. 罗伯特·诺齐克(Robert Nozick,1938—2002),美国哲学家,前哈佛大学教授。他最著名的著作是《无政府、国家与乌托邦》一书,书中反驳了罗尔斯《正义论》分配正义的观点,主张任何物资的分配,只要是透过成人间的自愿贸易、同时财产基于合法的基础,这种分配便是正义的;上述观点往往被视为自由至上主义的典范观点。不过,后来诺齐克明确抗拒自由至上主义的标签,而他的研究兴趣也更多的放在决策论和知识论等领域。其他代表作还有《哲学解释》《合理性的本质》《考察的生命》《苏格拉底的困惑》等。

21. 吉尔·德勒兹(Gilles Deleuze,1925—1995),法国哲学家。他的思想其中一个特色是对欲望的研究,并由此出发到对一切中心化和总体化攻击。他的影响遍布人文科学的各个角落,他的《反俄狄普斯》和《千座高原》更取得世界性的声誉。其他主要著作还有《差异与重复》《电影Ⅰ:动作—影像》《电影Ⅱ:时间—影像》《什么是哲学》和《感觉的逻辑》等。德勒兹的政治学是一种欲望政治学,他并不排斥阶级政治,但要颠覆资本主义国家机器,阶级政治是不充分的。德勒兹的主张是反俄狄浦斯,即反自我,因为自我正是欲望的首要编码机器,因此他的批判矛头直指弗洛伊德。在班尼特多部著作的理论思考中,都有参考德勒兹的观点。

22. 让-保罗·萨特(Jean-Paul Sartre,1905—1980),法国哲学家,存在主义的代表人物,社会主义的鼓吹者之一,对各种被剥夺权利者表示同情,反对冷战。一生中拒绝接受任何奖项,包括1964年的诺贝尔文学奖。他的作品影响广泛,遍及社会学、批判理论、后殖民主义理论和文艺研究。代表作计有《恶心》《墙》《自由之路》《反犹分子》《苍蝇》《存在与虚无》等。

23. 莫里斯·梅洛-庞蒂(Maurice Merleau-Ponty,1908—1961),法

国哲学家。他的思想深受胡塞尔和海德格尔的影响，主攻人类经验的形成，论述知觉、艺术和政治的问题。他的《知觉现象学》和萨特的《存在与虚无》同属法国现象学运动的奠基之作。其他代表作还有《人道主义和恐怖》《意义与无意义》《辩证法的探险》《符号》等。

24. 布鲁诺·拉图尔（Bruno Latour，1947—），法国哲学家、人类学家、科学社会科学家，现任巴黎政治学院教授，他最为学界所知的是对科技研究之反思和分析。虽然他曾被冠以“社会建构论”的标签，但他早已摆脱这一做法，强调我们必须从“主体/客体”二分法退回来，重新思考各种科学现实的问题。代表作计有《我们从未现代过》《实验室生活》《科学在行动》。

25. 雅克·德里达（Jacque Derrida，1930—2004）当代法国哲学家、符号学家、文艺理论家和美学家，解构主义思潮创始人。他的思想在1960年代掀起了巨大波澜，动摇了整个传统人文科学的基础，成为欧美知识界最有争议性的人物。代表作计有《论文字学》《声音与现象》《书写与差异》《散播》《哲学的边缘》《立场》《丧钟》《人的目的》《胡塞尔现象学中的起源问题》《马克思的幽灵》《与勒维纳斯永别》《文学行动》等。

26. 格林（T. H. Green，1836—1882），英国哲学家、政治激进改革家、英国唯心主义运动的一员。像英国所有唯心主义者一样，格林受到黑格尔的形上历史主义的影响，他是社会自由主义哲学背后的一名思想家。代表作计有《伦理学导论》《政治义务的原则》等。

27. 霍布豪斯（Leonard Trelawny Hobhouse，1864—1929），英国自由主义政治理论家和社会学家，被公认是社会自由主义倡导者。他也创立了《社会学评论》，乃是奠立社会学作为独立学科的重要学者。1907年，他和韦斯特马克（Edward Westermarck）被委任为英国首批社会学教授。他的作品以《自由主义》一书最为著名，其他代表作计有《劳工运动》《知识理论》《演化的心灵》《民主与反应》《社会演化与政治理论》《发展与目的》《国家的形上理论》《理性益品》《社会正义的元素》等。

28. 科林伍德(R. G. Collingwood,1889—1943),英国哲学家、历史学家、美学家和考古学家,毕业于牛津大学哲学系,后留校研究和任教。他最著名的作品是死后由学生编纂的《历史的观念》,认为历史学乃是对历史人物思想的追述,他还思考两个不同的人是否可以具有相同的想法,而不仅是相同的内容,结论认为没有任何一套个人同一性的理论可以站得住脚。以上的主张,启发英语世界对历史哲学的研究。科林伍德其他作品还有《宗教与哲学》《心灵的思辨》《艺术原理》《罗马时代的英国》《自传》《论形而上学》等。

29. 路德维希·维特根斯坦(Ludwig Wittgenstein,1889—1951),奥地利裔英国哲学家、逻辑学家,两度在剑桥大学任教,他的两本代表作《逻辑哲学论》《哲学研究》分别代表两种不同风格的语言哲学,早期强调命题与世界之间的逻辑关联,相信只要提供充足的逻辑分析,便能解决所有哲学问题;后期反对上述见解,认为语词的意义最好是从语言游戏中的用法上来理解。维特根斯坦的影响力遍及人文学科和社会科学各个领域,他的方法论主张对"剑桥学派"的思想史研究存在密不可分的关系。

30. 奥斯汀(J. L. Austin,1911—1960),英国语言哲学家,牛津大学哲学教授,代表作计有《哲学论文集》《如何用言语行事》《感觉和可感物》三书。在哲学上,奥斯汀深受摩尔和维特根斯坦哲学的影响,在研究哲学时从对日常语言的仔细分析入手。过去,分析哲学家的注意力几乎都是集中在陈述、论断和命题(亦即具有真值的语言行为),但奥斯汀指出,这种想法太过狭窄,我们使用语言,目的是行事和论断事情,像"我承诺我这么做"一语中,最好被理解为做某事(亦承诺某事)而非对任何东西作出论断;这一主张影响"剑桥学派"思想史研究非常深远。

31. 马克斯·霍克海默(Max Horkheimer,1895—1973),德国犹太裔哲学家和社会学家,创立法兰克福学派而闻名于世。他在20世纪30年代致力于建立一种社会批判理论,提出要恢复马克思主义的批判性,对现代资本主义从哲学、社会学、经济学、心理学等方面进行多方位的研究批判。代表作计有《理性之蚀》《哲学与社会科学之间》《启蒙辩证法》。

32. 让-弗朗索瓦·利奥塔(Jean-Francois Lyotard,1924—1998),法国哲学家,他是20世纪70年代阐明后现代主义的领军人物,剖析反现代性对人类情境的影响,涉足的课题遍及知识与沟通、人类形体、现代主义与后现代主义艺术、文学与批判理论、音乐、电影、时间与记忆、空间、升华、美学与政治的关系。代表作计有《现象学》《力比多经济》《后现代状况》《政治性文字》等。

## 第二章 与本杰明·巴伯对话

1. 拉尔夫·米利班德(Ralph Miliband,1924—1994),比利时裔英国社会学家,著名的马克思主义学者,地位堪比汤普森(E. P. Thompson)、霍布斯鲍姆(Eric Hobsbawm)和安德森(Perry Anderson)等人。20世纪60年代,他是英国左翼运动的名人,批判苏联政府和资本主义,代表作有《议会社会主义》《资本主义社会中的国家》和《马克思主义与政治》。

2. 吉姆·菲什金(James S. Fishkin,1948—),斯坦福大学传播学系国际传播珍妮·佩克讲座教授,兼任政治科学系教授。他也是该校协商民主中心的主任,1988年倡议协商民调,作为应用协商民主的做法。他与罗伯特·罗斯金(Robert Luskin)一起,在21个国家合作开展协商民调之应用。现有一部编著中译发行,即《协商民主论争》,张晓敏译,北京:中央编译出版社,2009年。

3. 威廉·退尔(William Tell,?)是瑞士民间传说中的英雄。13世纪,统治瑞士奥地利之总督肆意压迫人民,竟于闹市竖一长竿,竿顶置一帽,勒令行人鞠躬于帽,农民射手退尔抗命,得到民众拥护,共同反抗奥地利统治,终得自由。他的事迹在15世纪的史书早有记载,而席勒的剧本《威廉·泰尔》(1804)和罗西尼的同名歌剧(1829)则使他闻名世界。

4. 霍华德·迪安(Howard Dean,1948—),美国前政治家,1991 年至 2003 年担任佛蒙特州州长,2005 年至 2009 年担任民主党全国委员会主席。他是 2004 年民主党总统竞选的候选人。他领导民主党全国委员会贡献卓越,被视为民主党在 2006 年国会选举和 2008 年总统选举胜利的幕后推手。

5. 约翰内斯·劳(Johannes Rau,1931—2006),已故的德国政治家,出生在德国伍珀塔尔市郊的一个教会家庭。1958 年步入政坛,从担任北威州议会议员起,历任多项要职,自 1978 年起任北威州州长长达 20 年,先后两次出任德国联邦参议院议长。1999 年 7 月至 2004 年 6 月任德国联邦总统。

6. 穆阿迈尔·卡扎菲(Muammar Gaddafi,1942—2011),利比亚政治家。1969 年 9 月 1 日,卡扎菲领导"自由军官组织"发动"九月革命",推翻伊德里斯王朝。执政期间利比亚经济得到迅速发展,其创立的《绿皮书》思想和第三世界理论对利比亚近半个世纪的发展影响深远。2011 年 2 月,利比亚爆发"愤怒日"大规模示威抗议,后渐演变成利比亚内战,8 月 22 日,反对派武装推翻卡扎菲政权,10 月 20 日,卡扎菲在流亡中遭到枪杀。

7. 迪克·莫里斯(Dick Morris,1946—),美国著名的政治评论家,从克林顿担任阿肯色州州长起,至 1992 年当选美国总统,一直担任克林顿的顾问,也是克林顿 1996 年连任的选举幕僚。不过,莫里斯后来与克林顿阵营决裂,出版多部著作指摘克林顿,并在 2008 年公开宣称,若希拉里当选总统,他就会离开美国。

8. 大卫·赫尔德(David Held,1951—),英国伦敦经济与政治学院的政治学教授,他和吉登斯都是著名的政体出版社(Polity Press)的创立者之一。他所关注的是当今国际学术界广泛讨论的话题,如民主的理论与实践、国家与公民社会建设、全球化与全球治理等问题。当今政治理论领域多产的作家之一。代著作已中译本的有《民主的模式》《全球大变革:全球化时代的政治、经济与文化》《全球化与反全球化》等书。

9. 罗伯特·达尔(Robert A. Dahl,1915—2014),美国著名政治学家,长年在耶鲁大学任教,美国政治学会前主席,战后杰出的民主理论家。达尔是20世纪60年代美国政治科学行为革命的领导者之一,他建立的多元主义理论,深入描述现实民主管治的操作。他的思想影响已远远超出了美国,他的著作被译成了多种文字。代表作包括《现代政治分析》《民主及其批评者》《多元主义民主的困境:自治与控制》《多头政体:参与和反对》《论民主》等。

10. 罗伯特·米歇尔斯(Robert Michels,1876—1936),德裔意大利籍政治社会学家。他结合19世纪末欧洲政党的发展实践,提出了"寡头铁律"(iron law of oligarchy),指出即使强烈信奉社会民主原则的社会主义政党也难逃走向寡头统治的命运。寡头统治是任何试图实现集体行动的组织的必然结果,任何有着良好愿望的人也无法改变这一"铁律"。

11. 约瑟夫·熊彼特(Joseph Schumpeter,1883—1950),奥地利著名政治经济学家。其后移居美国,一直任教于哈佛大学。在经济学上,虽不如凯恩斯在生前就获得很大的反响,但他在经济思想史和政治理论上贡献极大。他的代表作《资本主义、社会主义与民主》一书中,提出了"精英竞争式民主理论",认为西方过去的民主理论皆建立在不真实的前题之上,不考察投票人是否具有对投票内容的专业认识,便以为多数的意见优于少数的意见。熊彼特认为:民主仅是产生治理者的一个过程,而且不是一个必要过程,无论人民参与民主的程度有多少,政治权力始终都是在精英阶层当中转让。

12. 赛义夫·卡扎菲(Saif al - Arab Gaddafi,1972—)是利比亚以故领导人穆阿迈尔·卡扎菲第二个儿子,他在伦敦经济学院获得博士学位,在卡扎菲政府担任要职,负责公共关系和外交事务,随着卡扎菲倒台,他在2011年11月19日被反政府军拘捕,2015年7月底被宣判死刑。2017年6月10日获释,他随即离开津坦。他由于捐款而使伦敦经济学院面临西方舆论的批判。

13. 穆斯塔法・贾利勒(Abdul-Jalil,1952—),利比亚全国过渡委员会主席。2007年1月至2011年2月,他任利比亚卡扎菲政权的司法部长。在2011年利比亚示威、起义和内战中,他和财政部长日布勒(Gebril)一起改投反对阵营,随着卡扎菲政权崩盘,他担任总部位于班加西的利比亚全国过渡委员会的主席。

## 第三章 充满生机的物质性与非人类的能动性:简・班尼特访谈

1. 路易・阿尔都塞(Louis Althusser,1918—1990),法国著名哲学家、"结构主义马克思主义"的奠基人。他的哲学思想主要是"理论反人道主义",反对青年马克思人道主义和劳动异化思想的理论武器;直到现在,他的许多观点(如"认识论断裂"和"征候阅读法"等)仍是西方马克思主义研究领域中常常出现的语汇。代表作计有《保卫马克思》《列宁和哲学》《自我批评材料》《立场》等。

2. 库切(J. M. Coetzee,1940—),南非白人小说家、第一位两度获得英国布克奖的作家,2003年获得诺贝尔文学奖。他的作品擅长描述如何在逆境中获得拯救。像《等待野蛮人》《迈克尔K的生活和时代》《福》等作品,主人公往往遭受了沉重的打击,被剥夺了外在的尊严,但他们总是能从失败中获得力量。库切本人既是素食主义者,又是动物权利运动的支持者,作品往往涉及虐畜和动物福祉的问题,例如《耻》《动物生活》《伊丽莎白・科斯特洛》及《老妇与猫》都触及这方面的题材。

3. 米兰・昆德拉(Milan Kundera,1929—),捷克小说家,自1975年起移居法国。他是"复调小说"的忠实信徒,擅长将哲学、叙事和理想谱进同一作品之中,运用心理现实主义的写作手法,使读者对人物的思维过程的关心程度超过了其对人物外貌的关心。昆德拉最著名的作品是

《不能承受的存在之轻》,曾被拍为电影《布拉格之恋》,所以此书在1989年天鹅绒革命前曾被捷克政府列为禁书。昆德拉多次被诺贝尔文学奖提名,可惜都没有获奖。其他代表作计有《玩笑》《生活在别处》《告别圆舞曲》《笑忘录》《不朽》等。

4. 雅克·朗西埃(Jacques Rancière,1940—),生于阿尔及尔,法国哲学家,巴黎第八大学哲学荣誉教授。主要领域有存在学、知识论、伦理学、美学、艺术哲学、政治哲学。早年即与阿尔都塞合著《读资本论》,20世纪80年代先后以"哲学教育""历史性"及"诗学提问"的研究著称,90年代初开始整理其自身的理论系统,专注于美学—政治的研究上,提出"歧论"(Mésentente)。代表作计有《无知的师长》《历史之名》《论政治之岸》《歧异:政治与哲学》《审美的政治》《形象的未来》《民主之恨》《审美无意识》《解放的旁观者》等。

5. 本·科森(Ben Corson,?)是约翰霍普金斯大学博士,专攻德里达的哲学,班尼特《活生生的物质》书中也有参考他的研究成果,即Ben Corson,"Speed and Technicity: A Derridean Exploration", PhD diss.,John Hopkins University,2000.

6. 费利克斯·瓜塔里(Pierre - Félix Guattari,1930—1992),法国精神治疗师、哲学家和记号学家。他最为人熟悉的学术成果是与德勒兹合著的《反俄狄普斯》和《千座高原》,而他在学术上也有自己的独特建树,两卷本的《资本主义与精神分裂》有不少内容刻画了爪塔里如何透过更富实验性和集体性的分析进路,发展弗洛伊德的精神分析学说。

7. 米歇尔·塞尔(Michel Serres,1930—)是法国哲学家,也是文笔优美的作家。他的作品题材广泛,遍及神秘的西北航道、寄生虫的概念、"挑战者号"的爆炸。塞尔的学术兴趣是建立一套不取决于元语言(metalanguage)的科学哲学。因为这样的元语言优先偏袒了某一套自视为准确的科学论述,所以他认为与其把某一套论述定为权威,不如努力在不同论述之间进行转译工作。代表作计有《自然契约》《物理学的诞生》等。

8. 亨利・柏格森(Henri Bergson,1859—1941),法国哲学家,文笔优美,1927 年曾获诺贝尔文学奖。博格森从中学时代起便对哲学、心理学、生物学发生兴趣,尤其文学。他反对科学上的机械论,心理学上的决定论与理想主义,认为人的生命是意识之绵延或意识之流,是一个整体,不可分割成因果关系的小单位。他对道德与宗教的看法,亦主张超越僵化的形式与教条,走向主体的生命活力与普遍之爱。他对中国民初思想界影响甚深,代表作计有《创造进化论》《直觉意识的研究》《物质与记忆》等。

9. 汉斯・杜里舒(Hans Driesch,1867—1941),德国生物学家和哲学家。他从胚胎学的实验工作,发展出一套别具特色的生机论,也被誉为在 19 世纪 80 年代便对一只动物进行首度的"克隆"试验。杜里舒在民初思想界的名气极大,梁启超等人在 1920 年组织成立的"讲学社"曾邀请他来中国讲学。

10. 朱迪丝・巴特勒(Judith Butler,1956—),美国著名哲学家和性别理论家,耶鲁大学哲学博士,加州大学伯克利分校修辞与比较文学系教授。巴特勒是当代最著名的后现代主义思想家之一,她的作品影响深远,遍及女性主义批评、性别研究、当代政治哲学和伦理学。她所提出的性别的"角色扮演"概念是酷儿理论中十分重要的观点,她也因此被视为酷儿运动的理论先驱。代表作计有:《性别麻烦》《消解性别》《身体之重》《权力的精神生活》《脆弱不安的生命》等。

11. 黛安娜・库尔(Diana Coole,1952—)是英国伦敦大学柏克贝克学院政治理论教授,她的研究兴趣广泛,遍及当代欧陆哲学,尤其是后结构主义(特别是福柯)、女性主义和政治思想的性别。库尔也是《当代政治理论》和《欧洲政治理论学刊》的编委会成员,代表作计有《政治理论中的女人》《否定性与政治》《梅洛-庞蒂与反人类主义的现代政治》等。正文引述库尔这方面的见解,据本章所附书目,该参阅 D. Coole and S.

Frost (eds.), *New Materialisms: Ontology, Agency and Politics*, Durham: Duke University Press.

12. 亨利·大卫·梭罗(Henry David Thoreau,1817—1862),美国作家、哲学家,超验主义代表人物,也是一位废奴主义及自然主义者,有无政府主义倾向。他的思想深受爱默生影响,提倡回归本心,亲近自然。1845年,在距离康科德两英里的瓦尔登湖畔隐居两年,自耕自食,体验简朴和接近自然的生活,以此为题材写成的长篇散文《瓦尔登湖》,成为超验主义经典作品。梭罗非常关注面对一个充满敌对元素、历史变化和自然腐朽时如何生存的问题,这方面的思想也是启发班尼特研究的重要资源。

13. 亨特·德弗里斯(Hent de Vries,1958—)是荷兰哲学家,约翰霍普金斯大学人文与哲学教授,阿姆斯特丹大学哲学教授。他用工具主义的维持说明未知论及其他神学主张,指出宗教理解对当代哲学文化的意义所在。代表作计有《哲学与宗教转向》《宗教与暴力》《最小的神学》《政治神学》《宗教:一个概念以外》等。

14. 马克斯·韦伯(Max Weber,1864—1920),德国著名社会学家,跟卡尔·马克思(Karl Marx)和涂尔干(émile Durkheim)一起被视为现代社会学的三大奠基者。韦伯在方法论上是反实证主义的先锋,强调透过诠释(而非纯粹经验性)的手法来研究社会行动,重视个人在行动时的目标和意义。他的主要知识关怀是理解合理化、世俗化和“怯魅”这些随着资本主义和现代性崛兴而来的过程,而许多受韦伯影响的人,也把这些过程展开了各种思考世界的崭新方式;但在班尼特看来,这个结论其实是有问题的。

15. 约翰·杜威(John Dewey,1859—1952),美国哲学家、教育家,实用主义的集大成者。如果说皮尔士创立了实用主义的方法,威廉·詹姆斯建立了实用主义的真理观,那么,杜威则建造了实用主义的理论大厦。他的著作很多,涉及科学、艺术、宗教伦理、政治、教育、社会学、历史学和经济学诸方面。杜威对民主的倡导饮誉于世,他认为学校和公民社会这两大社会领域,必须予以关注和重构,鼓励实验智慧和多元性;类似的观点和思路,对班尼特的影响颇为明显。

16. 芙雷雅·马修斯(Freya Mathews)是澳大利亚的哲学家,她的著作主要关注生态哲学,也处理形而上学、认识论、伦理学、政治学等问题。代表作除了对话中所提及的二书外,还值得一提的是她的处女作《生态学的自我》。

## 第四章 庶民研究、后殖民马克思主义与"寻找你开展的场所":迪佩什·查卡拉巴提访谈

1. 路易·维克多·德布罗意(Louis Victor de Broglie,1892—1987),法国著名理论物理学家,波动力学的创始人,物质波理论的创立者,量子力学的奠基人之一。巴黎大学博士,在博士论文中首次提出了"物质波"概念,1929 年获诺贝尔物理学奖。1932 年任巴黎大学理论物理学教授,1933 年被选为法国科学院院士。

2. 巴伦·德(Barun De,1932—2013),印度著名史学家,跟查卡拉巴提一样,巴伦·德早年在加尔各答大学管区学院完成高等教育,后赴牛津大学深造,长年主持加尔各答社会科学研究中心,作表作有《自由斗争》《海湾的世俗主义:世纪之交的乌兹别克斯坦》。

3. 保罗·萨缪尔森(Paul Samuelson,1915—2009),美国著名经济学家,早年在哈佛大学获得硕士学位和博士学位,长年在麻省理工学院任经济学教授。他发展了数理和动态经济理论,将经济科学提高到新的水平,是当代凯恩斯主义的集大成者,曾帮助肯尼迪政府制定了著名的"减税方案",1947 年成为约翰·贝茨·克拉克奖的首位获得者,并于 1970 年获得诺贝尔经济学奖。

4. 洛(D. A. Low,1927—),澳大利亚史家,专业领域是南亚、非洲、

英联邦的历史,尤其是去殖民化的问题,长期在澳大利亚国立大学任教,著作丰富,包括《乌干达的政党,1949—1962》《雄狮横行:英国帝国主义研究文集》《帝国之蚀》《平等时刻:亚洲与非洲,1950—1980》《英国与印度民族主义:模棱两可的印记,1929—1942》《议会与拉吉:印度斗争面面观,1917—1947》《帝国的制造:英国与乌干达王国,1980—1902》等。

5. 拉纳吉特·古哈(Ranajit Guha,1923—),南亚历史学家,1959 年移居英国,任苏塞克斯大学历史学教授。他的《殖民印度农民起义的基本面貌》一书,是公认的经典,主编《庶民研究》第一卷,是推动“庶民研究群”的主要旗手。

6. 海登·怀特(Hayden White,1928—)是文艺评论的历史学家,加州大学圣克鲁斯分校的荣誉教授,曾以《元历史:19 世纪欧洲的历史想象》名世。他指出历史书写在许多方面上反映了文艺作品,两者的意义皆取决于叙事,因此否定客观的(或真正科学的)历史的可能性。怀特认为,当历史拥护这一种“叙事性”,便是最成功的,因为它使历史变得有意义。

7. 维拉·查苏利奇(Vera Zasulich,1849—1919),俄国早期社会主义运动女活动家,孟什维克首领之一。马克思致维·伊·查苏利奇的信是对查苏利奇 1881 年 2 月 16 日来信的答复。查苏利奇代表较迟加入“劳动解放社”的同志,请求马克思谈谈他对俄国历史发展的前景,特别是对俄国农村公社的命运的看法。马克思在准备回信的过程中曾拟了四个草稿,把这四个草稿综合起来,就是关于俄国农民公社、农业生产的集体形式的综合性概述。《复信》与《复信草稿》的原文为法文,中译本现收录在 2009 年 12 月出版的《马克思恩格斯文集》第 3 卷。

8. 卢西奥·科莱蒂(Lucio Colletti,1924—2001),意大利哲学家,早年在罗马研习哲学,1949 年加入意大利共产党,深受马克思主义哲学家沃尔普(Galvano Della Volpe)的启迪,后因意共与斯大林主义背景而脱党,20 世纪 70 年代是社会主义领袖克拉西(Bettino Craxi)的支持者,他以批判黑格尔唯心主义而名闻于世,后来也是马克思主义的批判家,因

1974 年与马克思主义史学家安德森(Perry Anderson)的长篇访谈在《新左评论》(*New Left Review*)刊登而为英语学界认识,代表作有《从卢梭到列宁》《马克思主义与黑格尔》。

9. 威尔·金里卡(Will Kymlicka,1962—),加拿大政治哲学家,现任皇后大学哲学教授,以研究多元文化主义和动物伦理闻名于世,努力提供一套自由主义框架解释如何正当地对待少数群体。现有多部著作中译发行,包括《当代政治哲学》《自由主义、社群与文化》《少数的权利:民族主义、多元文化主义和公民》。

10. 海库·帕瑞克(Bhikhu Parekh,1935—),印度裔政治理论家,在孟买大学取得本科和硕士学位,1966 年在伦敦经济学院取得博士学位,在英国多间大学任教。他曾担任"种族平等委员会"副主席,处理种族平等和文化多元主义的问题,最著名的是 1998—2000 年担任"多族群英国未来委员会"的主席,该会所提出的报告(一般命名为《帕瑞克报告》)成为 21 年纪初文化多元主义许多论战的基础。代表作计有《边沁的政治思想》《马克思的意识形态理论》《殖民主义、传统与改革》《甘地的政治哲学》《多种族英国的未来》《甘地:简短导引》《反思多元文化主义》《欧洲与穆斯林问题》《崭新的认同政治》等。他的思想观念可以参考近年出版的访谈录 *Talking Politics*,New Delhi:Oxford University Press,2011.

11. 艾里斯·玛丽恩·扬(Iris Marion Young,1949—2006),芝加哥大学政治学教授,曾任职于该校"性别研究与人权计划中心",研究遍及当代政治理论、女性主义社会理论和公共政策规范分析。代表作计有《正义与差异政治》《交错的声音:性别的两难、政治哲学与政策》《包含与民主》《正义的责任》。

12. 塞拉·本哈比(Seyla Benhabib,1950—),土耳其裔美国哲学家,耶鲁大学政治哲学和哲学教授,以研究阿伦特和哈贝马斯而名世,最显著的理论贡献是结合批判理论与女性主义理论。她是著名的民主理论家,但不相信文化的纯粹性;她认为人类文化是想象性疆界的恒常变化,公开表示:“我认为有可能具备没有疆界的帝国,但我不认为有可能具备没有疆界的民主。”代表作计有《批判、规范与乌托邦》《定位自我》《民主与差异》《文化的诉求》《汉娜·阿伦特不情愿的现代主义》《他者的权利》《另一种普世主义》《黑暗时代的政治》《逆境中的尊严》等。

13. 詹姆士·塔利(James Tully,1946—),加拿大维多利亚大学政治学教授,师从斯金纳研究现代早期英国观念史,强调从语境中解读思想观念的进路,以此检视主流政治理论的不足。他如今的研究已不限于思想史,还包括多元文化公民身份的加拿大经验,原住民与非原住民的关系,把生活的土地视为可持续发展的未来的基础。代表作计有《论财产权》《语境中的洛克》《陌生的多样性》《公共哲学新论》(两卷)等。

14. 艾蒂安·巴利巴尔(Etienne Balibar,1942—),法国哲学家,加州大学欧文分校法国、意大利文学和比较文学杰出教授,曾参与其师阿尔都塞的《资本论》讲座,认为在《资本论》中历史唯物主义的理论必然与马克思开始发展的批判理论(尤其他对劳动范畴的分析)发生矛盾,而他对民族国家的历史作用也别具洞见。代表作计有《解读资本论》《论无产阶级专政》《种族、民族、阶级》《群众、阶级、观念》《马克思的哲学》《斯宾诺莎与政治》《政治与其他场景》《我们,欧洲人?》《平等自由》等。

15. 桑德罗·梅萨札德拉(Sandro Mezzadra,?)是意大利博洛尼亚大学政治理论副教授,发表范围广泛,遍及移民、后殖民理论、当代资本主义、意大利工人主义和自治性马克克思主义。代表作计有《社会的之宪章》《逃避的权利》《后殖民条件》《疆界作为方法》等。

16. 保罗·帕滕(Paul R. Patten,1950—)是澳大利亚新威尔士大学历史与哲学学院教授,专攻学术领导和创新、卓越性与歧异性,他的作品得到国际学界肯定,使人认识到澳洲政治哲学的面貌。代表作计有《德勒兹与政治的》《德勒兹式概念》等。

17. 查尔斯·泰勒(Charles Taylor,1931—),加拿大哲学家,社群主义的主将,他对黑格尔哲学的再解读、对共同体价值的强调、对自我认同观念之研究、对承认政治和多元文化主义的论证,强烈地影响西方思想家,在汉语学术界也享有极高的知名度。代表作计有《黑格尔》《自我的根源》《真实性的道德》《哲学论证》《现代性之隐忧》等。

18. 斯皮瓦克(Gayatri Chakravorty Spivak,1942—),印度文艺理论家、哲学家,现任哥伦比亚大学阿维龙基金会人文学科讲座教授,比较文学与社会中心主任。她最为人所知的作品是《庶民能不能讲话?》(*Can the Subaltern Speak*?),此文公认是后殖民主义的奠基性作品。还有,她在20世纪70年代将解构大师德里达《论文字学》引入英语世界,因而蜚声北美理论界。代表作计有《我自己,我必须重塑》《论语法学》《换句话说》《后殖民理性批判》《教学机器以外》《斯皮瓦克读本》《后殖民理性之批判》《一项专业之死》《其他亚洲》《全球化时代的美学教育》等。正文对话中,斯皮瓦克之语出自“The New Subaltern: A Silent Interview,” Mapping Subaltern Studies and the Postcolonial, ed. Vinayak Chaturvedi, London: Verso, 2000.

19. 安东尼奥·葛兰西(Antonio Gramsci,1891—1937),意大利共产党领袖,欧洲著名的马克思主义理论家,被墨索里尼政府逮捕入狱。他的理论著作大多写于狱中,战后编辑为《狱中书简》,得到广泛的传播和研究。他最著名的是文化霸权(cultural hegemony),其中描述国家如何运用文化制度以维持资本主义社会的权力;这方面的见解,也深刻地影响“庶民研究”的进路。

20. 帕沙·查特吉(Partha Chatterjee,1947—),印度政治学家,先后任加尔各答社会科学研究中心主任,美国哥伦比亚大学人类学及南亚研究教授,庶民研究的主将。代表作计有《民族主义思想与殖民地世界》《民族及其碎片》《权力的文本》《可能的印度》《发现政治社会》《被治理者的政治》《政治社会的世系》《帝国的黑洞》《帕沙·查特吉读本》。

21. 厄内斯特·拉克劳(Ernesto Laclau,1935—2014),阿根廷裔政治哲学家,后马克思主义的代表人物,年轻时就读于布宜诺斯艾利斯大学,

1966年阿根廷军事政变后前往英国,就读于牛津大学。20世纪70年代毕业后在艾塞克斯大学政治学系任教,因与墨菲合著的《领导权与社会主义的策略》而受到普遍关注。他的代表作还有《马克思主义理论的政治与意识形态》《偶然性、霸权和普遍性:关于左派的当代对话》《我们时代革命的新反思》《解放》《论民粹主义理性》《社会的修辞基础》等。

22. 谢尔顿·保洛克(Sheldon Pollock,?),梵文专家,现任哥伦比亚大学中东、南亚及非洲研究系教授,他与查卡拉巴提以及加州大学洛杉矶校区的新吉·萨布拉曼洋(Sanjay Subrahmanyam)三人是《跨学科南亚研究》(由芝加哥大学、哥伦比亚大学以及加州大学三家联合出版)系列的编辑。代表作有《人类社会的诸神语言》。

23. 阿尔君·阿帕杜莱(Arjun Appadurai,1949—),印度裔人类学家,童年在孟买的高级种族家庭成长,后负笈美国,在芝加哥大学取得硕士、博士学位,一直留美任教。他跟查卡拉巴提一样,具有马克思主义思想背景;在其人类学作品中,主要讨论民族国家的现代性和全球化。代表作计有《殖民统治下的崇拜与冲突》《物体的社会生活》《消散的现代性》《少数的恐惧》《作为文化事实的未来》等。

24. 霍米·巴巴(Homi Bhabha,1949—),哈佛大学英语系罗森伯格人文教授(Anne F. Rothenberg Professor)和人文中心主任。著有大量探索殖民和后殖民理论,文化变迁与权力,以及世界主义和其他主题的序列著作。代表作计有《文化的位置》《我们邻居,我们自己》《霍米·巴巴读本》。

25. 阿甘本(Giorgio Agamben,1942—),意大利哲学家,欧洲研究生院(EGS)巴鲁赫·德·斯宾诺莎教授,意大利维罗拉大学美学教授,并于巴黎国际哲学学院教授哲学。他从福柯借取的"生命政治学"概念出发,阐述了许多著名的学术概念,例如"例外状态""生命形式"和"牲人",影响巨大。代表作计有《没有共识的人》《诗节》《幼儿与历史》《语言与死亡》《例外状态》《剩余的时间:罗马书注疏》《没有目的的手段》

《诗的终结》《奥兹维辛的残余》等。

26. 阿兰·巴迪乌(Alain Badiou,1937—),法国当代著名哲学家,巴黎高等师范学校前哲学教授,现任位于瑞士的欧洲研究院(EGS)教授。他通过两次根本性转变寻找左翼政治的可能性,一次是通过毛主义而摆脱阿尔都塞无主体过程的非政治性悖论,进而把政治学奠基于拉康式的主体理论视域中;另一次是通过数学转向而摆脱毛主义所具有的不计后果的政治性。代表作计有《存在与事件》《电影》《模式的概念》《条件》《世界的逻辑》《维特根斯坦的反哲学》《爱的多重奏》等。

27. 卡尔·施米特(Carl Schmitt,1888—1985),德国著名法学家和政治思想家。他的政治思想对20世纪政治哲学、神学思想产生了重大影响,其中以决断论为著;并提出了许多国家法学上的重要概念,例如制度性保障、实质法治国及法律与主权的关系。代表作计有《宪法学说》《论断与概念》《陆地与海洋:古今之“法”变》等。

28. 埃娃·多曼斯卡(Ewa Domańska,?),波兰亚当·密科维茨大学史学理论与史学史助理教授,现为美国斯坦福大学文化与社会人类学系客座助理教授,她与莫妮卡·巴尔(Monika Barr)都是史学理论的专业。代表作有《邂逅:后现代主义之后的历史哲学》。

## 第五章　里·柯亨访谈

1. 罗伯特·布伦纳(Robert Brenner,1943—),加州大学洛杉矶分校社会理论及比较史中心主任,社会主义杂志《反潮流》主编,《新左评论》编辑委员。专业领域是欧洲早期历史,在“由封建主义到资本主义”的辩论中,强调欧洲农业生产转变的重要性,认为这(而非国际贸易的兴起)才是转变的主因。代表作计有《商人与革命》《繁荣与泡沫》《全球紊乱的经济》《财产与进步》等。

2. 罗伯特-简·范德文(Robert-Jan van der Veen,1948—),阿姆斯

特丹大学政治科学系教授，分析马克思主义的核心成员之一，编有 *Basic Income on the Agenda*：*Policy Objectives and Political Chances*, edited by Robert van der Veen and Loek Groot, Amsterdam：Amsterdam University Press, 2000.

3. 菲利普·范帕里基思（Philippe Van Parijs, 1951—），比利时左翼哲学家和政治经济学家，以倡导“基本收入”概念和首先处理语言正义的课题而闻名于世。著有《社会科学的演化解释》《再生的马克思主义》《所有人现实的自由》《欧洲和世界的语言正义》等。

4. 希勒尔·施蒂纳（Hillel Steiner, ?），加拿大政治哲学家，曼彻斯特大学政治哲学荣誉教授，他最为人称道的是对自由、权利和正义的概念分析，代表作是《权利论》（*An Essay on Rights*, Oxford：Blackwell, 1994），曾赢得“政治研究协会”优秀作品大奖。

5. 埃里克·欧林·赖特（Erik Olin Wright, 1947—），美国社会学家，擅长运用分析方法从马克思主义进路研究社会分层的问题，并且思考资本主义其他平等主义的选项，2012 年赖特当选美国社会学协会主席。代表作计有《惩罚的政治》《阶级、危机与国家》《阶级结构与收入决定》《后工业社会中的阶级》《阶级》《阶级论战》《阶级要素》《憧憬现实的乌托邦》《资本主义以外的选项》等。

6. 约翰·罗默（John Roemer, 1945—），美国经济学家，耶鲁大学政治科学及经济学教授，在哈佛求学期间本是数学专业，学生时代由于参与反越战运动的缘故，由数学改行到经济学，一度因政治活动而被校方中止博士生资格，转而到柏克莱大学取得博士学位。他在马克思主义经济学、分配正义、政治竞争、平等与气候变化、合作理论上皆有突出的学术成就。代表作计有《在自由中丧失》《论市场社会主义》等。

7. 撒姆耳·鲍尔斯（Samuel Bowles, 1939—），美国经济学家，现在是马萨诸塞大学荣誉教授，研究兴趣广泛，遍反数理模型、利他行为、政治层级、财产不平等、文化基因演化等领域。代表作计有《支持经济成长与的计划教育制度》《废地以外》《民主与资本主义》《美国:经济生活与教育改革》《民主和资本主义》《走向统一的社会科学:来自桑塔费学派的看法》《政治与权力的经济学》《微观经济学》等。

8. 亚当·普沃斯基(Adam Przeworski,1940—),美国政治科学家,生于波兰,1961年华沙大学本科毕业,后移居美国,在西北大学取得博士学位,现为纽约大学政治学教授,以民主理论和政治经济学闻名于世。他曾是"九月小组"的成员,在1993年脱离。代表作计有《社会科学的系统分析方法》《资本主义与社会民主》《民主与市场》《民主与自治的限制》等。

9. 乔恩·埃尔斯特(Jon Elster,1940—),挪威社会理论家,研究社会科学哲学和理性选择理论,也是新古典经济学和公共选择理论的批判家,曾是"九月小组"的成员,在20世纪90年代初脱离。代表作计有《莱布尼兹与经济合理性之发展》《逻辑与社会》《尤利西斯与赛壬》《酸葡萄》《理解马克思》《心灵的炼金术》《所罗门式判断》《本土正义》《政治心理学》《强烈情感》《不受制的尤利西斯》《理性与合理性》《安全反对暴政》等。

10. 赛纳·谢夫林(Seana Shiffrin,?),加州大学洛杉矶分校哲学及法学社会正义教授,《哲学与公共事务》副主编,在道德哲学、政治哲学及法哲学上影响甚大,研究范围遍及平等、自主性及其社会条件,言论自由、讲真话、承诺的问题,还有法律在建构道德品格的作用。作表作计有《异议、不义与美国意义》《宗教左翼与教会—国家关系》《言论状况》等。

11. 斯塔蒂斯·卡列瓦斯(Stathis Kalyvas,1964—),美国政治学家,雅典大学政治学毕业,后负笈芝加哥大学取得硕士、博士学位,现任耶鲁大学政治学教授。代表作计有《欧洲基督民主之崛起》《内战中的暴力逻辑》等。

12. 哈里·法兰克福(Harry Frankfurt,1929—),美国道德哲学家,现在是普林斯顿大学荣誉教授,他有许多著名的哲学研究,包括对笛卡儿理性主义的诠释、对意志自由的分析,还有被称为"法兰克福反例"的思想实验(这个实验所设计的情境,说明一个人不可能做他以前做过的事情以外的其他事情,但我们的直觉却认为上述情境的这一特征不能使这一个人免除道德责任)。代表作计有《我们关心什么的重要性》《必然性、意愿与爱》《爱的理由》《论扯淡》《论真话》《严肃地对待自己和弄好它》《魔鬼、梦想家与疯子》等。

13. 西斯蒙第(Jean Charles Lnard Simonde de Sismondi,1773—1842),法国政治经济学家,经济浪漫主义的奠基人。1803 年出版《论商业财富》,宣传斯密的学说。但法国大革命后,小生产者的破产分化和英国的经济危机使他成为英国古典政治经济学的激烈反对者。1819 年发表《政治经济学新原理》,批评英国古典政治经济学以财富为研究对象,忽视了人和人的享受,认为经济自由主义给社会带来灾难,要求依靠国家政策调节社会经济生活。他强调消费先于生产、生产服从消费,反对李嘉图为生产而生产的思想。西斯蒙最早论述了资本主义生产过剩危机的必然性,指出资本家为利润拼命扩大生产,但小生产的破产和社会分配不公使广大人民收入不足,收入不足使消费不足,因而一部分产品不能实现而必然产生经济危机。

14. 基思·约瑟夫(Keith Joseph,1918—1994),英国政治家,保守党议员,在麦克米伦、希思、彻切尔夫人三位首相的内阁中供职,他倡导使用货币政策来刺激英国经济,对于"撒切尔主义"之形成影响巨大,直接导致一国保守主义和战后共识的瓦解。

15. 奥莉维亚·纽顿-约翰(Olivia Newton-John,1948—),女,澳大利亚流行歌手,荣获 1974 年(第 16 届)格莱美奖。她在《油脂》中扮演澳大利亚姑娘珊迪·奥森(Sandy Olsen)。对话中所引述的歌词原作:"You'd better shape up because I need a man."

16. 约翰·特拉沃尔塔(John Travolta,1954—),美国电影巨星,意大利及爱尔兰后裔,1977 年和 1978 年凭借影片《周末狂热》和《油脂》红遍全球,他在《油脂》中扮演韦迪尔高中“硬汉帮”的老大丹尼·祖克(Danny Zuko)。

17. 汉弗莱·利特尔顿(Humphrey Lyttelton,1921—2008),英国著名的爵士乐手和播音员,BBC电台喜剧节目“对不起,我没有一点头绪”(I’m Sorry I Haven’t a Clue)的主持人。在爵士乐中,他是著名的小号手,尽管他也能演奏单簧管。

18. 斯坎伦(Thomas Scanlon,1940—),美国著名道德哲学家,继罗尔斯之后道德契约主义的当代代表人物;曾任哈佛大学哲学系主任、美国哲学会东部分会主席,与内格尔(Thomas Nagel)一起创办了著名刊物《哲学与公共事务》。他与柯亨、罗尔斯二人皆有很深的交情,而他最著名的哲学成果是从契约主义证成道德的基础。代表作计有《我们有什么相互亏欠》《宽容之难》《道德之维——可允许性、意义与谴责》《现实地对待理由》等。

19. 内格尔(Thomas Nagel,1937—2009),美国哲学家,生于贝尔格莱德,童年时移民到美国,哈佛大学哲学博士,罗尔斯高足,现为纽约大学哲学与法学教授,《哲学与公共事务》副主编。研究兴趣广泛,遍及心灵哲学、伦理学和政治哲学。他最著名的成果是批判心灵的化约论分析,并且拥护义务论的自由主义政治哲学。代表作计有《利他主义的可能性》《人的问题》《平等与偏倚性》《你的第一本哲学书》《本然的观点》《其他心灵》《理性的权威》《隐藏与暴露》《世俗哲学与宗教气质》《心灵与宇宙》等。

20. 大卫·米勒(David Miller,1946—),英国政治理论家,牛津大学社会和政治理论教授,纳菲尔德学院官方院士。他以倡导自由民主主义而闻名于学界,代表作计有《社会正义原则》《休谟政治思想的哲学与意识形态》《政治哲学与幸福根基》《论民族性》《民族责任与全球正义》《为了世人的正义》等。

21. 伯纳德·威廉斯(Bernard Williams,1929—2003),英国道德哲学

家,曾任剑桥大学骑士桥哲学教授与加州大学,伯克利分校多伊奇哲学教授。威廉斯最为人所熟知的,是他试图用历史与文化、政治学与心理学、特别是希腊文化来重新调整道德哲学研究的方向。代表作计有《自我的问题》《功利主义:赞成与反对》《笛卡儿:纯粹研究的方案》《道德运气》《道德与哲学之限制》《羞耻与必然性》《理解人性》《柏拉图》《真理与真诚:谱系论》《一开始是行动》《哲学作为人文主义的学科》《论歌剧》等。

22. 罗伊·詹金斯(Roy Jenkins,1920—2003),英国著名政治家和作家,父亲是韦尔斯矿士,詹金斯自幼便是工会和工党坚定的跟随者,1948年代表工党当选国会议员,在工党执政期间多次出掌要职,哈罗德·威尔逊邀请下在1965—1967年出任内政大臣,期间试图建设他所谓"文明社会",废除死刑和戏剧审查、歧视同性恋,放松离婚法,禁止鞭挞和堕胎合法化。柯亨所述就是指詹金斯这一方面的政绩。后因工党内部冲突,在1981年脱党另组社会民主党。1987年担任牛津大学校长,迄至逝世。詹金斯除了显赫的政治事业,他本人还是著名的历史学家和作家,他在1991年出版的《位于中心的一生》便视为20世纪英语世界其中一本最好的自传。

23. 乔纳森·布尔比(Jonathan Dimbleby,1944—),英国著名时事评论家,在电台和电视上相当活跃,他本人也勤于笔耕,传记作品不少,代表作计有《巴勒斯坦人》《威尔士王子》《香港末代总督彭定康》《俄罗斯:一片土地及人民的心灵之旅》等。

24. 理查德·沃尔海姆(Richard Wolheim,1923—2003),英国哲学家,专攻心灵和情感(尤其涉及视象艺术和绘画问题),从1992年起迄至逝世,他是美国美学协会的会长。1963—1982年间,沃尔海姆担任哲学系主任,所以柯亨说他是20年的老板。代表作计有《弗洛伊德》等。

## 第六章　多元主义、资本主义与物体之脆弱性:威廉·康诺利访谈

1. 大卫·杜鲁门(David Truman,1913—2003),美国政治科学家,专业贡献主要是政治多元主义的研究,长期担任哥伦比亚大学的主导行政职,他最为人熟知是担任副校长期间因激进学生运动而宣布在 1969 年辞职,后转任曼荷莲学院院长。代表作计有《行政的地方分权》《政治过程:政治利益与舆论》《议会政党》等。

2. 斯图尔特·汉普夏(Sir Stuart Newton Hampshire,1914—2004),牛津大学哲学家,其中一名反理性主义的牛津思想家,为战后的道德思想和政治思想带来新方向。他的代表作很多,《思想与行动》(1959)备受关注,对心灵哲学的发展贡献良多。虽然他认为大多数欧陆哲学低俗而带有欺骗性,但他很受梅洛－庞蒂的影响。后来,他日益关注道德陈述的逻辑属性,他最后一本著作《正义是冲突》也是政治哲学难得的好书。其他代表作还有《情感与表达》《个人的自由》《知识与未来》《两种道德理论》《道德与矛盾》《斯宾诺莎与斯宾诺莎主义》等。

3. 彼得·巴克拉克(Peter Bachrach,1919—2008),美国政治科学家,前天普大学政治学荣誉教授。在漫长的政治研究生涯中,巴克拉克致力于推动参与性民主的发展,而他最著名的文章是与巴拉兹(Morton S. Baratz)联合发表的《权力的两个面孔》(载《美国政治科学评论》1962年),文章指出社会生活缺乏争议事实上反映了潜藏的权力矛盾,而流行的制度和政治程序不仅可以限制人民的决策能力,而且弱化他们对社会问题的关怀。代表作还有《权力与贫穷》《民主精英主义之批判》等。

4. 史提芬·卢克斯(Steven Lukes,1941—),美国社会理论家,现任纽约大学政治学与社会学教授,专攻涂尔干理论、个人主义、合理性、道德社会学、"美好社会"的理念,而他最为人称道的作品是《权力:一种激

进的观点》，书中提出权力的第三个面孔，即除了决策权力、非决策权力以外，还有意识形态的权力。代表作还有《个人主义》《社会理论文集》《马克思主义与伦理学》《自由主义者与食人族》等。

5. 伊曼努尔·列维纳斯(Emmanuel Levinas,1906—1995)，出生于立陶宛考纳斯，当代法国著名的犹太裔哲学家，透过融通思考希腊文化和希伯来文化，对传统认识论和存在论的批判，他为西方哲学提供了思考异质、差异、他性的重要路径，从而揭示了从伦理的维度重建形而上学的可能性。列维纳斯在伦理学上也有重大创获，他最为彻底地反对自希腊以来的整个西方哲学传统，并在此基础上提出了最激进的真正意义上的“他者”理论，成为当下几乎所有激进思潮的一个主要的理论资源。作表作计有《从存在到存在者》《和胡塞尔、海德格尔一起发现存在》《整体与无限论外在性》《别样于存在或超越本质》《伦理与无限》等。

6. 拉康·雅克(Jacques Marie émile Lacan,1901—1981)，法国心理学家。第二次世界大战后最具独立见解而又是最有争议的欧洲精神分析学家。拉康从语言学出发来重新解释弗洛依德的学说，他提出的诸如“镜像阶段论”等学说对当代理论有重大影响，被称为自笛卡尔以来法国最为重要的理想论，他的观点对批判理论、文艺理论、语言学、20世纪的法国哲学、社会学、女性主义理论、电影理论和临床精神分析都有深远的思想影响。

7. 詹姆士·威廉斯(James Williams,?)，邓迪大学欧洲哲学教授，现已出版了多部研究德勒兹的著作，先后对德勒兹《感官逻辑》《差异与重复》和《时间哲学》三书撰写导读性著作，另外还出版了《利奥塔》《利奥塔与政治的》《理解后结构主义》等专著。

8. 保罗·巴顿(Paul Patton,1950—)，澳大利亚新南韦尔斯大学哲学教授，他是国际公认具有原始性的思想家，专业反思了学术领导和创新、卓越性和歧异性的问题，他在20世纪法国哲学用力尤深，他的研究令世人知悉澳大利亚大陆政治哲学之存在。代表作计有《德勒兹与政治的》

《德勒兹式概念：哲学、殖民化、政治》。

9. 丹尼尔·史密斯（Daniel W. Smith，?），美国哲学家，普渡大学哲学副教授，2012年爱士堡大学出版他的专著《德勒兹论集》，收录他对德勒兹过去15年的研究论文，深得好评。

10. 拉斯·拖达（Lars Toender，?），哥本哈根大学政治科学系教授，研究兴趣是现代早期政治思想、当代政治理论和民主理论，他也是深受德勒兹影响的政治理论家，近年的研究提倡"感觉转向"，亦即突出情感作用、知觉和其他感受的政治进路，以期解释冲突和共存如何被构造为它们在政体中的位置，还有它们如何超出这些位置。新著计有Lars Toender，*Tolerance：A Sensorial Orientation to Politics*，Oxford：Oxford University Press，2013.

11. 大卫迪·帕拉吉亚（Davide Panagia，?），加拿大特伦特大学文化研究系研究讲座教授。他大量吸引像德勒等欧陆理论家的研究成果，反对当代政治理论主流的叙事模式，强调民主政治也是感官的领域，对"表象的道德"提出有力的辩护，已有三本英文专著面世，分别是《政治思考之诗》《政治的感官生活》《休谟的印象》。

12. 内森·韦德（Nathan Widder，1970—），美国政治哲学家，研究领域广阔，遍及差异、多元主义、权力、认同和知识等问题，代表作计有《差异的谱系》《时间和政治的反思》和《德勒兹后的政治理论》。

13. 斯图尔特·考夫曼（Stuart Kauffman，1939—），美国医学家、理论生理学家，研究地球上的生命根源，在简化的基因运用随机布尔型网状物的模式，指出所有细胞类型都是这些网状物动态的吸子，而细胞分化的步骤是吸子之间的转变。

14. 阿弗烈·诺夫·怀海德（Alfred North Whitehead，1861—1947），英国数学家、哲学家，早年在剑桥大学读书和留校任教，主攻数学，与罗素合著《数学原理》三卷，闻名于世。1910年，怀海德迁居伦敦，开始在伦敦大学任教，后转任肯欣顿皇家科技学院担任应用数学教授。这段时期，他受博格森、爱因斯坦思想的影响，把兴趣转向科学哲学问题的研究。自1924年后，移居美国，担任哈佛大学哲学教授，他是“过程哲学”的创始人，这套哲学现已应用在不同学科之中，包括生态学、神学、教育学、物理学、生物学、经济学、心理学等。代表作计有《历程与实在》等。

## 第七章　辩护的权利：迈向正义和民主的批判理论——雷纳·福斯特访谈

1. 卡尔－奥托·阿佩尔（Karl－Otto Apel，1922—），德国语言哲学家，通常人们把阿佩尔和哈贝马斯等量齐观，视之为“批判理论”或“新法兰克福学派”的代表。他建立了一套独特的哲学进路，名为“超验实用论”。已有中译作品发行：《哲学的改造》，孙周兴、陆兴华译，上海：上海译文出版社，2005年。

2. 伊林·费彻尔（Iring Fetscher，1922—2014），德国政治科学家，专攻黑格尔和马克思主义，跟哈贝马斯、施密特（Alfred Schmidt）同属法兰克福学派的第二代。代表作计有《卢梭政治哲学》《马克思与马克思主义》《好奇与恐惧》等。

3. 阿克塞尔·霍耐特（Axel Honneth，1949—），德国著名的社会理论家，曾长期担任哈贝马斯教授的助教。1996年接替哈贝马斯担任法兰克福大学哲学系社会哲学教授，社会研究所咨询委员。2000年初，被任命为法兰克福大学社会研究所所长。已有中译作品发行：《权力的批判》，童建挺译，上海：上海人民出版社，2012年。《为承认而斗争：社会冲突的道德语法》，胡继华译，上海：上海人民出版社，2005年。

4. 约翰·塞尔（John R. Searle，1932—），美国语言哲学家，师从奥斯汀（J. L. Austin），深入研究语言分析哲学，把言说行为推至心灵哲学层面进行深入剖析，对人工智能也有卓越贡献。代表作计有《意向性》《心、脑与科学》《意识与语言》《表达与意义》《自由与神经生物学》等。

5. 理查德·伯恩斯坦(Richard J. Bernstein,1932—),美国著名哲学家,讨论课题遍及古典实用主义、新实用主义、批判理论、解构理论、社会哲学和政治哲学,他最为人所知是考察不同哲学流派交错之处,超越"分析/欧陆哲学"二分的简单定性,还有他对实用主义灵活而不乏创意的辩护。代表作《约翰·杜威》《实践与行动》《社会政治理论之重构》《超越客观主义与相对主义》《实用主义转向》《根本恶》等。

6. 休伯特·德莱弗斯(Hubert Dreyfus,1929—),美国加州大学伯克利分校哲学教授,研究兴趣包括现象学、存在主义、人工智能的哲学含义。他是英语学界海德格尔有名的注释家,代表作计有《计算机有什么不能做》《福柯:超越结构主义与解释学》《存在于世上》《论网络》等。

7. 查尔斯·拉莫尔(Charles E. Larmore,1950—),美国布朗大学哲学教授,研究领域包括政治自由主义、道德哲学(诸如道德实在论、自我的性质)和近代欧洲哲学史,代表作计有《道德复杂性的形态》《现代性的道德》《自我的实践》《道德的自主性》等。

8. 阿克曼(Bruce Ackerman,1943—),耶鲁法学院教授,美国宪法的著名学者,2010年《外交政策》提名他位列全球顶级思想家之中。跟伊利(John Hart Ely)和德沃金不同,阿克曼强烈批判司法复核与民主原则的可兼容性。代表性计有《我们人民》(三卷)、《自由国家的社会正义》《建国之父的失败》等。

9. 沃尔泽(Michael Walzer,1935—),美国著名的政治理论家和公共知识分子,公认是社群主义代表之一。但他跟桑德尔和麦金太尔不同,没有完全接受这一标签,他强调政治理论必须扎根于特殊的社会文化之中,反对政治哲学过度的抽象化。著作数目惊人,代表作计有《论宽容》《正义诸领域》《厚与薄》《正义与非正义战争》《政治地思考》《在上帝的阴影下》《解放的吊诡》等。

10. 克劳斯·津特(Klaus Günther,1957—),德国法兰克福大学法学教授,同时也是社会研究所在编研究人员。津特在法学上有力地发挥了哈贝马斯的商谈理论,他对道德原则和司法原则最大的反对意见,不是针对原则的对确性,而是它们应用的方式。在他看来,如果区分一项原则及其恰当应用之辩护,那么认为原则在每一个案例中之应用自动地源自它的普遍辩护,这一主张将是误导的。代表作计有《恰当性的含义》等。

11. 皮埃尔·培尔(Pierre Bayle,1647—1706),法国哲学家、作家。他是一名新教徒,又是百科全书派的前驱,他的《历史与批判词典》举世闻名,其中对各种不同信仰提倡容忍的原则,反对根据圣经内容为强制和暴力辩护,这些观念随后影响启蒙运动的发展。

12. 德沃金(Ronald Dworkin,1931—2013),美国哲学家、法学家。他的新自然法学展现了一种由政治自由主义指导的法理学,关注人类尊严与权利。他呼吁法官该按照一致的道德原则(例如正义、公平等)来诠释法律,鼓吹对美国宪法进行"道德的解读"。代表作计有《认真对待权利》《原则问题》《法律帝国》《自由的法》《至上的美德》等。

13. 纳斯鲍姆(Martha Nussbaum,1947—),美国哲学家,先后执教于哈佛、布朗、牛津大学,现为芝加哥大学法学、伦理学佛罗因德杰出贡献教授。她不仅在古典学极具造诣,而且涉及政治哲学、法学、博雅教育、女性与人类发展等众多领域。代表作计有《爱的知识》《诗性正义》《性与社会正义》《善的脆弱性》《思想之动荡》《隐藏在人性之外》《正义的边界》《民主内的冲突、宗教暴力与印度未来》《良知的自由》《由厌恶到人性》《不为牟利》《创造潜能》《新的宗教不容忍》《政治情绪》等。

## 第八章　邦妮·霍尼希访谈:剖析斗争的人文主义

1. 桑德尔(Michael J. Sandel,1953—),美国政治哲学家,哈佛大学教授。他最为熟知是他的首部著作《自由主义与正义的局限》对罗尔斯《正义论》"无知之幕"的理论预知之批判,而这方面的见解也往往被归类为社群主义对自由主义的反驳(尽管桑德尔对社群主义的标准并不乐于接受)。其他代表作计有《民主的不满》《公共哲学》《反对完善的案例》《正义:什么是正确可行之事?》《金钱不能买什么》等。

2. 萨尔曼·拉什迪(Sir Salman Rushdie,1947—),印度裔英国作家,其作品风格往往被归类为魔幻写实主义,作品显示出东西方文化的双重影响。他的作品经常惹起极大争议,第二部小说《午夜之子》曾获得英国文坛最高奖项"布克奖",却触怒了印度前总理英迪拉·甘地而被印度当局禁止发行。另一本小说《羞耻》又因中伤巴基斯坦前总统齐亚·哈克及布托家族,而被巴基斯坦当局禁止发行。最轰动的莫过于1988年出版的小说《撒旦诗篇》,被伊朗宗教领袖霍梅尼宣布判处拉什迪死刑,并号召教徒对其采取暗杀行动;迄至1998年伊朗政府改变态度,拉什迪才重获自由。

3. 本杰明(Walter Bendix Sch·nflies Benjamin,1892—1940),德国哲学家和文化评论家,因布莱希特(Bertolt Brecht)的影响,在20世纪30年代接受马克思主义,跟法兰克福学派存在密切的关连,在思想上结合德国唯心主义、浪漫主义、历史唯物主义、犹太教神秘主义的元素,对美学理论和马克思主义理论做出了持久的贡献,1940年在逃避纳粹追杀而被迫在西班牙边境自杀。代表作计有重要作品,如《暴力的批判》《德国悲剧的起源》《发达资本主义时代的抒情诗人》《单向街》等。

4. 迈克尔·罗金(Michael Paul Rogin,1937—2001),美国政治学家,前加州大学伯克利分校政治科学罗布森教授。他的作品具有显著的原创性和颠复性,充分展现跨学科的素养。在政治理论上,罗金讲授欧美政治思想史,以及电影、马克思主义、种族与种族主义、女性主义等课程。代表作计有《知识分子与麦卡锡》《父亲与孩子》《颠复的谱系》《"罗纳德·里根",电影》《黑的脸,白的声音》等。

5. 彼得·埃本(J. Peter Euben,?),美国政治理论家,加州大学伯克利分校博士,现任杜克大学政治科学系研究教授,专攻政治思想、文学与政治、政治教育、民主文化与政治、道德政治等问题。作表作计有《政治理论的悲剧》《腐蚀青年》《柏拉图式声音》等，现正撰写一本拟名为《乌托邦的必然性与合理性的前景》的专书。

6. 理查德·弗拉思曼(Richard E. Flathman，1934—)，美国政治理论家，约翰霍普金斯大学荣誉教授。他跟布莱恩·巴利(Brian Barry)、布雷布鲁克(David Braybrooke)、奥本海姆(Felix Oppenheim)和卡普兰(Abraham Kaplan)一起倡导，在政治科学上运用分析哲学的方法。他也是美国自由主义的主将，倡导个体性，跟康诺利一起创立政治理论的"霍普金斯"学派。代表作计有《公共利益》《政治义务》《权利的实践》《政治权威的实践》《哲学与自由政治》《迈向自由主义》《固执的自由主义》《霍布斯》《自许为无政府主义者的反思》《多元主义与自由民主》等。

7. 芭芭拉·约翰逊(Barbara Johnson，1947—2009)，美国文艺评论家和翻译家，前哈佛大学英国及比较文学教授，结合各种结构主义与后结构主义的视角到批判的、跨学科的文学研究。她是英语学界介绍德里达的重要渠道，跟学界文艺评论的"耶鲁学派"关系密切。代表作计有《批判的差异》《差异的世界》《解构之后》《女性主义差异》《母语》《人与物》《摩西与多元文化主义》等。

8. 迈克尔·华纳(Michael Warner，1958—)，美国文艺评论家、社会理论家，耶鲁大学英国文学与美国研究教授。华纳作为男同性恋者，是"酷儿理论"(queer theory)其中一名的创始人，主张同性恋生活的道德不是用作批判异性恋和异性恋社会，而且批判现存社会经济结构。代表作计有《共和国的信》《正常的麻烦》《公共与反公共》《美国的英语文学》《酷儿行星之惧》等。

9. 史蒂芬·怀特(Stephen K. White，1949—)，美国政治哲学家，维吉尼亚大学詹姆士·哈特政治学教授，《政治理论》期刊的前编辑，专攻批判的社会理论和政治理论、社会科学哲学与欧陆政治思想(尤其是哈贝马斯的学说)。代表作计有《政治理论与后现代主义》《埃德蒙·帕克:现代性、政治与美学》《维持确认:弱本体论在政治理论的力量》《晚近现代公民的气质》等。

10. 山姆·韦伯(Sam Weber,?)是塞缪尔·韦伯(Samuel Weber, 1940—)的昵称,美国西北大学人文学科阿瓦隆基金教授。他是英语学界介绍阿多诺、德里达和拉康的重要学者,文风细腻,擅于解构阅读各种文艺和哲学文本。代表作计有《制度与诠释》《机会的对象》《作为媒介的戏剧性》等。

11. 彼得·芬维斯(Peter Fenves,?),美国西北大学文学教授,专攻德国文学、比较文学,也涉足犹太研究、哲学、政治学等问题,代表作计有《奇特的命运:康德的形而上学与世界史》《"唠叨":克尔凯郭尔的语言》《捕捉语言:从莱布尼兹到本杰明》《晚年康德:迈向另一条世界法则》《弥赛亚的化约:沃尔特·本杰明与时间的形态》等。

12. 温迪·布朗(Wendy L. Brown,1955—),加州大学伯克利分校1936届第一位政治科学教授。她对现代政治理论的重大贡献是援引马克思和福柯的作品,说明一套解释现代权力与政治主体形成的理论;而她的研究也涉及新自由主义与新保守主义不同的合理性,以及新自由主义对公共教育的威胁。代表作计有《男人与政治》《受伤之国》《脱离历史的政治》《边缘作业》《规管厌恶》《围墙的国家,衰落的主权》等。

13. 吉尔·法兰克(Jill Frank,?),美国南卡罗来纳州大学政治科学系助理教授。霍尼特所提及的作品是指 Jill Frank, *A Democracy of Distinction: Aristotle and the Work of Politics*, Chicago: University of Chicago Press, 2005. 此书把亚里士多德的政治论证联系到当代政治理论的讨论,超出自由主义—社群主义的论争,指出亚里士多德不仅承认个人身份认同与公民制度的相互依赖性,而且尊重人类自我创造的活动。

14. 莎拉·莫诺森(S. Sara Monoson,?),美国西北大学政治科学与古典学系教授。霍尼特所提及的作品是指 S. Sara Monoson, *Plato's Democratic Entanglements: Athenian Politics and the Practice of Philosophy*,

Princeton：Princeton University Press，2000. 书中内容挑战长期以来认为柏拉图敌视民主或以为他拥护民主的见解；反之，此书指出我们应该更密切地注意柏拉图何以觉得民主是可怕和激情的缘故，努力说明城邦政治的问题与柏拉图哲学构想的内在联系，此书在 2001 年荣获"美国政治科学协会"第一等著作奖。

15. 乌代·梅塔（Uday Mehta，?），纽约市立大学政治科学系教授。霍尼特所提及的作品是指 Uday Singh Mehta，*Liberalism and Empire：A Study in Nineteenth－Century British Liberal Thought*，Chicago：University of Chicago Press，1999. 今人常把自由主义当成一套拥护政治权利和自决的观念，却没有看见自由主义用作辩护帝国的政治支配；此书指出，帝国主义远非与自由主义信条扞格不入，许多自由主义者把不熟悉的文化（例如印度）视为落后，但讽刺的是，保守主义者柏克对殖民扩张的批判，反而像是更宽大的自由主义见解。

16. 珍妮弗·皮茨（Jennifer Pitts，?），芝加哥大学政治科学系副教授，专攻近代政治思想，也是剑桥大学出版社"语境中的观念"书系的其中一名编者。霍尼特所提及的作品是指 Jennifer Pitts，*A Turn to Empire：The Rise of Imperial Liberalism in Britain and France*，Princeton：Princeton Unversity Press，2005. 此书揭示密尔、托克维尔等英法自由主义思想家在 19 世纪中叶如何积极支持对非欧洲人的征服。皮兹指出，这反映了自由主义者自居于文明的自信，因为人类进步的理论未必对文化差异较多的宽容，同时帝国扩张也被视为有助于欧洲自由民主制的稳定发展。根据皮兹的描述，自由主义思想家不仅尊重人类平等和自由，而且多元主义也会转手为支持不平等主义与非人道的国际政治措施。

17. 柯斯堤·麦克卢尔（Kirstie M. McClure，?），美国加州大学洛杉矶分校政治科学系教授，霍尼特所提及的作品是指 Kirstie M. McClure，*Judging Rights：Lockean Politics and the Limits of Consent*，Ithaca：Cornell University Press，1996. 此书重新诠释洛克的思想，指出洛克政治同意、平等、

权利、法治等概念都是植根于他的神学宇宙论,虽然洛克是一名宪政主义者,但他的理论关怀远比任何司法或宪政诠释更广阔,指出权利、制度、同意等概念仅是更大的完备性理论计划中的一部分。

18. 弗兰兹 · 罗森兹维格(Franz Rosenzweig,1886—1929),德国犹太裔神学家。早年考虑归宗基督教,1913 年转向犹太哲学,后来成为柯亨(Hermann Cohen)的学生,撰写博士论文《黑格尔与国家》,反对唯心主义,追求一套不从人类的抽象理念出发的哲学。罗森兹维格最重要的作品是《救赎之星》,试图超越西方哲学的传统,反对西方哲学对于同一总体的追求,我们的经验原本就不是由一个整体的"一"所统摄的,而是来自三个领域:上帝、世界和人。这三者却是相互分开的,而且相互间是不可转化和不可还原,也就是说不会有一总体的出现。

19. 谢平(Pheng Cheah,?),美国加州大学伯克利分校东南亚研究中心主任,考察各种全球性和世界文学的理论,强调从后殖民的南方世界反思全球化时代。代表作计有《两种含义的中国普世主义与后殖民民族记忆》《幽灵似的民族性》《非人性的条件:论普世主义与人权》《论其它来临的世界》等。

20. 布鲁斯 · 罗宾斯(Bruce Robbins,?),美国哥伦比亚大学英语与比较文学系教授,代表作计有《世俗的职志》《全球化中的知识左派》《感受全球的》《向上的道德与共同利益》《恒久的战争:暴力视角下的全球主义》等。

21. 杰里米 · 沃尔德伦(Jeremy Waldron,1953—),新西兰法学家,威灵顿维多利亚大学教授。他是著名的自由主义者和规范性法学实在论者,深入剖析私人财产的辩护理据,反对司法审查和拷问,批判分析的法哲学无法处理政治理论所提出的问题。代表作计有《权利诸理论》《私人财产的权利》《自由主义权利》《法律与分歧》《上帝、洛克与平等》《仇恨言论的伤害》等。

22. 罗伯特 · 波斯特(Robert Post,1947—),美国耶鲁大学法学院教授,《耶鲁法学学报》编辑,专攻宪法、司法史和平权行动。代表作计有《宪政领域》《分裂的公民》等。

23. 刘易斯·波斯特(Louis Post,1849—1928)是著名的乔治主义者,1913—1921 年间担任劳工部助理部长,当时正值“第一次红色恐慌”。波斯特反对移民限制,支持自由言论和亨利·乔治(Henry George)单一征税运动。1920 年 3 月,因人事变动,波斯特担任处理劳工部长,复查所有递解出境的案例,反对首席检察官帕默的活动。在 1918 年《无政府主义者驱逐法案》的规定下,许多政治异见人士被划入递解出境之列。但波斯特坚持谨慎地区分那些被逮捕的人,复查他们的身份是否真的是共产主义的背景,迄至 1920 年 4 月 10 日,波斯特审查 1600 个案例,否决其中 71%,使许多无辜者免受递解出境。他认为,外国人应获得公平听证的机会,而这跟移民部门的立场完全相反,后者认为移民没有宪政保护的资格。当时一些报刊和国会议员都在谴责波斯特的做法,他在 5 月 7—8 日成功在国会辩护自己的行动,反驳帕默等人的政治迫害。《纽约晚报》以两天的篇幅报道此事,而波斯特在当时的各种行为正是《紧急政治》其中一个深入讨论的事件。

24. 埃德加·胡佛(J. Edgar Hoover,1895—1972),美国联邦调查局首任局长,自 1935 年起出任局长起,迄至逝世一直在任。他在美国毁誉参半,誉之者认为他把联邦调查局建立为一个高效的灭罪部门,毁之者认为他的权力之大,已威胁着历任的总统,因为该局人员已超出正式权限以外,骚扰各种政治异见人士,建立政治领袖的秘密档案,使用非法手段收集证据。

25. 辛迪·希恩(Cindy Lee Miller Sheehan,1957—),美国著名的反战人士,她的儿子卡西·希恩在伊拉克战争期间遭到敌军伏击而死。她在 2005 年 8 月在总统乔治·布什德州农场外搭起营帐进行漫长的反战抗议,引起各大媒体关注,既带来热情的支持,也惹起愤怒的批判。她的回忆录《和平的妈妈》在 2006 年公开发行,但她的名声没有转化为政治实力,后来议员和副总统参选均告失败。

26. 斯拉沃热·齐泽克(Slavoj ·Zizek,1949—),斯洛文尼亚著名的马克思主义思想家和文化评论家,卢布尔雅那大学社会和哲学高级研究员,拉康传统重要的思想家,融合精神分析、主体性、意识形态和大众文化,奋力批判新自由主义。他之所以广受英语理论界认识,是在1989年出版《意识形态的升华客体》后的事情。该书反驳马克思主义把意识形态视作虚假意识的诠释方向,认为意识形态乃是塑造现实的无意识想象。其他代表作计有《易碎的绝对》《快感大转移》《偶然性、霸权和普遍性》《敏感的主体》《因为我们不知道我们所做的》《有人说过集权主义吗?》《幻想的瘟疫》《与齐泽克对话》等。

27. 安德伦·安司林(Gudrun Ensslin,1940—1977),德国城市游击队"赤军派"的创立人。与安德烈亚斯·巴德(Andreas Baader)创立"赤军派"前,安司林在倡导巴德的无政府主义信念上扮演举足轻重的角色。她参与五次炸弹袭击,在1972年被捕,1977年10月18日在狱中逝世。

## 第九章 卡罗尔·佩特曼访谈:反思民主参与、《性契约》与权力结构

1. 米尔斯·查尔斯(Charles Mills,?),来自牙买加的加勒比海哲学家,现在美国西北大学任教,专攻种族问题。1997年出版首部专著《种族契约》,蜚声学界,全美逾100所大学列作指定教材。他和佩特曼合著的《契约与支配》,企图与《性契约》结合在一起,极具创意。他的作品还有《可见的黑人性》《由阶级到种族》《激进理论、加勒比现实》三书。

2. 约翰·普雷斯特(John Prescott,1938—),英国政治家,学生时代成绩不佳,入读罗斯金书院,专攻为工会干部而开设的课程,1965年获毕业文凭。20世纪80年代工党在野期间成为工会活跃分子,1994年担任工党副主席,1997年工党胜选后他被委任为副首相。他在工党政府中是有

名的协调高手,设法化解首相布莱尔与财相布朗的紧张关系,迄至2007年离任。

3. 吉列尔莫·奥唐奈(Guillermo A. O'Donnell,1936—2011),阿根廷著名的政治科学家,以研究权威主义和民主化闻名于世。早年研究法学,曾担任内政部(政治事务)副部长,但坚持律师和教学的职志,先后在布宜诺斯艾利斯大学和阿根廷圣座天主教大学任教,1968 年赴耶鲁大学攻读硕士,1971 年获得政治学硕士学位,但他放弃完成博士论文和获得哈佛大学的工作机会,回到布宜诺斯艾利斯,而他在耶鲁开展研究就是日后拉美政治的名著《现代化与官僚权威主义》,此书虽然出版,但因为没有作为博士论文提交,所以他一直没有拿到博士学位,迄至后来赴美任教,1987 年另外提交新的论文才得到学位。他在 1988—1991 年担任"国际政治科学协会"会长,刚好是佩特曼的前任。

4. 卢尔德·索拉(Lourdes Sola,?),巴西政治科学家,圣保罗大学教授,主攻拉美国家的经济转型和政治民主化,已有多部作品面世,包括 *Statecrafting Monetary Authority: Democracy and Financial Order in Brazil*。

5. 佛朗哥·谢尔贝格(Franco Kjellberg,?)是佛兰西斯科·谢尔贝格(Franco Kjellberg)的简称,意大利政治专家,奥斯陆大学教授,1988—1994 年任职国际政治科学协会秘书长,正值佩特曼担任会长期间。英语较熟悉他的著作是 *Political Institutionalization: A Political Study of Two Sardinian Communities*, London: Wiley, 1975.

6. 玛丽·沃斯通克拉夫特(Mary Wollstonecraft,1759—1797),英国作家、哲学家,她的《女权辩护》强调,女人不是天生不如男人,关键是她们往往缺乏足够的教育。她认为男女都应被视为理性的存在者,构想了建立在理性之上的社会秩序。在与无政府主义运动的先驱者威廉·戈德温(William Godwin)结婚之前,沃斯通克拉夫特曾与两个男人有过两段不幸的爱情,后死于产后并发症,并遗留下了几部未完成的手稿。随着女性主义的兴起,她的思想主张得到广泛的推崇,现今已成为女性主义哲学家的鼻祖之一。

7. 布莱恩·巴利(Brian Barry,1936—2009),英国政治哲学家,分析哲学大师哈特(H. L. A. Hart)的高足,努力融会分析哲学与政治科学,他是公共选择理论的著名批判家,代表作计有《政治论证》《社会正义论》《文化与平等》《作为公道的正义》《正义诸理论》等。

8. 鲍勃·古丁(Robert 'Bob' E. Goodin,1950—),英国政治学教授,牛津大学博士毕业,先后在埃塞克斯大学、澳洲国立大学任教,他是《政治哲学杂志》的主编和《英国政治科学杂志》的共编者,代表作计有《操纵的政治》《福利的理由》《禁烟》《绿色政治理论》《反思性的民主》《论移民》等。

9. 基思·道丁(Keith Dowding,1960—),英国政治学教授,牛津大学博士毕业,先后在伦敦经济学院、澳洲国立大学任教,自 1996 年担任《理论政治杂志》主编,代表作计有《理性选择与政治权力》《偏好、制度和理性选择》《权力》等。

10. 克里斯蒂娜·基廷(Christine Keating,?),俄亥俄州立大学妇女研究助理教授,对话中谈论她的新著 *Decolonizing Democracy: Transforming the Social Contract in India*, University Park: Pennsylvania State University Press,2011. 此书立足于佩特曼和查尔斯的理论,批判大多数民主理论家拿西方政治传统作为主要的参照点,指出印度民主之形成乃是"后殖民的社会契约"的范例,说明民主的社会契约持续被挑战和改造的缘由。

11. 马休·穆雷(Mattew Murray,?),美国普洛威顿斯学院哲学特别讲师,从韦尔斯卡迪夫大学获得政治理论博士,并在该校担任副讲师。现在主攻的研究是分配正义、残疾和基本收入的研究。

## 第十章　共和主义、自由哲学与观念史:菲利普·佩迪特访谈

1. 约翰·布雷思韦特(John Braithwaite,1951—),澳大利亚国立大学杰出教授,因为刑法学上的贡献而饮誉于世,而他对规管性资本主义的研究也有深远的影响。代表作计有《制药业的企业犯罪》《犯罪、羞耻与再整合》《规管性资本主义》《失范与暴力》等。

2. 克里斯蒂安·利斯特(Christian List,?),伦敦经济政治学院政治科学与哲学教授。他的兴趣涉及社会选择理论、形式认识论、政治哲学和社会科学哲学。代表作计有《独立与互相依赖》《偏好哪那儿来?》《群体能动性》等。

3. 伊恩·卡特(Ian Carter,?),帕维亚大学政治哲学教授,是《经济与哲学》《欧洲政治理论学刊》《应用哲学学刊》《牛津政治哲学学到、《哲学与公共议题》等学术期刊的编委成员。研究兴趣是当代政治哲学的规范性概念,诸如自由、权利、平等、尊重,也热心探究概念分析及其在规范性政治理论的角色。代表作有《自由的衡量》等。

4. 马特·克雷默(Matt Kramer,?),剑桥大学法学院教授,专攻法哲学与政治哲学,代表作计有《批判法学理论与女性主义的挑战》《霍布斯与政治起源的吊诡》《死刑的道德》《自由的质量》《捍卫司法实在主义》《客观性与法治》《作为道德学说的道德实在主义》《折磨与道德正直》等。

5. 塞西尔·拉博德(Cecile Laborde,?),英国伦敦大学学院政治理论教授、宗教与政治理论中心主任,研究领域兼跨政治思想史与当代政治哲学,现正为哈佛大学出版社撰写《自由主义的宗教》一书。代表作计有《英法两国多元主义与国家,1900—1925》《批判的共和主义:头巾争议与政治哲学》等。

6. 约翰·梅诺(John W. Maynor,?),英国谢菲尔德大学政治学系讲师,专攻共和主义理论,认为共和主义非支配的制度化需要在实质上摆

脱西方现存自由主义的预设。代表作有《西方世界的自由主义》。

7. 萨曼莎·贝松(Samantha Besson,1973—)是瑞士弗里堡大学公共国际法与欧洲法教授,专攻法哲学和民主理论,代表作有《冲突的道德》,另编有《协商民主及其不满》《司法共和主义》《国际法的哲学》三书。

8. 何塞·马蒂(José Luis Martí,1975—)是巴塞罗那庞贝法布拉大学法学副教授,同样是共和主义研究的新晋,除了与贝松合编《协商民主及其不满》《司法共和主义》二书,他也跟佩迪特合写《公共生活的政治哲学》一书。

9. 丹尼尔·礼顿(Daniel Leighton,?)是英国青年基金会研究员,曾在"权力研究"组织工作。他也是《更新:社会民主学刊》的一名编委。

10. 斯图尔特·怀特(Stuart White)在英国牛津大学耶稣学院任教政治理论,现时是牛津大学公共政策部主任,也是《更新》的一名编委。代表作有《平等》一书。

11. 何塞·刘易斯·罗德里格斯·萨帕特罗(Jose Luis Rodriguez Zapatero,1960—),西班牙前首相,毕业于西班牙莱昂大学法律系,1979 年加入工人社会党,1986 年成为最年轻的众议员,此后连续 4 次当选。他 2000 年当选工社党总书记,2004 年 4 月出任西班牙首相,在 2008 再次连任,2011 年卸任。萨帕特罗担任首相期间,推出多项重大措施,包括从伊拉克战争中撤军、提出"诸文明联盟"的观念、同性婚姻合法化、改革堕胎法、与埃塔(ETA)组织合谈、增加烟草限制、改革各项自主律例(包括加泰罗尼亚的律例),其中许多政策成为《公共生活的政治哲学》的研究内容。

12. 弗兰克·洛维特(Frank Lovett,?),美国哥伦比亚大学政治学博士,华盛顿圣路易斯分校政治科学助理教授,除了《支配与正义通论》外,另编有《罗尔斯〈正义论〉读者指南》。

13. 阿尔吉蒙·西德尼(Algernon Sidney,1623—1683),近代英格兰政治家,长期国会(Long Parliament)的一员。他是一个共和主义政治理论家,反对菲尔默国王神圣权利的学说,曾担任处决英王查尔斯一世的委员长,但他反对处决。后来,西德尼被控制反对查尔斯二世,他的《政府论》(*Discourses Concerning Government*)被拿来作为他见证处决的"罪证"。他最后被冠上叛国罪而被处决。死后,他被誉为"辉格党的爱国英雄和烈士"。

14. 约翰·邓恩(John Dunn,1940—),剑桥大学国王学院政治理论荣誉教授,他的研究强调运用历史视角到现代政治理论之中,早年专攻洛克政治思想,后来把他的历史洞见用来处理政治理论各种实质性的问题,跟斯金纳、波考克同属"剑桥学派"的奠基人。代表作计有《约翰·洛克的政治思想》《现代革命》《面对未来的西方政治理论》《历史语境的政治义务》《社会主义的政治》《反思现代政治理论》《诠释政治责任》《民主的历程》《政治理论史及其他论文》《非理性的狡猾》《让人民自由》《打破民主的魔法》等。

15. 托马斯·库恩(Thomas S. Kuhn,1922—1996),美国科学史家,哈佛大学物理系博士,先后任教于普林斯顿大学和麻省理工学院。1962 年《科学革命的结构》出版,为库恩赢得了世界性的声誉。此书也是科学哲学的历史学派的奠基著作,书中反对那种把科学知识的增长看成直线似的积累,或者不断推翻的增长的观点,反对把科学的发展过程看成逻辑或逻辑方法的过程,提出了科学和科学思想发展的动态结构理论,第一次明确地使用了"范式"和"范式转移"的核心概念。

16. 史提芬·斯劳特(Steven Slaughter,?),澳大利亚迪金大学国际关系讲师,研究兴趣是观念、道德与公共参与对全球化和全球治理的意义。佩迪特所提及的作品该是 Steven Slaughter, *Liberty beyond Neo – liberalism: A Republican Critique of Liberal Governance in a Globalising Age*, New York: Palgrave Macmillan, 2005. 斯劳特还与人合撰《全球民主理论:批判性导论》一书,另编有《全球化与公民身份》《民主与危机》二书。

17. 吉姆·博曼(Jim Bohman,?)是詹姆士·博曼(James Bohman)的

昵称，美国圣路易斯大学哲学系教授，研究范围广泛，近年偏重民主理论的探讨，代表作计有《语言与社会批判》《社会科学的新哲学》《公共协商：多元主义、复杂性与民主》《跨界的民主》等，佩迪特所提及的作品该是 James Bohman, *Democracy across Borders*: *From Dêmos to Dêmoi*, *Cambridge*, Mass.: MIT Press, 2007.

18. 杰夫·布伦南（Geoff Brennan, ?）是杰弗里·布伦南（Geoffrey Brennan）的昵称，澳大利亚国立大学社会科学研究院教授，另担任美国北卡罗来纳州大学教堂山分校哲学系杰出研究教授，每年定期在该校讲学。布伦南是经济学的学术训练，积极研究经济学、合理性与政治哲学之间的问题，代表作计有《规则的理性》《民主与决策》《民主策略与欲望》《尊敬的经济学》等。

## 第十一章　采取更广阔的人性观：阿马蒂亚·森访谈

1. 拉宾德拉纳特·泰戈尔（Rabindranath Tagore, 1861—1941），印度著名诗人、文学家、社会活动家、哲学家。在创作技巧上，他既吸收民族文学的营养，又借鉴西方文化的优点，致力重塑孟加拉国文学和音乐，以“语境性现代主义”发挥印度文艺。他的诗中含有深刻的宗教和哲学的见解，1913 年以《吉檀迦利》成为第一位获得诺贝尔文学奖的非欧洲人。泰戈尔的诗在印度享有史诗的地位，代表作《吉檀迦利》《飞鸟集》《眼中沙》《四个人》《家庭与世界》《园丁集》《新月集》《最后的诗篇》《戈拉》《文明的危机》等。

2. 大仲马，原名直译为亚历山大·仲马（Alexandre Dumas, 1802—1870），法国 19 世纪浪漫主义作家，各种著作达 300 卷之多，大都以真实的历史作背景，情节曲折生动，对话灵活机智，作者被译成 100 种以上的语言，代表作计有《基督山伯爵》《三个火枪手》《亨利三世及其宫廷》等。

3. 里昂·瓦尔拉斯（Marie - Esprit - Léon Walras, 1834—1910），法国

数理经济学家,他开创了价值的边际理论和一般均衡理论,公认是"洛桑学派"的创始人。代表作计有《社会思想研究》《实用政治经济学研究》等。

4. 维克赛尔(Johan Gustaf Knut Wicksell,1851—1926),瑞典经济学家,斯德哥尔摩学派的创造人。他的经济学贡献影响了凯恩斯学派和奥地利学派的经济思想,代表作计有《价值、资本和地租》《财政理论考察,兼论瑞典的税收制度》《利息与价格》《国家经济学讲义》《经济理论文集》等。

5. 拉利德·马宗达(Lalit Majumdar,?)是圣迪尼克坦校内的教师,据悉森在第七年级至第九年级的梵语课程都是由他教授。

6. 希拉里·普特南(Hilary Putnam,1926—),美国哲学家、哈佛大学荣誉教授,20 世纪 60 年代分析哲学的核心人物,在心灵哲学、语言哲学、数学哲学和哲学科学的影响尤其巨大。代表作计有《逻辑哲学》《数学、物质和方法》《心灵、语言和实在》《意义和道德科学》《理性、真理和历史》等。

7. 肯尼斯·阿罗(Kenneth J. Arrow,1921—),美国经济学家,是二战后新经典的经济学理论的代表人物,最重大的贡献是一般均衡理论和社会选择理论,其中阿罗的"不可能定理"(impossibility theorem)更是饮誉学界,1972 年他与约翰·希克斯(John Hicks)荣获诺贝尔经济学奖,是当时最年轻获得此奖的经济学者。代表作是《社会选择与个人价值》《存货与生产的数学理论研究》《公共投资、报酬率写最适财政政策》《组织的极限》等。

8. 赫伯特·哈特(Herbert Lionel Adolphus Hart,1907—1992),英国著名法哲学家,牛津大学法理学前教授。哈特是新分析法学派的代表人物,不仅接受了奥斯丁的基本观点,而且吸引了现代分析哲学作为其学说的一个思想基础,认为法学应放弃为词典下定义式的传统方法。代表作计有《法律的概念》《法、自由和道德》和《刑法的道德性》等。

## 第十二章　历史地研究政治理论：昆廷·斯金纳访谈

1. 霍华德·沃伦德(Howard Warrender,1922—1985),谢菲尔德大学政治理论与制度教授,也是霍布斯《论公民》及其作品的英译者,代表作是《霍布斯的政治哲学》。

2. 爱德华·柯克(Sir Edward Coke,1552—1634),英国法学家和政治人物。1613 年被任命为王座法院首席法官,他被视为现代早期英格兰最大的法官,被誉为普通法的福音、活着的普通法、法学之源,因为他与詹姆士一世的那场争执,以及作为1628 年权利请愿书的一名起草者,被视为抗衡专制权力的重要代表。在美国革命和建国期间,他的许多法学意见也成为重要的思想资源。

3. 詹姆士·哈灵顿(James Harrington,1611—1677),英国共和主义者,曾反对克伦威尔死后的复辟运动,组织罗塔俱乐部,发表演说,撰写文章,进行反君主专制的宣传,后被捕入狱。他虽然反对君主制,但是查理一世的好友,一直到其受刑都在他身边。著有《大洋国》等,重述亚里士多德关于政体的稳定和变革的理论,其中不少见解影响了美国政治思想极深。

4. 托马斯·莫尔(Thomas More,1478—1535),英国政治思想家,曾当过律师 、国会议员、财政副大臣、国会下院议长、大法官,因反对亨利八世兼任教会首脑而被处死,留下《乌托邦》而名垂史册。他的思想相当复杂,既有欧洲早期空想社会主义学说的痕迹,又有对天主教的忠诚。

5. 约翰·华莱士(John M. Wallace,1928—)是英国政治思想史的名宿,代表作是《命题他的选择:安德鲁·马维尔的忠君思想》,他在约定论战的名作是 John M. Wallace,"The Engagement Controversy 1649 - 1652: An Annotated List of Pamphlets", *Bulletin of the New York Public Library*, vol. 68 (1964), pp. 384 - 405. 针对此文,斯金纳后来也写了相同题目的

作品,即 Quentin Skinner,"Conquest and consent: Thomas Hobbes and the Engagement Controversy", The Interregnum: the quest for settlement, 1646 - 1660, ed. G. E. Aylmer, London: Macmillan, 1972, pp, 79 - 98.

6. 斯图尔特·汉普希尔(Sir Stuart Hampshire,1914—2004),牛津大学、普林斯顿大学哲学前教授,他是牛津大学反理性主义的思想家,为二战后的道德哲学思想指示了新方向。他的名著是《思想与行为》提倡心灵哲学的意向性理论,此外他也强调道德哲学的焦点,该由道德命题的逻辑属性,转移到他认为重要的道德问题。此外,汉普夏在政治哲学也有建树,计有《道德与冲突》《无知与体验》《正义是冲突》等。

7. 阿拉斯戴尔·麦金太尔(Alasdair MacIntyre,1929—),苏格兰著名道德哲学家,他的主要成就在于道德哲学和哲学史方面,致力复兴亚里士多德伦理学,而他的《追寻美德》批判现代社会道德话语功能失调的问题,公认是20世纪英美道德哲学其中一部最重要的作品,其他代表作还有《伦理学简史》《谁之正义,何种合理性》《三种对立的道德探究观》等。

8. 菲利克斯·吉尔伯特(Felix Gilbert,1905—1991),生于德国,犹太裔美国历史学家,早年师从迈内克(Friedrich Meinecke),专攻欧洲早期历史,尤以文艺复兴外交史,代表作计有《马基雅维克与圭恰尔迪尼》《欧洲时代的结束》《历史:选择与信念》《教宗、其银行家与威尼斯》《历史:政治抑或文化?》等。

9. 尼古莱·鲁宾斯坦(Nicolai Rubinstein,?),伦敦大学玛莉女王与韦斯特菲尔德学院历史学荣誉教授,意大利文艺复兴史专家,代表作计有《梅第奇治下费洛兰斯政府》《维奇奥宫,1298—1532》等。

10. 大卫·朗西曼(David Runciman,1967—),英国政治科学家,他是历史学家斯蒂芬爵士(Sir Steven Runciman)的侄子,其父加里·朗西曼(Garry Runciman)也是著名的政治科学家,他在剑桥大学任教政治理论,同时也是《卫报》的专栏作家,代表作有《善意的政治》《政治虚伪》《信心陷阱》等。

11. 雷蒙·戈伊斯(Raymond Geuss,1946—),生于美国,曾在普林斯顿大学、哥伦比亚大学、芝加哥大学任教,1993 年赴英国剑桥大学任教,2000 年入籍英国。他与"剑桥学派"关系密切,多年来不断抨击政治哲学"道德优先"范式的错误,在政治理论界乃是"现实主义"崛兴的代表人物。代表作计有《批判理论的观念》《道德、文化与历史》《政治中的历史和幻觉》《公共益品,私人益品》《运气与政治》《伦理学以外》《哲学与现实政治》《政治与想象》《没有为什么的世界》。

## 第十三章　界限的政治理论与政治理论的界限:沃克访谈

1. 马歇尔·杜尚(Marcel Duchamp,1887—1968),出生于法国,后入美国籍。美国达达主义的组织者和国际达达主义的领袖,也是 20 世纪实验艺术的先驱者,被誉为现代艺术的守护神。他认为许多艺术家的作品是"视网膜"的艺术,只为取悦眼球而作,所以他强调生活本身就是艺术,对传统艺术持彻底否定的态度。

2. 格林利夫(W. H. Greenleaf,?),英国政治学者,著有《不列颠政治传统》《秩序、经验主义与政治》《集体主义的崛起》。

3. 大卫·伊斯顿(David Easton,1917—2014),加拿大裔美国政治科学家,曾任美国政治科学协会会长,以系统理论套入政治科学研究而闻名。他认为政治是为社会价值进行权威性配置,已成为许多政治学教科书的经典定义。代表作计有《政治系统》《政治分析的框架》《政治生活的系统分析》等。

4. 阿拉斯泰尔·泰勒(Alastair M. Taylor,1915—2005),加拿大历史学家、制片人、联合国官员、地理学和政治研究的教授,也是跨学科的思想家。他曾与人合编美国第一部世界史的教科书(即《古今文明》一书),他是其中一个最早应用制度理论来说明人类社会发展的学者。

5. 沃尔特·加利(Walter B. Gallie,1912—1998),苏格兰社会理论

家、政治理论家、哲学家。加利最为政治理论界熟悉的是提出了“本质上可争议性”的概念,他认为社会科学有些关键的概念,在本质上是既允许各种诠释,而且是有争议的,例如“社会正义”“民主”“基督徒生活”“艺术”“道德的善”“责任”等。要澄清这些概念,不涉及考察预定的关系,而在于思考概念在历史上如何被不同的人所使用。

6. 赫德利 · 布尔(Hedley Bull,1932—1985),澳大利亚国际关系学者,先后在澳大利亚国立大学、伦敦经济学院、牛津大学任教,代表作是1977年出版的《无政府的社会》,此书公认是国际理论学界“英格兰学派”的经典教科书。在书中,他认为国际舞台虽有无政府的特色,但它不仅是诸国系统(a system of states)之形态,而是各国社会(a society of states)之形态。

7. 约翰 · 文森特(Raymond John Vincent,1943—1990),伦敦经济学院国际关系理论家,“英格兰学派”另一名主要代表。代表作计有《不干预与国际秩序》和《国际关系中的人权》。

8. 恩斯特 · 卡西尔(Ernst Cassirer,1874—1945),生于波兰,德国著名哲学家,受学于马尔堡的新康德主义传统,展出一套独特的文化哲学。其哲学的一大特色是新康德主义,通过其符号形式的哲学,将康德的知识论视角和马尔堡学派对自然科学的关注扩展到文化哲学的层面去。代表作计有《符号形式的哲学》《人论》等。

9. 加斯顿 · 巴什拉(Gaston Bachelard,1884—1962),法国哲学家,先后任第戎大学、巴黎大学教授,1955年以名誉教授身份领导科学历史学院。巴什拉对诗学和科学哲学的贡献尤大。在科学哲学上,他提出“认识论障碍”和“认识论断裂”的概念,影响后来许多著名的法国哲学家,例如福柯、阿尔都塞、德里达等人。代表作计有《不的哲学》《时段的辩证法》《新科学精神》《科学心灵之形成》《瞬间的直觉》等。

10. 康吉莱姆(Georges Canguilhem,1904—1995),法国哲学家和物理学家,专攻认识论和科学哲学,在生物学的创获尤其显著,扩大了正常在医学和生物学中的性质和意义，反思医学知识的生产和制度化，对福柯思想影响甚巨。代表作计有《生命科学史的意识形态和合理性》《正常与病态》《机械与有机体》《生机的理性主义者》《生命的知识》等。

11. 皮埃尔－马克西姆·舒尔（Pierre－Maxime Schuhl, 1902—1984），法国哲学家，高等师范学校博士毕业，先后在蒙彼利埃、图卢兹大学任教，二战后担任巴黎大学教授，从 1952 年主编《哲学杂志》，代表作计有《柏拉图及其时的艺术》《希腊思想之形成》《机械与哲学》《想象与实现》等。

12. 皮埃尔·迪昂（Pierre Maurice Marie Duhem, 1861—1916），法国科学家，最著名的学术贡献是提出实验判准的不明确性和中世纪的科学发展，批判培根的科学构想，认为物理学的实验不仅是一种观测，而是透过理论框架来诠释这些观测结果。还有，他在流体力学、弹性、热力学等领域也有创见。代表作计有《热力学与化学》《物理学理论的宗旨和结构》《世界的体系》《拯救现象》《中世纪宇宙论》《静态的起源》等。

13. 亚历山大·柯瓦雷（Alexandre Koyré, 1892—1964），俄裔法国科学哲学家。早年钻研宗教史，跟随胡塞尔学习，但论文不获认可，后赴巴黎师从博格森等人。他在科学哲学是对伽里略、柏拉图及牛顿的研究，质疑科学家声称透过实验证明自然界真理的主张，认为这些实验都是立足于复杂的前提，所以科学家证明的是这些前提背后的观点，而非任何现实的真相。代表作计有《由封闭世界到无限宇宙》《天文学革命》《形而上学与衡量》等。

14. 汉斯·凯尔森（Hans Kelsen, 1881—1973），犹太裔奥地利法学家，因纳粹上台而移居美国，以捍卫民主和提出法律纯粹理论而名世，公认是法律实在主义的代表人物，影响不限于法学界，也遍及政治哲学、社会理论和国际关系等方面。代表作计有《公法理论的主要问题》等。

15. 巴门尼德（Parmenides, B. C. 515—?）是古希腊哲学家，爱利亚派的创始人，也是色诺芬的学生。他首次提出了“思想与存在是同一的”命题，认为存在是永恒的，是一，连续不可分；存在是不动的，是真实的，可以被思想；感性世界的具体事物是非存在，是假相，不能被思想。著有哲学诗《论自然》。

16. 马克思·金密尔（Max Jammer，1915—2010），以色列物理学家，生于柏林，二战后曾到哈佛大学任教，是爱因斯坦的亲密同事，后回到以色列任教。代表作计有《空间的概念》《力的概念》《古典和现代物理学中的质量概念》《量子力学的哲学》等。

17. 理查德·福尔克（Richard Falk，1930—），美国普林斯顿大学国际法荣誉教授，在大学任教期间长年政治参与频繁，2008 年他出任联合国人权理事会特别报告员，报告巴勒斯坦自 1967 年占据后的人权状况，他在以色列和“9·11”袭击后的立场曾遭到时任美国大使赖斯（Susan Rice）和联合国秘书长潘基文的批判。代表作计有《暴力世界的司法秩序》《人权与国家主权》《衰落的世界秩序》《巴勒斯坦：希望的合法性》等。

18. 阿希斯·南迪（Ashis Nandy，1937—），印度政治心理学家和社会理论家，曾担任“发展中社会研究中心”的高级研究员和主任。他曾对欧洲殖民主义、发展、现代性、世俗主义、印度教主义、科技、核能主义、普世主义和乌托邦提出理论批判。代表作计有《心理学的边界》《另一些科学》《科学、霸权与暴力》《传统、暴政与乌托邦》《野蛮的他者》等。

19. 拉尼·柯达里（Rajni Kothari，1928—2015），印度政治学家，1963 年在德里创立“发展中社会研究中心”，也参与“印度社会科学研究理事会”“发展选项国际基金”和“公民自由的人民联盟”的工作。代表作计有《印度的政治》《印度政治的种性》《反思民主》等。

20. 德鲁拜·谢思（Dhirubhai Sheth，1936—），印度政治学家，“发展中社会研究中心”荣誉高等研究员，也是该中心的创始成员，编有《少数认同与民族国家》《民主的多元宇宙》二书。

21. 穆罕默德·锡德－艾哈迈德（Mohammed Sid-Ahmed，1928—2006），埃及政治理论家，长期担任《中东报告》主编，《金字塔报》著名的政治分析家,参与该国共产主义和政治运动。

22. 莱斯特·儒兹(Lester Edwin J. Ruiz),美国神学家和政治理论家,曾任纽约市纽约神学修院成员、日本国际基督教大学政治学副教授,自2008年起担任神学院协会会长,编有《普世语境的基督教伦理》《原则性的世界政治》《重塑国际性》诸书。

23. 李约瑟(Joseph Needham,1900—1995),英国科学史家,他关于中国科技停滞的思考,即著名的"李约瑟难题",引发了世界各界关注和讨论;而他历时45年编写《中国科学技术史》共7卷34册,内容涉及天文、地理、物理、化学、生物等各个领域,第一次全面系统地向全世界展示中国古代科技成就,备受学界瞩目。

24. 爱德华·赛义德(Edward W. Said,1935—2003),巴勒斯坦裔美国批评理论家,哥伦比亚大学英国文学与比较文学前教授,后殖民批评理论代表人物。在文化评论上,赛义德检视西方近代文学作品的世界观,批判欧美人士长期对中东、亚洲和北非社会的偏见;在政治上,他努力争取巴勒斯坦人在以色列的平等权利,可说是巴勒斯坦在英语世界中最有力的代言人。代表作计有《东方学》《巴勒斯坦问题》《世界、文本、批评家》《文化与帝国主义》《知识分子论》《流离失所的政治》等。

25. 理查德·阿什利(Richard K. Ashley,?),美国亚利桑那州立大学政治科学系教授,专攻国际关系,代表作有《战争与和平的政治经济学:中苏美三角与现代安全问题》。

26. 迈克尔·夏皮罗(Michael J. Shapiro,1940—),美国哲学家、夏威夷大学政治科学系教授,涉猎领域极为广泛,遍及政治哲学、批判理论、文化研究、电影理论、国际关系理论、文学理论、非洲裔美国人研究、比较政治、地理学、社会学、城市规划、经济学、精神分析、犯罪小说、新音乐学、美学和本土政治。代表作计有《道德与政治理论》《语言与政治理解》《表述的政治》《解读后现代政体》《暴力的绘图学》《电影的政治思想》《支持道德含糊》《解读"亚当·斯密斯"》《方法与民族》《扭曲美国政治思想》《电影的地理政治学》《城市的时间》《跨学科方法的研究》等。

27. 迈克尔·狄龙(Michael Dillon,?),英国政治理论家,兰开斯特大学政治学荣誉教授,涉猎国际问题、政治理论和文化研究等领域,擅长从欧陆哲学的视角剖析政治、安全与战争的问题化,有力地指出安全是理解政治性的关键,说明当安全话语和科技把生命(而非主权的领土性)当作他们指涉对象时,如何把安全变成公众关心的议题。代表作计有《安全政治:迈向欧陆思想的政治哲学》《解构国际政治》《安全的生理政治》等。

28. 沃伦·马格努森(Warren Magnusson,?),加拿大维多利亚大学政治科学系教授,他把城市与城市视为政治与管治的场所,致力探讨地方自治的平等权利,呼吁理论政治不能仅以国家当作主要的研究对象,应该把都市视为考察的前沿。代表作计有《加拿大的城市政治》《政治空间的求索》《都市主义的政治》等。

29. 亚瑟·克洛克(Arthur Kroker,1945—),加拿大政治科学家,维多利亚大学政治科学系教授,太平洋科技与文化中心主任,他及其妻玛莉路易丝(Marilouise)是网络学术期刊《C理论》(*C Theory*)的编辑。代表作计有《科技与加拿大心灵》《后现代场景》《占有的个人》《科技意志与虚无主义文化》等。

30. 谢尔顿·沃林(Sheldon S. Wolin,1922—),美国政治哲学家,普林斯顿大学政治学荣誉教授,桃李满门,包括布朗(Wendy Brown)和皮特金(Hanna Fenichel Pitkin),他还是《民主》杂志的创刊主笔和《纽约书评》的定期作者。代表作计有《政治与构想》《两个世界之间的托克维尔》等。

31. 科尼利厄斯·卡斯托里亚迪斯(Cornelius Castoriadis,1922—1997),生于君士坦丁堡,早年在雅典度过,法国著名哲学家,"社会主义抑或野蛮主义"团体的创立人之一。他对自主性和社会制度的研究对学术界和社会运动影响深远。代表作计有《社会的想象性制度》《碎片化的世界》《现代资本主义与革命》《哲学、政治、自主性》《迷宫中的十字路口》等。

32. 克劳德·勒福特(Claude Lefort,1924—2010),法国哲学家和社运人士。因早年师从梅洛－庞蒂而变得政治活跃,曾参与托派组织,深受卡斯托里亚迪斯的影响,也曾参与“社会主义抑或野蛮主义”,但后来退出。在学术上,他在圣保罗大学等校任职,反思“极权主义”的概念,提出“双重篱笆社会”,检视社会的“有机论”观点。代表作计有《现代社会的政治形式》《民主与政治理论》《民主与政治理论》《疑难:共产主义与民主的两难》《制造中的马基雅维利》等。

33. 珍－路·南希(Jean－Luc Nancy,1940—),法国哲学家,斯特拉斯堡哲学系荣誉教授,拉康理论的重要诠释者,也对海德格尔、德里达、巴塔伊、布朗肖、尼采等人有所研究。代表作计有《声音的分享》《纳粹神话》《非功效的共通体》《哲学的遗忘》《神圣的位置》《自由的经验》《一个有限之思》《思想的重量》等。

34. 巴里·海因斯(Barry Hindess,?),澳大利亚国立大学社会科学院荣誉教授,过去长年在利物浦大学任教,研究领域包括社会理论和政治思想史。代表作计有《权力的话语:从霍布斯到福柯》《选择、合理性与社会理论》等。

35. 爱德华·福斯特(Edward Morgan Forster,1879—1970),英国小说家,擅长以讽刺手法批判20世纪英国社会的阶级差异和伪善。他的人道主义披露在1910年小说《霍德华庄园》的名言:“唯有联结”(Only connect)。这句话在英国社会家喻户晓,2008年9月15日至2014年7月7日BBC第四台播放的智力竞赛节目也以此命名。福斯特另一名作是《看得见风景的房间》,而《印度之旅》更是饮誉于世,他本人也得到诺贝尔文学奖十三次提名。

36. 塞缪尔·亨廷顿(Samuel P. Huntington,1927—2008),美国政治科学家,长年在哈佛大学任教。在卡特总统当政期间,他出任国家安全局的白宫协调员。他最著名的是“文明冲突论”,声称未来战争不是在国与国之间进行,而是发生在不同文化之间;并且认定伊斯兰极端主义是西方世界的最大威胁。代表作计有《士兵与国家》《变化社会中的政治秩序》《文明的冲突与世界秩序的重建》《我们是谁:对美国国家认同的挑战》《第三波:20 世纪后期民主化浪潮》等。

# 索　引

# 政治文化与政治文明书系书目

1.《多元文化与国家建设》 常士訚 高春芽 吕建明◎主编
2.《当代中国政府正义问题研究》 史瑞杰 等◎著
3.《社会管理的理论与实践》 曹海军 李 筠◎著
4.《历史中的公民概念》 郭台辉 余慧元◎编译
5.《让权利运用起来
——公民问责的理论与实践研究》 韩志明◎著
6.《应为何臣 臣应何为
——春秋战国时期的臣道思想》 刘学斌◎著
7.《社会转型期城市社区组织管理创新研究》 李 璐◎著
8.《党内民主与人民民主》 田改伟◎著
9.《当代政治哲学视域中的平等理论》 高景柱◎著
10.《美德与国家
——西方传统政治思想专题研究》 王乐理 等◎著
11.《民主的否定之否定
——近代西方政治思想的历史与逻辑》 佟德志◎著
12.《马克思主义从原创形态向现代形态的发展
——关于中国特色社会主义基础理论的探索》 余金成◎著
13.《中国传统政治哲学的逻辑演绎》 张师伟◎著
14.《在理想与现实之间
——正义实现研究》 许 超◎著
15.《快速城镇化背景下的群体性突发事件预警与
阻断机制研究》 温志强 郝雅立◎著
16.《中国共产党执政能力建设研究
——以中国政治现代化为背景》 宋林霖◎著
17.《中国公共政策制定的时间成本》 宋林霖◎著
18.《当代中国政治思潮(改革开放以来)》 马德普◎主编
19.《国家意识形态安全与马克思主义大众化
——基于社会政治稳定的研究视野》 冯宏良◎著
20.《国外城市治理理论研究》 曹海军◎著
21.《对话当代政治理论家》 〔英〕加里·布朗宁,〔英〕拉娅·普罗霍尼克,
〔英〕玛丽亚·笛莫娃-库克森◎编 黎汉基,黄佩璇◎译